国家出版基金项目
NATIONAL PUBLICATION FOUNDATION

U0835529

青藏人文与思想丛书

藏族生死观与丧葬习俗

察仓·尕藏才旦／著

西藏人民出版社

图书在版编目(CIP)数据

藏族生死观与丧葬习俗/尕藏才旦著. ——拉萨:西藏人民出版社,2014.12

ISBN 978—7—223—04520—9

Ⅰ.①藏… Ⅱ.①尕… Ⅲ.①藏族—葬俗—研究 Ⅳ.①K892.22

中国版本图书馆 CIP 数据核字(2014)第 262781 号

藏族生死观与丧葬习俗

著　　者	察仓·尕藏才旦
策　　划	格藏才让
责任编辑	计美旺扎
封面设计	格罗
出版发行	西藏人民出版社(拉萨市林廓北路 20 号)
印　　刷	拉萨市明鑫印刷有限公司
开　　本	650×980　1/16
印　　张	15.875
字　　数	240 千
版　　次	2014 年 12 月第 1 版
印　　次	2014 年 12 月第 1 次印刷
印　　数	01—3,000
书　　号	ISBN 978—7—223—04520—9
定　　价	32.00 元

目　录

第一章　由猴变人——唯物史观闪彩/1

“上帝造人”、“全归真主——天地的创造者”、藏人却向世界宣告：我由猴变人——撕开了愚昧黑暗的神灵天网、点起人类史上最早的唯物史观火炬·雪域高原民俗展示了生命历程的亮点，还原了人类史的真面孔·藏人生得坦然，视死如归，健康的生死丧葬观播下籽种……

第二章　喜马拉雅造山运动藏人窥探到世界“造化”真谛/21

耳鬓厮磨，相濡以沫，雪域藏人相伴喜马拉雅造山运动·世居江河源头、高山雪峰脚下，看穿世界“造化”的时空燧道·耳听是虚，眼见为实，一旦明了真相，自然积淀出朴素唯物史观，孕育了健康的生死理念……

第三章　畜牧经济明彻了生死内在规律/40

地理环境使藏人不得不选择以畜牧业为主的生产方式·畜牧业生产中错综复杂的自然索取过程，牲畜的可变能动系数，启示生命是可变的，生命质量可提升，生命周期可延长，生命数量可增多·亲身实践和全面观察的结果，发现人的生命与其他生物相同，生的自然，死的坦然，视死如归，肉体的存在或保留，意义不大……

第四章 图腾崇拜也显示唯物史观/52

远古藏人的图腾崇拜基本以物质为主体，与生命、生活、生产紧密相联·祈求大自然关照与感恩大自然厚爱交相辉映·天崇拜、太阳崇拜、火崇拜、水崇拜……都具有功利性，谋取的是幸福生活与未来憧憬，印证了唯物史观。

第五章 三世轮回，灵魂重于肉体/60

灵魂重于肉体——佛教“三世论”孕育的生死观结晶·舶来的佛教在雪域扎根，全凭辩证的哲学体系折服藏人·佛苯相争，文化冲撞，互动，藏传佛教一统天下·灵魂至上，轮回转世，以天葬为主体的多种丧葬仪迹问世于高原。

第六章 世界奇特的葬俗——天葬/75

天葬，一个神秘的丧葬仪轨，一个充满悬念的人生归宿，一个世界独一无二的奇特葬俗，如幽灵飘浮游动在青藏高原，成了雪域藏族一道富具魅力的风情线。在全球浩繁纷杂的民风葬俗中，她也是一枝奇异艳丽的花卉，引人注目，夺人“眼球”。一缕缕桑烟喷发着浓郁的糌粑、牛粪的混合焦糊味，袅袅娜娜地升上长空，一阵儿，一只秃鹫扑闪着一人长的翅膀，盘旋在天葬场上空，又急速掮动着双翅飞远，不一会儿，一只只秃鹫雄纠纠、气昂昂地落在天葬场上，与天葬师配合默契，很快将等待天葬的死者吞噬一尽，然后腹满肚壮的翩翩而去，天葬场上又静寂空旷了。这就是天葬的轮廓勾线。

在当今世界上，天葬葬俗包含的神秘性、诱惑力比她居住的青藏高原要大得多！天葬这一独特的葬俗，给世人带来很多联想、纳闷、猜臆。天葬源自哪里？天葬的真实面孔是什么？天葬这一世界文化现象中独有景观,到底该如何看待?

藏人早期的宇宙观是什么? 对世界的形成,藏人有自己独特的见解,万物有灵观念涮清了最早的蒙昧混沌·灵魂观带来了灵肉能分离的意识·从上天来返回上天,灵魂永存,物质转化,灵魂任其飘移,最早的天葬即野葬的来龙去脉·神灵主宰,神权至上,灵魂由神安排。

第七章 死亡的前前后后/83

天葬,也有复杂的程序·临死前的祈祷超度,准确判断生命的终止·固定尸姿,其状也是投足人世的胎势·酥油长明灯祭烟不断线的纪念·请活佛、高僧卦算出殡日子,还有祛邪逐魔的经文,超度祈祷的经文,让灵魂早日出窍离开躯体寻找新的落脚点·亲友乡邻全来吊唁,不号哭不长跪不进行遗体告别,唯有唁礼是货币或食品·服丧的标志是妇女们“六字真经”的诵唱声和柏味扑鼻的桑烟·出殡者收到的馈赠——银针红线·清水奶水洗手的讲究,还有门前的熊熊桑火·每人都有的糌粑、奶食、面食、米肉熬成的丧粥。

第八章 天葬仪轨种种/105

天葬场,高僧活佛勘定,一万年不变的特殊风水宝地,却一无所有空空荡荡·秃鹫,天葬的神力,大自然的恩宠,藏人的选择·吸引秃鹫的方法及秃鹫实施天葬的程式·组成生命躯体的血、肉、骨次第消失殆尽。

天葬三种类型:部落氏族送殡·西藏天葬师的职责·宁玛派寺院全权代劳。血缘亲族一般回避,只有男性参加殡礼。

第九章 火葬也是重要葬俗/117

火葬葬俗的种种·火崇拜的衍变,驱邪驱秽的最佳方式·火葬分布的地域·平民、高僧均可共享的葬礼·各家各户或家族的火葬台·火葬的程序过程·火葬的扩延发展史。

第十章 活佛塔葬/130

天葬第一,火葬第二,还有一种特殊的葬俗——塔葬在藏区也流行,它是佛的化身——活佛们推崇的葬礼,这就得首先说起塔。

塔、佛教建筑物·释迦牟尼的舍利塔·高僧大德弟子们纪念供奉的象征·藏区活佛高僧推崇的葬俗·肉身塔·特别独到的防腐术,还有金塑·一般均是骨灰塔,塔是活佛高僧的专利。

第十一章 其他葬俗/143

世界罕见、成因复杂且有偏见的水葬·远离村落、傍近江河、三岔口的葬地·或装罐、或肢解、喂食鱼龙以身报恩的混合葬俗·由来已久的土葬,曾盛行一时·模糊标记的墓地·棺、龛俱有、躺、坐兼俱的下葬·也是传染病、暴亡者的归宿·四川庙顶藏族奇特葬俗、古老遗风一览。

第十二章 缅怀与超度/174

灵魂至上,灵魂是可以转移的,但灵魂又是永恒存在的,而肉体则只是载体,可以消除,可以更新。所以,灵魂的超度就摆上了最重要的位置,成为人们倾尽全力、全神贯注的事。超度中寄予了极大的缅怀。

一切为了灵肉分离·小心翼翼的中阴四十九天,诵经、施饭、守戒,给活佛供奉死人衣物·谢绝来客也不串门,从服饰装束标志有丧·不过节不歌舞,除了悲痛,更多的努力使其亡魂顺利转世·活佛的祭奠更广泛更隆重。

第十三章 天葬及其他葬俗的文化意义/197

当我们展示完雪域藏民族丧葬习俗的方方面面之后,一个疑窦就不由不跳到人们脑海中,雪域高原的天葬及其他葬俗到底有什么文化价值? 文化范畴中有何意义? 其地位如何?

第十四章 独树一帜的生命学说/204

天葬、火葬、塔葬及其他葬俗,都带有浓郁的雪域特色,鲜明的藏族气息,区别于其他地域和民族,他们为什么会是这样呢? 究其根源,就是他源自独树一帜的生命学说,正是这种观念意识生产出了藏族独特的天葬等葬俗。在远古藏人的观念中,生命的内涵是什么? 血肉之躯就是生命的全部? 答案不单一·命根(魄)、寿命(躯体)、灵魂三位一体才是生命的整个涵义·气魄是活力是精气,灵魂是意识是精神舵盘,血肉骨骼为可视形体,是生命的载托·为守魂召魄而问世的苯教文化·苯教繁多的守魂召魄仪轨·生命学说给人类的贡献与启示。

第十五章 雪域生死丧葬观的演变及价值/227

展示种种文化现象,是为了认识它、研究它,因势利导地推动人类自身的文明幸福,对雪域的天葬及其他葬俗进行轮廓性的纵深探讨,能给我们什么启示呢? 起码让我们看到藏人是如何跨越野蛮走进文明社会,如何在复杂恶劣的自然环境中探索幸福之路? 如何超越自己,与自然和谐相处,共同发展……

从自然天葬到墓葬,从墓葬走进天葬与火葬,是社会的一种必然进步,其中佛教发出了“神功”——舍己利他和灵魂转世的功利·全社会的价值天秤由王权至上倾斜为神权至上,人成了神的奴仆·火葬、塔葬,不同阶层的价值取向,对来世的精心设计,是阶级社会等级的必然产物·水葬、土葬及其他葬俗，从朴素的物质意识走向社会价值领域，褒贬不一却难居大雅之堂·繁杂的祭祀，凝重深长的怀念，众多的超度，全起步于“来世幸福”的世俗功利·一种涌进骨髓、代代不衰的幸福观·利他归根结底利己，除了灵魂转世，舍己喂鹫也是保护众生，生命平等，生态平衡的法子·人生价值座标定在净化灵魂、普度众生上，有望可到达“社会稳定祥和、心态健康向上、众生安居乐业”的彼岸·前人为后人保留圣洁、宽广的生存空间，众生都有自由活动的环境·遵循物质转化的自然法则，坦然的生死观·人本意识下的人类自身对生命的评估、对未来的设计、对美好生活的企冀。

第一章　由猴变人——唯物史观闪彩

“上帝造人”、“全归真主——天地的创造者”、藏人却向世界宣告：我由猴变人——撕开了愚昧黑暗的神灵天网、点起人类史上最早的唯物史观火炬·雪域高原民俗展示了生命历程的亮点，还原了人类史的真面孔·藏人生得坦然，视死如归，健康的生死丧葬观播下籽种……

生命的孕育诞生，天地万物的问世渊源，人类生命史的过程都充满了扑朔迷离的云团，包藏着神秘深奥的玄机。在漫长的历史岁月中，“上帝创世”、“上帝造人”一直统治着西方基督教世界。上帝是如何创世的？上帝又是如何造人的？《圣经》开篇就是“上帝创世”、“人类的原罪——发生在伊甸园里的故事”等等故事。《圣经故事》(上海三联书店，1995年9月版)中这样介绍说：

上帝创世

鸿蒙太初之时，上帝创造了天地和万物。

那时，一切都是空虚混沌的，万无形相的深渊一片黑暗。上帝之灵运行在渺漫的黑水之上，筹划着他最伟大的创造。

上帝说：

“要有光！”

光立刻就出现了。

上帝看光是那样的明亮，觉得有光很好，就把光与暗分开了，把光叫做“昼”，把暗叫做“夜”。

于是，这宇宙间便有了光明和黑暗，便有了白天与黑夜，有了晚上和早晨。这是上帝开创宇宙的第一天。

第二天，上帝说：

“诸水之间要有空气，以便把水分为上下！”

于是，上帝就造出空气，诸水间便有了苍穹。上帝称空气为“天”，用空气区分开了天上之水和天下之水。

这是上帝在元始之中开创天地的第二天。

第三天，上帝说：

“天下面的水应当聚在一处，使陆地显露到水面上来！”

于是，普天之下的水便汇流到一起，陆地露出了水面。上帝把众水汇注之处和无水之处的旱地分别叫做“海”和“地”。

看到刚露出水面的大地光秃秃的，了无生气，上帝又说：

“地上应当有青草和结种子的菜蔬，还应当有结果子的树木，果子里要有核！”

于是，这大地上便长满了各种各样的花草树木，它们各从其类，依照上帝的旨意生长蕃息。旷野披上了一层新绿，充满了盎然的生机。上帝觉得这样很好。

这是上帝创世的第三天。

第四天，上帝说：

“天上要有光体，以便区分昼夜，用作记号，以确定季节、日子和年岁！”

“光体要在天空散发光芒，普照大地！”

于是，上帝造了两个光体，大的是太阳，小的是月亮。又造出了许许多多的星星。让太阳管白天，温暖而炽热，让月亮管夜晚，姣柔而静谧，撒缀在夜空中的众星辰，则闪闪烁烁，神秘而顽皮，它们各司其职，管理昼夜，分别明暗。

上帝觉得这样好。有晚上，有早晨，白天的亮光逐渐隐去，黑暗重临。明天，黑暗中将重新出现黎明的曙光。这是第四天。

第五天，上帝说：

“水里要有鱼！”

“空中当有鸟！”

于是，上帝就创造出各种各样大大小小的鱼和各种各样水里的生物，又造出各种各样大大小小的飞鸟。上帝让鱼儿在水里快活地遨游，让鸟在空中自由地飞翔。并赐福给它们，多多地滋生繁衍。

这是上帝造万物的第五天。

第六天，上帝说：

“地上还应当有各种各样充满生命的活物！”

于是，上帝就又造出了各种各样的野兽，各种各样的牲畜和各种各样的昆虫。事情就这样成就了。

一时间，在上帝的周围狼奔虎啸，马欢驫突，蝶舞花丛，蝉鸣林间。还有五天来上帝开创营造的——天上日月辉映、星辰闪烁；地下草木森森、花果溢香；水里鲸贯鳖潜、鱼游虾戏；空中枭扑鹰翔、鸟飞禽鸣。天地间万物竞争自由，整个宇宙充满了勃发的生机！

谁来管理天地间的这一切花鸟鱼虫、牲畜百兽呢？

上帝说：

“我要照着我的形象，按着我的方式造人，让他们来为我管理这一切！”

说着，上帝便又着手按照自己的形象和方式，造出了男人，随后又造出了女人，并赐福给人，吩咐他们：

“你们要生养众多，让你们的子孙后裔遍衍全地；你们不仅要治理山河土地，还要管理海里的鱼、空中的鸟和地上的各种各样行动的活物。”

“看哪！”上帝最后说：

“我将这地上的一切结种子的菜蔬，和一切树上所结有核的果子，都赐予你们作食物；

“至于地上的走兽和空中的飞鸟以及各样爬在地上有生命的生物，我将青草赐给他们，让它们以此为生。

“管好这一切，你们好自为之吧！”

看着这一切，一切都那样的美好，上帝不禁为之而踌躇满志，惬意非常。

这是上帝开创宇宙的第六天。

天地万物从天上到地下，从水里到空中，一应造齐，天工俱成，上帝便在第七天憩歇工，并赐福给第七天，钦定第七天为圣日，安息日。”

第二个故事是这样说的：

人类的原罪

——发生在伊甸园里的故事

上帝创造了天地万物之后，在第六天造人。

上帝先用地上的尘土塑造了一个人，然后，把生气轻轻地吹进他的鼻孔，使他有了呼吸，成了一个活生生的有魂魄的生命。这就是上帝在创世中按照自己的形象造出的第一个人，他就是人类的始祖——亚当。

在东方的伊甸，上帝建立了一个乐园，名叫伊甸园。一条清澈明净的大河，从景色秀丽的伊甸园缓缓流过，滋育着园中各种各样的生物。整个伊甸园里花团锦簇，瓜果流香，安宁祥瑞。

伊甸园里还生长着生命树和善恶树。而且善恶树上的果子更是悦人眼目，惹人喜爱。

上帝把亚当安顿在伊甸园，让他修理和看守这座园子。同时，他又告诫亚当：

“在伊甸园里各种树上结的果子，你都可以随意吃。但是有一点你千万要记住的就是，分别善恶之树，恶树上的果子你不能吃。因为吃了，你必将大祸临头，必死无疑。”

说完之后，上帝耶和华又看到亚当一个人居住在一个诺大的伊甸园里十分孤独，心说：

“我要为他造一个配偶，以便帮助他来管理园子。”

耶和华先把用土所造的各种飞禽走兽都带到亚当的面前，让亚当先完成给这些动物起名字的工作。

于是，当亚当看到凶猛威武的百兽之王时，就叫它“狮子”；

看到腹下长着一双利爪、翱翔于长空的飞禽时，就称它为“苍鹰”；

看到“咩咩”吃草的走兽时，亚当称其为“羊”；

看到“叽喳”啄虫的小鸟时，亚当说它是“雀”；

……

从此以后，世间所有的牲畜、空中的飞鸟和野兽便一一都有了自己的名字。亚当怎样叫各样活物，各样活物也就有了怎样的名字。

只是，做完这一切，亚当也还没有遇见自己的配偶来帮助他。亚当依然形只影单。

为了给人类始祖造配偶，耶和华就使亚当深深地沉睡了过去，从亚当的身上取下一条肋骨，又使皮肉重新合了起来。然后，耶和华上帝就用这根亚当的肋骨造成一个女人，并领她到了亚当的面前，让她做亚当的妻子。

亚当从沉睡中渐渐醒来，一睁眼睛就看到了站在自己面前的女人，不禁又惊又喜，一下子从地上蹦了起来，高兴地说道：

“这是我骨中的骨，肉中的肉，与我血肉相连就叫她女人吧。她是从男人身上取出来的，是男人的一部分。”

也正因为这样，人要离开父母与妻子连合，二人重为一体。

人类的始祖在元始之初的时候，纯真无邪，因此，当时亚当夫妻二人虽然都是赤身露体的，但谁也并没有为此而感到有什么可羞耻的。

从此以后，亚当夫妻便一起在这个人间的天堂里劳作、栖息，无贪无欲，无忧无虑，共同管理、看守着伊甸园，过着欢乐幸福的生活。

然而，他们命中注定的灾祸也正一步一步地向他们逼近。

在上帝所造出的所有的动物里，蛇是最为阴险狡猾的，是魔鬼、罪恶的象征。

一天，蛇看见女人单独一个人的时候便起了恶念，心怀叵测地从树下草丛中爬了出来，装模作样地对女人说：

“上帝当真是这么说，不许你们吃园中所有树上的果子吗？”

“不”，女人接着说道：

“伊甸园里所有树上结的果子，我们都可以吃，惟有园子当中那棵树上的果子被列为‘禁果’。上帝曾经告诫我们，那棵树上的果子，我们不能吃，也不要摸，否则我们就会因此死去。”

“是吗？并不见得吧！你们吃了之后不一定就会死去”，蛇诡秘地笑了一声，接着又说：

“据我所知，那棵树上的果子的味道非常鲜美，好吃极了！”

那女人听了，一时满脸困惑，不禁自言自语说道：

“这是真的吗？……那上帝又为什么不让我和亚当吃呢？……”

还不容她多想，蛇又急急紧缠到女人的跟前，说：

“因为上帝十分清楚，一旦你们吃了那棵树上的果子，你们立刻就会变得心明眼亮，立刻变得和上帝一样的知善恶，明是非。就会不安份在这伊甸园里，而这恰是上帝所不愿的。”

听蛇说到这，那女人不禁怦然心动。她抬起头，眼光朝那棵树寻去，微风中，只见那树上的果实在绿叶青枝的掩映间，愈发显得鲜艳欲滴，也愈发令人馋涎不已。她怎么也难以相信，吃了这么硕美的果子人就会死。蛇不是说了，能使人和上帝一样聪慧吗？她不由自主地趋向前去，一伸手便摘下一个禁果，紧紧地咬了一口——

“果然鲜美无比！”

女人急忙又摘下一个果子，招呼她的丈夫亚当一起享用他们从来也没有品尝过的美味。

蛇，却在他们的身后，阴冷而又得意地笑了。

夫妻二人刚吃完，眼睛豁然一亮，好像一层淡淡的薄雾刚刚从眼前散去。顾盼之间，猛然发觉自己、彼此都是赤身露体的，他们一下子都惊愕住了，善、恶、美、丑的观念顿从心底萌出，仿佛觉得四周有无数双眼睛都盯到了自己赤裸的身子。夫妻俩急忙跑去采来宽大的无花果树叶，以藤为索，把无花果树叶编成裙子，穿系在腰间。

天起了凉风，上帝巡行到了伊甸园。

亚当和妻子听到上帝的声音，就急匆匆地藏到草木深处。他们觉得，简陋的草和树叶裙无以蔽体，羞面上帝。

上帝见亚当没有出来迎接他，摇了摇头，呼唤了一声：

“亚当，你出来吧！”

亚当和他的妻子战战兢兢地从藏身之处站了起来。

“你藏那里干什么？”上帝问。

亚当回避着上帝的眼光，羞怯地回答：

“我在园中听见你的声音，心里害怕，因为我这样赤身露体的，就不敢见你，也就藏了起来了。”

“谁告诉你什么赤身露体的呢？难道你忘了我的吩咐，偷吃了禁果？”上帝又问。

“开始我并没有注意到那是禁果”，亚当怯怯地说，“你所赐我的女人，她把那棵树上的果子给我，我就吃了。”

上帝转而追问女人：

“你怎么能这样呢？怎么回事，说说！”

女人惶恐地低下头，诺诺地道出事情的经过，末了，她忿忿指着蛇说：

“是蛇引诱我，是它说那不是禁果，说那果子鲜美异常，吃了不仅不会死，还将使人心明眼亮，充满智慧。所以……所以后来我就吃了禁果，也摘了一个让亚当吃了。”

听到这里，上帝知道事情已无法挽回，他转过身去，大声地斥责蛇：

“你竟然做出了这样卑鄙恶劣的事，你就必然要受到最重的诅咒！听着，“——从今天开始，你必须只能用肚子在地面上爬行，终身以土为食；因为你诱使女人犯罪，我又要让女人与你彼此为仇，女人要伤你的头，你则伤她的脚后跟。你的后裔和女人的后裔也将世世代代怨恨不解。”

接着，上帝又对女人说：

“你经不住蛇的诱惑，偷吃了禁果，你必受惩罚——我将多多增加你怀胎的苦楚，多多增加你在生产儿女时的折磨。从今以后你必依恋倾慕你的丈夫，受你丈夫的辖制和约束。”

最后，上帝的眼光凝注在亚当——这个他创世纪造出的第一个人类身上，一种难以弥状之情自心底流出，他终究还是违背了禁令、偷吃禁果而埋下了人类永远也不能解脱的罪孽的根源，此罪深重，终不可恕。

“亚当”，上帝语顿了一下，接着说：

“你听从你妻子的话，而忘记了我对你的吩咐，吃了那棵树上的果子，你要为此付出你的代价，地也将因为你的缘故受到诅咒，它将长出荆棘和蒺藜来。而你，从此以后必将汗流满面、终身劳苦，才能获得田间里的菜蔬，才能获得你赖以为生的粮食。你来之于尘土，你终必还得回归于尘土中去。”

亚当和妻子偷吃禁果已成事实，始知善恶美丑，上帝便用皮子为他们一人做了一身衣服。亚当深知，自己终要受到惩罚，上帝的诅咒必将兑现。他先给妻子起了个名字叫夏娃，意思是众生之母，然后与妻子静静地等候着上帝的发落。

此情此景，上帝不由得深深地叹了一口气，为了惩罚他们，上帝又下了一道禁令，不准亚当和夏娃吃生命树上令人永远不老的长生果。随后，上帝打发他们出伊甸园去，耕种他们生之于斯的土地，把人类的始祖永远赶出了伊甸乐园。

此后，上帝耶和华又在伊甸园的东边安设基路伯和四面转动喷火的宝剑，把守生命树，严禁亚当和夏娃重返伊甸园。

（《创世纪》）

伊斯兰世界又是如何解释人类诞生史呢？伊斯兰权威的《古兰经》中，关于创始有如下章节和话语：

第三四章　赛伯邑

这章是麦加的，全章共计五四节

奉至仁至慈的真主之名

[1]一切赞颂，全归真主！天地万物，都是他的。后世的赞颂，只归于他。他是至睿的，是彻知的。[2]他知道潜入地下的，从地下发出的，从天上降下的，升到天上的。他是至慈的，是至赦的。[3]不信道的人们说：“复活时不会来临我们。”你说：“不然。指我的主发誓，它必来临你们。我的主是全知幽玄的，天地间微尘重的事物，不能远离他；比那更小的，和更大的，无一件不记录在一本明白的经典中。”[4]以便他在复活时报酬信道而行善的人们。这等人，将获赦宥和优厚的给养。……[22]你说：“你们舍真主而认作神灵的，你们祈祷他们吧：他们不能管理天地间微尘之重的事物，他们丝毫不能参与天地的造化。

真主不以他们中的任何一个为助手。”[23]除真主所许可者外，在真主那里，说情将无裨益。直到他们心中的恐惧被排除的时候，他们才说：“你们的主说了什么?”他们说：“真理。”他确是至尊的，确是至大的。[24]你说：“谁从天上和地下供给你们?”你说：“真主。我们或你们，是在正道上的、或是在显著的迷误中的。”[25]你说：“对于我们所犯的罪，你们不受审问；对于你们所做的事，我们也不受审问。”[26]你说：“我们的主，将召集我们，然后，依真理而为我们裁判，他确是最善于裁判的，确是全知的。”……

第三五章　创造者(法颓尔)

这章是麦加的，全章共计四五节

奉至仁至慈的真主之名

[1]一切赞颂，全归真主——天地的创造者！他使每个天神具有两翼，或三翼，或四翼。他在创造中增加他所欲增加的。真主对于万事确是全能的。[2]无论真主赏赐你们什么恩惠，绝无人能加以开释。他确是万能的，确是至睿的。[3]人们啊！你们应当铭记真主所赐你们的恩惠，除真主外，还有什么创造者能从天上地下供给你们吗？除他外，绝无应受崇拜的，你们怎么如此悖谬呢？[4]如果他们否认你，那末，在你之前的使者们，已被否认了。万事只归真主。[5]人们啊！真主的应许，确是真实的，所以绝不要让今世的生活欺骗你们，绝不要让猾贼以真主的优容欺骗你们。[6]恶魔确是你们的仇敌，所以你们应当认他为仇敌。他号召他的党羽，以便他们做烈火的居民。[7]不信道者，将受严厉的刑罚；信道而且行善者，将蒙赦宥和重大的报酬。[8]为自己的恶行所迷惑，因而认恶为善者，像真主所引导的人吗？真主必使他所意欲者误入迷途，必使他所意欲者遵循正道，所以你不要为哀悼他们而丧生，真主确是全知他们的行为的。[9]真主使风去兴起云来，然后，把云赶至一个已死的地方，而借它使已死的大地复活。死人的复活就是这样的。[10]欲得光荣者，须知光荣全归真主。良言将为他所知，他升起善行。图谋不轨者，将受严厉的刑罚；这些人的图

谋,是不能得逞的。[11]真主创造你们,先用泥土,继用精液,然后,使你们成为配偶。任何女人的怀孕和分娩,无一件不是他所知道的;增加长命者的寿数,减少短命者的年龄,无一件不记录在天经中;那对真主确是容易的。[12]两海不一样,这海是很甜的、可口的淡水,那海是很苦的咸水。你们可吃每一海中所产的新鲜的肉,又可采你们所戴的的首饰。你看船舶在海上破浪而行,以便你们寻求他的恩惠,以便你们的感谢他。[13]他使黑夜侵入白昼,使白昼侵入黑夜;他制服日月,各自运行至一定期。这是真主——你们的主,国土只是他的,你们舍他而祈祷的,不能管理一丝毫。……[40]你说:"你们告诉我吧,你们舍真主而祈祷的那些配主,怎么应受崇拜呢?你们告诉我吧!他们曾独自创造了大地的哪一部分呢?还是他们曾与真主共同创造诸天呢?还是真主曾授予他们一本经典,而他们是依据那本经典中的许多明证呢?"不然,不义者仅以欺骗互相应许。[41]真主的确维持天地,以免毁灭;如果天地要毁灭,则除真主外,任何人不能维持它。他确是至容的,确是至赦的。……

第七六章　人(印萨尼)

这章是麦地那的,全章共计三一节

奉至仁至慈的真主之名

[1]人确实经历一个时期,不是一件可以纪念的事物。[2]我确已用混合的精液创造人,并加以试验,将他创造成聪明的。[3]我确已指引他正道,他或是感谢,或是辜负。[4]我确已为不信道者预备许多铁链、铁圈和火狱。[5]善人们必得饮含有樟脑的醴泉,[6]即真主的众仆所饮的一道泉水,他们将使它大量涌出。[7]他们履行誓愿,并畏惧灾难普降日,[8]他们为喜爱真主而赈济贫民、孤儿、俘虏。[9]"我们只为爱戴真主而赈济你们,我们不望你们的报酬和感谢。[10]我们的确畏惧从我们的主发出的严酷的一日。"[11]故真主将为他们防御那日的灾难,并赏赐他们光华和快乐。[12]他将因他们的坚忍而以乐园和丝绸报酬他们。[13]他们在乐园中,靠在床上,不觉炎热,也不觉严

寒。[14]乐园的荫影覆庇着他们，乐园的果实，他们容易采摘。[15]将有人在他们之间传递银盘和玻璃杯——[16]晶莹如玻璃的银杯，他们预定每杯的容量。[17]他们得用那些杯饮含有姜汁的醴泉，[18]即乐园中有名的清快泉。[19]许多长生不老的少年，轮流着服侍他们。当你看见那些少年的时候，你认为他们是些散漫的珍珠。[20]当你观看那里的时候，你会看见恩泽和大国。[21]他们将穿着绫罗锦缎的绿袍，他们将享受银镯的装饰，他们的主，将以纯洁的饮料赏赐他们。[22]将对他们说："这确是你们的报酬，你们的劳绩是有报酬的。"……读了上面《古兰经》的有关内容，我们一目了然，明明白白地看到：伊斯兰教的宇宙观是"一切赞颂，全归真主！天地万物，都是他的。""他是至睿的，彻知的。""天地的创造者"。说"真主用混合的精液创造人，并加以试验，将他创造成聪明的。""真主创造你们，先用泥土，继用精液，然后，使你们成为配偶。任何女人的怀孕和分娩，无一件不是他知道；增加长命者的寿数，减少短命者的年龄，无一件不记录在天经中"；等等。它明白无误地宣称：天地万物的创造者是真主；人类的形成也是真主创造的。是神创造了世界，创造了人类。在人类诞生史这一领域，伊斯兰世界的观点与基督教世界基本上异曲同工，相互贴近。

世界其他地域，其他民族又有什么生死观点呢？

图腾崇拜弥漫了人间世界。

图腾崇拜实质上依然是神灵"创世"、"造人"的变相折射。

《简明社会科学词典》中对图腾崇拜是这样注解的："一定民族认为一定种类的动物或自然物同本氏族有亲属或其他特殊关系的信仰。是原始社会中最早的宗教信仰形式之一。……'图腾'一词，源出北美印弟安人的奥季布瓦语，意为'他的亲族'。被一个氏族称作图腾的物（多为动物，如熊、狼、鹿、鹰等），即成为该氏族的标志，被认为可起到保护和庇佑的作用。"这就是说，图腾是被远古人看作为神的代表，超自然的力量，是天使天子，对人类有着"保护和庇佑的作用。"也认作和自己同出一脉，有至亲血缘关系。

在南亚大国印度，牛被做为印度各民族的图腾，予以顶礼保护；在古罗马，狼是神圣的图腾；而泱泱中国的神州大地上，龙成为无所不能的崇拜图腾，华人称自己为龙的子孙。非洲、拉丁美洲、大洋洲众群岛，更是图腾崇拜的沃土，从天上飞的鸟，到地上的虎豹、蛇、龟，再到海洋生物，奇树异草，都被不同氏族所崇拜，认定为自己氏族、部落的图腾。

但这个世界，也有具有科学意识、清醒头脑、能正确认识生命史轨迹，充满朴素唯物史观的民族。敢于否定图腾崇拜，还原人类史的真面貌。他是谁呢？那就是雄踞世界屋脊——青藏高原，地球第三极的藏民族！

他们从远古起，就公开宣布自己是猴子的后代，是由猴子衍变来的。

关于这方面的神话、传说、故事很多，流传很广很久长，至今还流传的一则神话中这样说道：在很久远的年代，西藏山南雅隆河谷琼结地方，气候温和，草木丰茂，山上住着一只猕猴。后来，这只猕猴和岩罗刹女结为夫妻，生下六只小猕猴。老猕猴把它们送到果实丰硕的树林中去生活。过了三年，老猴再去看望，发现它们已经繁衍成五百多只猴子，因为食品不够，都饿得饥肠辘辘，“叽叽”悲啼。看见老猴来了，小猴们便围上来呼号：“拿什么给我们吃啊？”样子十分悲惨。老猴见状，心头十分悲伤，四处寻找食物，终于发现一条川里长满野生谷类。它把猴群领来，指着野谷说道：“你们吃它去吧。”众猴吃了野谷，身上的毛渐渐短了，尾巴也逐渐消失了，以后又会说话了，变成了今天的人群。这则传说，在以后的藏文史料《玛尼全集》、《西藏王统纪》、《贤者喜宴》等正规经典著作中都有不同程度、不同角度的记载。

西藏山南重镇泽当的名字便是“群猴玩耍的坝子”之意。

猕猴演化成人类的传说，真实地形象生动地揭示了人类的起源，完全吻合人类的进化过程。应该说，这是藏族对人类起源理论做出的卓越贡献。藏族史学家恰白・次旦平措先生考证猕猴在藏语言中含有小猿猴的意思，而罗刹则是栖身于岩洞、吞食其他动物血肉的一种猿类。这就意味着生活在雅鲁藏布江沿岸森林里吃野果的一种短小猿类，与居住在岩洞里吃动物血肉的一种大猿结合，它们繁衍的子女，逐渐进化成了高原最早的人类。

在藏族神话中，还有一则神话，即“卵生英雄”，也是揭示高原人类起源的。神话中说:太极之初,有一个由五种宝贝形成的卵,后来卵破裂了,从中产生出一个英雄。这位英雄长有狮子的头,象的鼻子,老虎的爪子。他的脚像刀一样锋利,毛发像剑一样坚硬,头上长着两只犄角,犄角中间栖息着鸟王大鹏。

关于大鹏创世的传说,有首民间叙事诗"斯巴歌"("斯巴"藏语中为生物世界)这样流传。

问:"最初斯巴形成时,天地混合在一起,请问谁把天地分?
　　最初斯巴形成时,阴阳混合在一起,请问谁把阴阳分?……"
答:"最初斯巴形成时,天地混合在一起,分开大地是大鹏。
　　大鹏头上有什么?最初天地形成时,阴阳混合在一起,
　　分开阴阳是太阳,太阳顶上有什么?大鹏把天撑高空",……

还有一部介绍有关世界成因的对答、问答的民间长诗《斯巴宰牛歌》(这儿的"斯巴"又拟人化被认作为世界形成过程)。它对天、地、山、川的形成是这样反映的:

问:"斯巴宰杀小牛时,砍下牛头放哪里?我不知道问歌手;
　　斯巴宰杀小牛时,割下牛尾放哪里?我不清楚问歌手;
　　斯巴宰杀小牛时,剩下牛皮放哪里?我不知道问歌手。"
答:"斯巴宰杀小牛时,砍下牛头放高处,所以山峰高耸耸;
　　斯巴宰杀小牛时,割下牛尾栽山阴,所以森林绿郁郁;
　　斯巴宰杀小牛时,剥下牛皮铺平处,所以土地平坦坦。"

其他民间版本的《斯巴宰牛歌》,又是这样描述世界成因的:

"斯巴宰杀小牛时,牛头立在山岗上,长出雪山十万座;
　斯巴宰杀小牛时,牛皮铺在草地上,显出平滩六万片;
　斯巴宰杀小牛时,牛血倒在泉水中,涌出江河一千条;
　斯巴宰杀小牛时,割下牛尾放路上,所以道路弯曲曲。"

虽然几种说法有变异,但从答词中我们可以看到,对世界山川、草木、河流、平滩的形成根由,《斯巴宰牛歌》都是朴素的、唯物的、直观的解释。在歌中,斯巴是物质的、形象的,它所创造的世界也是形象的、物质的,是看得见摸得着的。不论是客体还是主体,都是物质的。可以说,它揭示了物质转化的内在规律,初步建立了物质不灭观念。

为什么要采取“宰牛”形式来比喻、展示呢？因为青藏高原的主体经济是畜牧业，牛是其中的主要生产资料和生活资料，人们的食品结构中，肉食是主体，藏人先祖对宰牛最熟悉也最为经常，所以用宰杀小牛来解释地形地貌就最为形象、生动、通俗不过了。

《斯巴宰牛歌》中，对各种飞禽走兽、植物粮种的来源也有自己的“说法”：

“斯巴宰杀小牛时，丢了一块鲜牛肉，
窃贼就是大公鸡，不会偷窃顶头上；
斯巴宰杀小牛时，丢了一块白牛油，
窃贼就是花喜鹊，不会偷窃贴肚上；
斯巴宰杀小牛时，丢了一些红牛血，
窃贼就是红嘴鸦，不会偷窃粘嘴上。”

在另一部民间长诗《世界形成歌》里，远古藏人对哺育人类的粮种也有所探究，认为：

最初斯巴形成时，阳山坡上长白竹，
白竹顶上白鸠落，白鸠送来大米种；
最初斯巴形成时，阴山坡上长青竹，
青竹顶上青鸠落，青鸠送来青稞种；
最初斯巴形成时，山坳中间长红竹，
红竹顶上红鸠落，红鸠送来红麦种。

这些神话“创世歌”反映了青藏高原的先民们强烈探讨生命起源的愿望，用一切强有力的认识论武器来武装自己，改善与大自然的关系，取得掌握自己命运的主动权。他真实地记录了生命的演变进程，人类的发展史，难能可贵。应该说藏人是世界上最早求索人类生命真谛的伟大民族，也是最早打破唯心的“神创世”、“神造人”谬论、还原生命科学的伟大民族。这也说明雪域高原藏民族对自己的生命史是客观的、睿智的、辩证的、科学的，从一开始就处于清醒、冷静、自主、自立之中，不昏沌、不虚妄、不拉大旗扯虎皮，而是认认真真、脚踏实地、力所能尽地做人、走人的道路，实现自己的道理。

不仅仅认识到自己是由猴子变人的历史，藏人还深入探讨了生命发展衍变的内在奥秘，从分子理论结构来剖析世界生物形成的规律。

藏族的起源在藏学学者丁仁南喀1966年汇编的《卓浦》一书中又是这样记录了一则神话故事——

在很早以前，有一位名叫南喀东丹却松的国王，拥有五种本原物质。赤杰曲巴法师从他那里把这五种本原物质收集起来，放入体内，轻轻地一呵，风就开始吹起来了。当风以轮的形式旋转起来时，就出现了火。于是，风急火旺，火的热量和风的凉气相遇而出现了露珠，在露珠上又出现了微粒，这些微粒被风刮在一起而聚集成了山。世界就是这样由赤杰曲巴法师创造出来的。从风、火、露珠、微粒和山这五种本原物质中又产生出一个发亮的卵和一个黑色的卵。发亮的卵是立方体形状，如一头牦牛那么大；黑色的卵是圆锥形的，像一头公牛那么大。赤杰曲巴法师用一个光轮来敲击发亮的卵，产生了火花，向上散开的火花形成了托塞神(霹雳神)。在卵的中心产生了什巴桑波奔赤，他是一个有着青色头发的白人，是现实世界的国王。这时，赤杰曲巴法师的对手梅本那波使黑色的卵在黑暗的王国里爆炸，黑光上升，产生了愚昧和迷惑，黑光向下则产生了迟钝和疯狂。从黑卵中心跳出一个带有黑光的人，他的名字叫做门巴塞敦那波，他是虚幻世界的国王。这两个国王分别是神和恶魔的法师。

雨和雾也从上述的五种本原物质中产生出来，形成了海洋。当风吹拂过海面的时候，一个青蓝色的女人在破碎的发光卵中出现了，什巴桑波赤给她取各为曲坚木杰莫。他们没有点头，也没有触碰对方的鼻子，结合后，生出野兽、畜类和鸟类。什巴桑波奔赤和曲坚木杰莫点点头，互相触碰对方的鼻子，于是生下了九兄弟、九姐妹。

什巴桑波奔赤给每个孩子都安排了一个角色，并由九兄弟分别分身出一个女人作为他们的妻子，九姐妹分别分身出一个男人做她们的丈夫。在九个兄弟中，老大、老二、老三这兄弟三个通常被尊为恰什贵松(掌教三尊)。其中，老大什杰章噶的任务是确保世界延续。他也有九个儿子，称为天界九神；也有九个女儿，称为天界九女神。天界九神被看成是穆部落最早的祖先。这九位神也称天界九梵神(辛饶米沃自认为是这个部落的后裔)。老二贵杰章喀则受命以相生相克原则来安排世界。例如，恶魔散布疾病是为了对付人的，而医药是为了治疗疾病的。贵杰章喀有八个儿子，被称为地界八神，并有八个女儿，称为地界八女神。老三恰仁（别名恰杰吉增）是掌管万物生命的。他有八个孩子，四个儿子，四个女儿，第二个儿子恰杰雅达拉周被认为是藏王的祖先（或是象雄王的祖先）。什巴桑波奔赤的其他几个儿子，也担负着不凡的使命，他的第四个儿子年如南喀是山神的祖先，其余五个儿子是各种生物的祖先。在什巴桑波奔赤的九个女儿中，大女儿南希贡杰在苯教众神中居于显著地位。二女儿南曼噶莫是苯教中密法的卫护者，她被认为是格萨尔王的姑母，在《格萨尔王传》中具有重要的地位。三女儿米堪玛莫同他的丈夫孜巴东虚则被认为是人类的始祖，他们有八个后代。第五个女儿谢娜玛是生命女神，她有十二个后代，其中颇拉米孜（父神）、玛拉布孜（母神）、南拉郑钦（舅神）、格拉达玛（家神）、索拉年钦（生命之神）等被尊为守护神。苯教认为，每个人一出生就有这五个神附在身上，其中，索拉年钦附在头上，颇拉米孜附在右臂，玛拉布孜附在左臂，格拉达玛附在头前，南拉郑钦附地头后。什巴桑波奔赤的第七个女儿恰则杰莫既被视为财神，又是马神、牦牛神、羊神和门神等诸神之母，又兼母牛神和灶神两大神职。

这样，就形成了苯教众神的家谱：

赤杰曲巴
|
立方体亮卵
|
什巴桑波奔赤
|
曲坚木杰莫
/ \
九兄弟　九姐妹
|　|
九个妻子　九个丈夫
（十八对夫妇）

同众神谱系相对应，苯教还创造了一个恶魔集团（谱系）。

恶魔门巴塞敦那波衍生出顿显那莫，因为她是在没有月亮光的黑夜降生的，所以被称为黑暗女神。她同门巴塞敦那波结合，生下了八个男孩和八个女儿，他们被称为神魔。这八个兄弟和八个姐妹也各自身出他们的配偶，形成十六对夫妇，并生了许多神魔，构成了苯教的恶魔世界。其谱系可简化为：

梅本那波

|

圆锥形黑卵

|

门巴塞敦那波

|

顿显那莫

/ \

八兄弟　八姐妹

|　|

八个妻子　八个丈夫

（十六对夫妇）

这就是苯教最早的对宇宙和藏人祖先起源的认识及解释。

故事虽然有点荒诞，也掺杂着一定的“神创世”“神造人”的谬论，但其核心内容却是物质世界产生、变化、运动中形成的真实现象。揭示了世界是由物质形成的本质，揭示了物质的运动变化是万物生命之根本因素。对五种本原物质在运动中相互作用，从量变到质变，从对立走向统一，又在运动中产生和组合出新的物质做了科学的、辩证的展示剖析，揭示了事物的本质规律和普世真谛。令人尤为惊叹的是，藏人对生命之源的探索，已经深入到人性的善恶之中。提出了生命形成时，基因中就有“善神”和“恶魔”（谱系），这对我们认识人类史中文明与野蛮、善良与邪恶、智慧与愚昧的对立统一现象有了清醒的看法。至于故事中的“神”、“魔”一说，不过是苯教徒把自己的学说掺和进了传统的认识观念之中，通过臆造的“神”和“魔”来形象地宣扬自己的人生观和世界观而已。它是人为的表象，是苯教关于世界“三界”（天上、虚空、地面）理论的一种标签，对大自然的“加工”、“改造”，它没有改变物质第一性的根本内核，更不是说是“神创世”和“神造人”。它与基督教的“神创世论”和伊斯兰教的真主是“天地创造者”的说法大相径庭，本质不同，有着天壤之别。

关于藏人对生命史的最早观念，权威的《藏族简史》（西藏人民出版社出版）中记载说：“关于藏族的来源，藏族民间流传有藏区最初由‘神猴’与‘岩魔女’相结合始有人类，称为吐蕃‘猿猴’种系的说法。这种说法是见于十四世纪成书的苯教史《雍仲苯教目录》和佛教史书《红史》等。相传这些最早的原始人类，居住在今西藏雅鲁藏布江南岸的泽当一带的雅隆地区，后来分成斯、穆、桐、东四个氏族，或者加上查、楚，总共六氏族，或六人种。分别住在雅隆河谷的索塘、泽塘、沃卡久塘、赤塘等地，以采撷为主，最初没有‘王’，过着原始生活，至今当地藏族居民还指某些洞穴为先民遗址。”

《藏族简史》是中华人民共和国民族事务委员会以官方名义组织的民族问题五种丛书编辑委员会编辑出版的，资料要求严格科学，观点慎重准确，是权威性的史书。可以肯定地说，《藏族简史》对藏民族（人类）的起源阐述符合历史唯物主义史观。同时，近年考古发现的很多藏区旧石器遗址及文物都说明了青藏高原是远古人类的发祥地之一。考古史料印证了青藏高原的沧海桑田史就是猿猴走下树、走进草丛灌林、直立行走、采撷草籽、衍化为人类的历史过程。民间流传的不少民俗节日也反映演绎了这一人类进化史。如甘肃博峪藏区每年五月五日有个采花节，采花节各项活动中有一幕颇有情趣、耐人寻味的“猴子上门”之情节。到神山上采花祭神的当地姑娘小伙，在举行各种仪式时要集中唱一首歌颂本部落先祖是如何完成从猴进化到人的历程的歌。歌词大意是：

在十分遥远的远古/人本是猴子中一伙
与其他野兽差不离/但比其他野兽聪明
会穿树皮会用石器/会打猎，还有其他本事
猴子才变成了人。

从猴子变成人/最早靠杀鹿充饥
那时还没有粮食/起初是用石头打
到后来用木棍打/再后来用了弓箭
……
人吃的粮食从哪来？/粮食原本是草籽野果
是母猴来播种的/后来就变成了粮食。

敬过神，唱罢这首祭神的创始歌，人们才开始宴饮歌舞，与神共乐。

博峪五部中的插岗、铁坝两部在过采花节时，还要选人扮成猴，披着猴皮，到每家每户祝福，诵唱吉祥歌儿。各家各户都以欣喜、幸运的心情恭迎、送行，临别还要慷慨赠送礼品酬谢。

上述文字记载以及民俗节日内容，他告诉我们的是什么？

首先，它没有了神的束缚，神的奴役，否定人是神创造的，宣告自己是猴子变来的，而不是神的奴隶与仆从，人应有自己的人格，人格是独立的，人应有人的尊严。基于这种人类史的唯物观认识，远古藏人一开始就有了自己独立思维和活动的自由与空间。在一定范围内可以说自主掌握了自己的命运，自觉开展创新性劳动。这就为藏人开拓属于自己的世界清除了心理障碍和精神枷锁，也为今后创立藏民族科学文化知识体系铺平了道路，提供了精神动力和舆论准备。这个是意识形态领域最初的革命，具有里程碑意义。

其次，它告诉我们，藏人还原了人的自然属性，把自己定性于自然人的地位上，与天地万物一样，是普通的生命，与众生都和平、平等相处，而且在宇宙万物之列。这又孕育了平等观念，善待其他生物的意识。既摒弃了贵族气息，也绝了奴才心理。不仅文明水准大大提高，还窥探到自己与大自然唇齿相依、息息相关、命运相连的内在联系，结果推促自己自觉和大自然和谐相处，天人一体，努力去保护生态环境。在其观念作用下，藏人就为自己保存或创造了一个较良好又是良性循环的生存环境，拓展了自己的发展空间。

第三点则是由于对世界、对大自然万千现象的形成有了科学、客观、辩证的认识后，尤其畜牧业生产方式，使他们对大自然有了宏观、微观的知识积累，也对万物规律有了较深刻的认识，他们排除了不少畏怯、恐惧、深奥、玄秘、紧张。感觉心理上没有了压力与压抑，对生死有了一种坦然、自在的态势，树立了朴素的唯物理念。他们认定自然界的一切都有生死轮回，就如宋朝大诗人陆游所写的“篱篱原上草，一岁一枯荣，野火烧不尽，春风吹又生。”为轮回思想打下了胚胎，也为佛教因果轮回观念的传播培育了土壤。

从此，远古藏人对死亡少了许多不安和害怕。他们从自然规律出发探究，认为万物有灵，因此，人也一样，灵魂是永存的，灵魂是运动的，肉体不过是灵魂的一种载体罢了。所以对肉体的去留较为淡泊，这就为藏族独特的生死观产生的葬俗，为天葬、火葬、塔葬、水葬做好了心理铺垫和实施道路。他们认为人与其他动物一样，来的自然，走时也就不用大惊小怪，完全可以显得自然坦荡。“来也赤裸裸，去也赤裸裸”是一种正常不过的新陈代谢、自然现象。符合物质变化规律，从而避免了很多人为的、繁琐的仪轨。

总之，藏人早期的生死观是从实践体验、实践观察中积淀升华出来的，它带有浓重的朴素唯物史观，是藏人对生与死的认识以及相应采取的态度、抱有的观点。它是经过漫长历史的阶段才凝聚、结晶成型的。但生死观是历史的产物，它有着时代性，不是一成不变的。藏人的生死观随着社会的发展在变化，但又具有稳定性，它是一种文化意识，一旦积淀结晶，具有一定的稳定性，对社会群体产生较强的影响，它利用自己的文化优势，推波助澜，扩大巩固自己的文化形态，在相关文化领域留下深深的烙印。

第二章　喜马拉雅造山运动藏人窥探到世界“造化”真谛

耳鬓厮磨，相濡以沫，雪域藏人相伴喜马拉雅造山运动·世居江河源头、高山雪峰脚下，看穿世界“造化”的时空燧道·耳听是虚，眼见为实，一旦明了真相，自然积淀出朴素唯物史观，孕育了健康的生死理念……

当今世界，没有一块地域如藏人居住的青藏高原那样经历过如此剧烈、如此频繁、如此多变的沧海桑田。地球运动的活力在雪域大地上显得如此的蓬勃强壮，旺盛持久，犹如少年、青年血管中的血液脉动，有力得“嘭嘭”直跳。高山气流的冲撞互动，带来暴风骤雨、飞雪冰雹、洪涝急流，带来终年不化的雪山座座，白色哈达般的条条冰川。地震雪崩的爆发，高山刹时夷为平地，草原突起绵亘陡峰，干滩狭谷瞬间积起成了堰塞海。还有，江河改道，山川无色，四季气候的转圜……。喜马拉雅造山运动让雪域藏人看到了真真切切的生命运转规则，完完整整的生命内蕴，知道了世界风云变幻的轨迹，懂得了人与其他生命一样，有生老盛衰，有变化运转。生命诞生于自然，死亡也是必然，整个世界就是万物生死运转的图示。新陈代谢，吐故纳新才能保持世界的活力，才能孕育新生命，这是宇宙告诉人类的真谛。它是藏人积淀的生死观启示录，便是人类生的坦然，要活得自在，更须视死如归。总之，人生得坦荡乐天。

这是青藏高原喜马拉雅造山运动的沧桑巨变给藏人上的最早一

节唯物史观课。

得天独厚的地理环境，使他们最近距离观察和体验到天地万物芸芸众生之生命史，摒弃了内陆平原和沿海地域对大自然现象不可理解的玄秘、“神奥”，从而产生的“神灵造物”、“造人”的错位认识。减弱了对神灵的种种迷信崇拜，消除了屈膝投降、自愿当大自然奴隶的心理趋势。

这种观察是实在的、透明的、公开的、公众的、亲身体验的，而不是以讹传讹，虚构编造的。

对青藏高原地壳运动的研究证明，远古时候这块土地很适合人类生息、繁衍。

距今6亿至2亿年前的古生代时期，青藏地区为波涛汹涌的海洋。一直到距今约3000万年前的始新世末期爆发的喜马拉雅造山运动，才使青藏高原隆出海面。20世纪70年代中国科学院青藏高原综合科学考察队考察发现西藏不少地方有上新世的三趾马化石，化石层的孢粉组合是热带型植被中的代表性植物桉树、水杉等，还有属于亚热带山地森林草原植被型的雪松、棕榈等，说明那时的青藏高原气候湿润炎热，属热带森林和稀树草原景观。

第四纪是地质历史上最近的一个阶段，人类的出现是第四纪的重大事件之一。能制造工具的人约出现在距今300万年到200万年或150万年前，第四纪实际是人类时代。考古证明，青藏高原的隆起，就是近几百万年间的事。

对喜马拉雅山区古气候的研究也表明：上新世时，喜马拉雅山高度约在1000米左右，而现在平均高度为6100米，最高峰达8844米，这使得温度降低值达20，故而现在的降水量仅为当时的七分之一。

青藏高原在上新世海拔为1000米，早更新世为2000米，中更新世达3000米，晚更新世为4000米，全新世为4300～4700米。从晚更新世以来的10万余年，高原上升了1500～2000米，平均每年上升量达10毫米以上。

几百万年之间，青藏高原由上新世末形成的海拔约1000米的统一夷平面——“原始高原夷平面”，即与现藏北高原风貌基本相同的地域，隆成今日海拔4500米以上的世界屋脊，累计上升了近3000～4000米之多，而高原上的山脉上升量更是惊人的。张青松等专著的《青藏地区上新始古地理和高原隆起》（科学出版社，1981年）中表列得精确实在，惊心触目。

他列了一幅图示说明喜马拉雅：西藏高原各地上新世末以来上升幅度

地点（所在地区）	高原面海拔高度（米）	上新世末以来上升幅度（米）
札达 聂聂雄拉（喜马拉雅山北麓）邛多江	4500～5000	3500～4000
玛珐木错（雅鲁藏布江、噶尔曲上游河谷） 仲巴	4500～4600	3500
亚热（冈底斯山北麓）	4600	3600
伦坡拉（藏北高原中部，黑阿公路沿线） 布龙	4300～4500	3300～3500
喀拉木伦山口南（昆仑山南麓）	4900～5000	4000左右

雪域的隆起，不是孤立的自然现象，当时的高原并不是现代人们想象的蛮荒旷野，没有人迹，而是和人类祖先几乎同步进行。这一点，从考古发现的旧石器遗迹遗址能予以证明。

较多的科学论证认为：人类起源于亚洲。这从印度尼西亚爪哇发现的直立猿人化石、北京周口店发现的北京猿人化石和大量石器等等可证明。

17、18世纪，一些西方考古学家陆续进入青藏高原腹地，开始探险、考古，在西藏不少地区发现了石器时代的遗物、遗址。但限于条件他们主要搜集的是地表文物，未能判定石器的年代。

中华人民共和国成立后，中国科学院组织了专门的研究队伍，对我国境内的喜马拉雅山区进行了多学科的大规模科学考察。1966～1968年在西起吉隆、东至亚东、雅鲁藏布江以南至国境线的珠穆朗玛峰周围地区约五万平方公里的范围内进行了考察，1973～1976 年又对整个青藏高原进行了多学科科学考察，发现了原始人类在这片土地上的足迹。以后又进行了多次综合或专门学科的考察。

1966 年，中国科学院珠穆朗玛峰科学考察队的古脊椎动物科学工作者，在聂拉木县的亚里地区进行地层剖面研究和采集古生物化石的时候，发现了散落在石灰岩中的不易引人注目的石片，这些由坚硬的石英岩等构成的石片至今仍然锋利。这是一些“特殊的化石”，经过考古工作者的鉴定，它们属于锥形石器和石核石器，是人类祖先使用过的工具。考古学家研究认为，这些石器的使用年代为中石器时代或稍晚一些，在大约距今 7000～10000 年的原始社会后期。从同时期沉积物中采集的大批植物化石判断，那个时候亚里地区并不是现在的高寒缺氧、一片荒凉，而是气候温暖。在山坡上、河谷里，杜鹃成群，还有忍冬、鼠李、柳树、绒线菊和蔷薇等植物，适于人类祖先的生存。

根据在亚里地区发现的石器，古人类学者推测在更早的时代，喜马拉雅山区应当有人类的祖先——猿人生活。这个推论被次年的野外考察证实了。

1967 年 10 月，地质学家刘东生教授同几个年轻考察队员，又来到他 3 年前曾经发现了巨大的三叠纪海生爬行动物化石、距定日只有 10 公里的苏热山。他们不倦地采集标本，仔细地记录和描述每一个地质现象，终于在海拔 4500 米的河流阶地上发现了数十件石片，这是不同于一般的碎石片，而是曾经被人当作工具使用过的石器。刘东生教授认为这些石器可能比在亚里发现的石器更为古老。经过详细的分析鉴定，考古学家们认为它们是旧石器时代中晚期的产物。这样，就把人类在喜马拉雅山生存的历史追溯到了距今四五十万年前的更新世中晚期。苏热山的石器都是属于比较简单、原始和粗糙的刮削石器和尖状石器，同在周口店发现的石器在加工制作上非常相似。因此，考古学家认为，苏热山石器的主人与生活在周口店一带的北京猿人属于同时代的人类。另外，早在 1964 年，中国科学院西藏科学考察队就在藏南定日县苏热采集到可能属于旧石器时代中晚期的打制石器标本 40 件。

1973 年，安新先生在林芝地区墨脱县马尼翁采集到一件磨制石斧，可能属于新石器时代的石器。随后，1974 年至 1976 年，中央民族学院师生在林芝云屋、居木、加拉马、红光等地发现了一批新石器时代遗址。1976 年又在墨脱县背崩村和墨脱村等 6 个地点发现可能属于新石器时代的石器。

1976 年，中国科学院青藏高原综合科学考察队、南京大学等单位在藏北、阿里、日喀则等地采集到了大量细石器标本和打制石器标本，这些标本的年代约为新石器时代，也有人认为为中石器时代。

1977 年至 1979 年，在西藏东部昌都地区卡若遗址的调查和发掘，是西藏考古史上具有划时代意义的事件。卡若遗址位于昌都水泥厂厂区内，1977 年水泥厂修建厂房，挖掘地基时出土不少石器、骨器、陶片等。随后，西藏文物管理委员会、昌都文化局派出专门人员赴现场勘查，确认为是一处新石器时代遗址。1978、1979 两年，考古工作者对遗址进行了大规模发掘，总面积达 1800 平方米，出土房屋、道路、窑穴等遗迹数十处。还出土打制石器、细石器、骨器、陶器等数以万计。此外还出土了大量动物骨骼和粟类农作物等。一系列的碳素年代表明，卡若遗址年代距今四千——五千年以前。这是一处保存较好、规模较大的新石器时代部落遗址。卡若遗址的发掘是西藏历史上第一次大规模的科学考古发掘。它把西藏的历史扎扎实实地提前到距今五千多年前。(以前发现的大量旧石器、细石器等，均为地面采集，无确切年代)，从而否定了长达一个多世纪之久的“西藏人种外来说”的错误观点。

旧石器时代是原始共产主义的前期阶段。当时为抵御自然界的各种威胁，获取起码的生活资料，人们聚群而居，共同劳动，开始知道打制石器，但粗糙简单。到旧石器时代的晚期，除了精致的石器，还出现了骨器。人类学会了用火，采集狩猎发展到大规模的渔猎活动。衣服、装饰品、艺术、宗教也出现了，爱美的意识越来越强。

西藏共发现五个可能属于旧石器时代的采集点：藏南定日县的苏热，藏北申扎县珠洛勒，阿里地区日土县扎布，藏北多格则以及藏北各听地点。这些地点分布在唐古拉山山脉以南至喜马拉雅山山脉以北的西藏中、西部广阔区域内。海拔高度为4400～4830米。区域内大部分地方海拔高、气候干冷，很多地方终年没有无霜期，其中申扎县内绝大部分地区至今仍是人类无法生活的“无人区”。

这五处地点采集到石片、石核及各种打制石器共258件，他们的详细情况是：

(1)苏热地点

位于藏南定日县东南约10公里的苏热山南坡第二阶地上。阶地对面是一条小河，流入热久藏布河。北纬28°，东经87°，海拔4500米。

共采集石器制品40件，原料主要是片磨岩，亦有一定数量的石英砂岩及少量石英岩。这里的石片体积较小，多呈三角形和矩形，多数石片长大于宽，亦有少数石片宽大于长。石片的台面较小，呈三角形或月牙形，石片角平均116°，石片上的半锥体大而散漫，亦有少量的双锥体。打击点一般不明显，有一半左右的标本有疤痕，放射线不清楚。根据上述特征可大体确定是用锤击法打制而成。

石器15件，均为石片石器，器形有刮削器和尖状器。刮削器13件，单刃7件，主要是由劈裂面向背面加工，亦有错向加工的。其方法与内地猿人文化和东南亚旧石器文化中的错向加工不同，前者是在相邻两边进行加工，后者是在相对两边或两端进行加工。尖装器2件，也是由劈裂面向背面加工，其中一件呈心形。

(2)珠洛勒地点

位于藏北申扎县雄梅区奇林珠洛勒。石器均集于错鄂湖盆地东南，沿珠洛勒河口附近的河谷中。东经88°31′，北纬31°23′，海拔4800米。

共采集石器14件。石器原料均为角岩。特点是石片厚大，石器由狭长的石片或宽大于长的石片制成。不少石片保留着局部砾石面。有些石器的台面和打击点已经修去，但从个别保留完好的标本观察，台面事先经过修整。可以测定石片角的石器标本为100°－120°，表明它们是从石核上用直接打击法制成的。石器器形有刮削器、端刮器、尖状器三种。刮削器9件，其中单刃6件，复刃1件，一般为劈裂面背面加工，亦有背面向劈裂面加工的。端刮器5件，用厚背的长条形或长方形石片加工而成。形状有长条形和长方形两种。第二步加工一般较细致，有的还从石片背面修去台面形成锋刃，亦属错向加工范畴。尖状器2件，用错向加工方法沿两缘修成钝尖。珠洛勒地点的旧石器修理精致，类形稳定，刃器薄锐，刃缘均称，其中一部分是长石片做的。这里的旧石器与苏热的标本有些相象，但表现出明显的进步性，可能是苏热旧石器的持续和发展。年代约属于旧石器晚期。

(3)多格则

位于那曲地区申扎县多格则地点，东经87°3′，北纬31°50′，海拔4830米。

多格则地点共采集石制器76件，原料以燧石为主，其次是火山岩，还有碧玉岩，玛瑙岩和石英岩。根据47件标本测量，石片角平均为105°，最大136°，最小93°。台面一般较小，但大部分未经修理，以自然面为台面的石片25件。20件台面经过打击，3件修理了台面，打击点紧挨台面脊。长石片居多，计20件。石片15件，其中有使用痕迹的10件，单刃3件，双刃6件，端刃1件。

石核7件，由砾石打制，小的只有1.9×1.2×0.4厘米，重2.39克。大的7.4×5.4×3.4厘米，重203.8克。少数石核加工成工具。石核形制有砾石石核、船底形石核、扁锥形石核、有打剥痕迹的小砾石石核。

石器54件，经过第二步加工，其中大部分是石片修制的，少数是用石核和砾石修制。以单面修理为主，也有错向加工，其中包括相邻两边的错向加工和同一边的错向加工。疤痕明显，有的形成缺口，有的疤痕远浅或细小匀称，可能是用骨质或木质工具加工的。大多石器加工不细，往往只打制部分刃缘。一半以上石器保留自然面。器形有：刮削器38件，端刮器7件，尖状器6件，砍砸器3件。

(4)扎布地点

位于阿里地区日土县扎布，东经81°，北纬33°20′，海拔4400米。

共采集石制器26件。原料绝大多数为黑色燧石，此外还有辉长岩、玛瑙岩、碧玉各1件。石制器均偏小，台面大部分打击过，三分之一为自然面，半锥体小而圆凸。加工痕迹除一些锤击片疤痕较深外，一般较浅。计有石片1件，石核1件，石器24件。石器器形有：长刮器15件，短刮器2件，尖状器3件。

多格则和扎布两点旧石器的年代，可能属于旧石器晚期较后，距今约1万年。

(5)各听地点

各听地点位于藏北色林错（湖）东南岸的一个岗丘上。岗丘顶部平坦，东西长1.5千米，南北宽0.5千米，高出湖面133米。东经89°22′，北纬31°35′海拔4633米。

各听地点的石制器主要由石片、石核、石器组成。从109件标本中发现岩性均为黑色硅质岩，表面有一层很薄的石锈，呈浅褐色。石片64件，形状以歪尾或不规则居多，共42件；其余为舌状、叶状等。石核6件，其中4件原为大石片，2件原为石块，6件标本都没有显出修理台面的迹象。石器39件，分边刮器、凹缺刮器和端刮器三个类型。

各听地点石器标本的时代，可能为旧石器时代晚期，也可能是新石器时代，但不会早于1万年。

除了西藏中、西部，在青藏高原的东北部、北部、也发现了旧石器时代的遗物。

1956年，考古工作者在长江源头沱沱河沿岸的可可西里和三叉口等地发现了一批旧石器时代的遗址、遗物。

1982年7月，由中国和澳大利亚组成的盐湖和风成沉积考察队，在青海省内的小柴旦湖古湖滨砂层中发现旧石器的原生层位，出土的文物有刮削器、雕刻器、钻具和砍斫器等四种类型的石器。这些围绕打猎生活制作的石器，证实了柴达木盆地在距今23000年以前是一处淡水湖泊分布多、气候温暖湿润、水生植物丰富的地区，适于人类生存繁衍。

各地发现的旧石器时期的遗物，以西藏为代表，基本具备以下文化特征：

原料　苏热地点以片麻岩为主，其次是石英砂岩，还有少量石英岩；珠洛勒地点均为角岩；多格则、扎布地点则以燧石为主，其次是火山岩，此外还有玛瑙、石英砂岩、辉岩和碧玉；各听地点均为硅质岩。从原料的质地看，多格则、扎布以及各听地点的硬度较高，如燧石、玛瑙、石英、硅质岩等，而这些石料在细石器工业中常被选用。

加工方法　由于时代不同，苏热旧石器和其他几个地点的旧石器有明显差别，苏热旧石器远不如其他几个地点的精致。但从总的加工方法看，上述几个地点同属于一个石器传统，多为单面加工，其中以劈面向背面加工为主，错向加工占一定比例。错向加工有相邻两边的错向加工和相对两边的错向加工以及同一条边上两半的错向加工。而相邻两边的错向加工是西藏旧石器文化的一个特点。另外，多格则、扎布地点的部分标本可能是使用木质或骨质工具加工的。

器形　已发现的西藏旧石器可能同属于一个文化传统。这不仅在石器的选材、加工技术等方面可以得到证实，在器形方面也如此。石器以石片石器为主，刮削器占绝对优势，尖状器是常见器形。

中石器时代的遗物在青藏高原也有所发现。

这一时代大约从15000年前开始。那时地球上最后一次冰川解冻，大地变得温暖湿润，生命再一次得到新生。之后，气候和动物群都没有发生很大变化。这时细石器被广泛使用，但大型打制石器仍然是人们使用的主要工具，其中有些被局部磨光。人们还发明了弓箭。在中石器时代人类的经济活动仍然是狩猎、捕鱼和采集植物。但是中石器时代末期，有些地方的居民已学会养狗，甚至有了农业的萌芽，还发明了陶器，为新石器时代的到来创造了条件。

虽然游牧狩猎生活本身的流动性给考古学者们寻找中石器时代遗址遗物造成了较大困难，但是，青藏高原出土的中石器时代的遗址遗物仍颇为可观，让人欣慰。

这类地点共发现29处，均为采集点。主要有：藏北申扎、双湖18个地点，黑河地点，班戈县的才多茶卡、蒂让碧错、雅曲雅土、错尼地点，普兰县的马法木湖东北岸地点，日土县的帕也曲真沟北岸地点，吉隆县戳错龙湖西岸地点，聂拉木县的羊圈、亚里地点，以及日喀则地点。

在海拔很高的羌塘其他地方，也发现了不少石器文化遗址，特别是巨石建筑。藏族女学者塔热·次仁玉珍在其考察羌塘的散文集《我和羌塘草原》中，披露了她亲眼目睹的一些石器文化的遗迹。她在书中写道：

在藏北辽阔的土地上，到处都能看到许许多多的古迹。特别是在申扎县东边 80 千米处，有一座不高的三棱山，其中东棱的山背上有一座古老的干打垒的楼房，由于年代久远，墙体已风化成岩石了，但仍保持着 1 米多宽的厚度，……整个墙的高度约 3 米以上。同时，在此楼房周围还有许多全石结构的小平房。……这些小石房不曾用过半点铁木，无论墙壁和屋面都是以石头构成，屋顶是用巨大的石板盖的，门框矮而无门板，现在的人弯腰才能进去。这样的石屋有几间。尤其令人费解的是，不少的石屋建在悬崖上，看上去一个个像建造在石壁上的鸟巢，真不知当时的人是怎样进去的？

……

像这种建在山崖上的石屋，在申扎县北面的达琼山西侧及文部、双湖办事处境内也有不少，形状及结构都与上述石屋差不多，看来它们都是同一个历史时期内建造的。

在文部办事处以北约 10 公里处，……山下是个开阔的大坝子，在坝子的靠山处有一大片倒塌了的古老房屋的废墟，也是石头建造的，……总面积约有 2000 平方米。在这些古迹的东南侧，有一处人造的石林，只有十几根，每根约有一人高、一人粗。当地的人称们为“盟杜孔(墓房)。”

她在考察可可西里无人区时，还发现“挡道者竟是一座土塔的残体。此塔高约 6 米，直径 8 米有余，根据造型可见当初是个高大的泥塔呢。经再次定睛环视四周，才发现上百座高矮不齐、大小不等的土墙残体立于朦胧的黑雾之中，其中最大的一堵墙体约 20 米高、40 米长、11 米厚，像是干打又垒的土墙。顶端不见木头，底部没有石基。……显然此处是个都市古堡废墟。这时我们才知道鬼城古堡位于东经 85°，北纬 35°50′之处。”

不仅仅热塔·次仁玉珍这样描述藏北远古的巨石文化，意大利著名考古学家杜齐先生在他著的《西藏考古》中也记录了西藏的石头文化：

“我们在西藏的许多遗址上都发现了地上摆着巨大的石块，或是一堆、或是成堆的石头。它们有时摆成圆形，有时则为方块或排成直线。一堆石块中往往有一块或三块较高的矗立着的石柱。这些石柱仍然保留着未经雕琢的自然状态。”

“普和噶尔羌无疑是祭祀用的遗址，而用成排的石头堆砌的围墙是不可能具有同样的作用的。附近出现的用石头围的石圈同样表明了这些用石头围成的圈实际上就是墓地。……直到近期，在西藏仍可以见到修造石围墙来保护死者的习俗。”

“根据所有这些资料，我们可以这样认为：在西藏存在着一种从新石器传统发展起来的巨石原始文化。”

杜齐先生的推测是有一定道理的，藏区的旧石器、中石器、新石器的遗物从侧面证明了这一点。

石器时代遗址

前面我们展示的是旧石器、新石器时代遗物，那么，当时高原原始人是如何生活的？他们的家庭、婚姻、丧葬、饮食、住所、生产又是什么样子？这仍是个难解的谜团。

值得欣喜的是，20 世纪初的考古成果揭开了某些谜团。

这些成果主要来自青藏高原的东部、东北部，来自汉史称谓的古西羌、西戎地区，还有昌都地区。让我们先看看青甘地区的考古发现。

中石器时代

1980 年在青海省贵南县拉乙亥的 7 个地点发掘出拉乙亥遗址，出土的遗物以打制石器为主，但在某些石器上可以见到琢磨的痕迹。拉乙亥遗址、遗物，其相对年代距今为 6745±85 年。这一发现填补了青海省从旧石器时代进入新石器时代过渡阶段的空白。

新石器时代

一、甘肃仰韶文化

仰韶文化因最早于 1921 年在河南渑池仰韶村发现而得名。它是黄河流域较早的一种文化遗存。仰韶文化经过了长期的发展，分布范围很广，文化面貌上还存在着时代及地区的差别。其西限直至洮河流域及黄河上游，主要是马家窑文化，也称为“甘肃仰韶文化”。“甘肃仰韶文化”又细分为马家窑、半山和马厂三个类型，年代大约在公元前3000年至前2000年。这三个类型在青海的分布地区，主要在东部的湟水流域和黄河沿岸。其特点是生产以农业为主，使用石刃、石斧和骨头等工具。家畜有猪、狗，陶器手制，器形有壶、瓮、罐、盆、盂、钵、碗等。这些地点的文化层中出土有大量陶片、陶器和石器，有的彩陶绘有精美的舞蹈图案。从男性墓多见石刀、石斧，女性墓常出现纺轮，可知当时已进入男耕女织的社会分工时期。马厂类型的墓葬器中彩陶甚多，墓葬中贫富差别明显。又从生产工具中石斧、石锛较多，可知以农业经济为主，畜牧业也占一定的比重。

二、齐家文化

齐家文化系新石器时代向青铜时代过渡的文化，因1924年首先发现于甘肃广河县齐家坪而得名。主要特点是磨制石器更进步，并开始出现红铜器和青铜器。当时，母系氏族逐渐为父系氏族所代替，为过渡到奴隶社会创造了条件。齐家文化还出现了奴隶殉葬，是当时已逐步产生阶级对立的明证。掠夺财富的战争已成为经常的事。

齐家文化的年代，经测定为公元前2255±140年，与马厂文化中晚期相当，距今4000年左右，相当于夏代或商初。齐家文化以农业为主，农作物中已出现有粟。墓葬中兽骨较多，可知狩猎活动仍占一定比重。出土的器物中农业工具有斧、刀、镰、铲等，狩猎武器有箭头、敲砸器等。

除了前面所述的卡若遗址，还有西藏昌都的小恩达遗址、拉萨的曲贡遗址等。小恩达遗址位于昌都镇西约4公里的昂曲河（澜沧江支流，昌都镇与扎曲河汇流为澜沧江）北岸第一阶地，面积10000平方米以上，附近是小恩达村。海拔3200米，东经97°10′，北纬31°11′。

1986年对小恩达遗址进行了调查，并试掘2×10米探沟一条，发现红烧土块（当为建筑遗存）、大型打制石器、细石器、磨制石器、骨器、陶片以及木炭渣等。

小恩达遗址为卡若文化年代，距今4000～5000年，遗址集中反映了青藏高原新石器时代细石器和陶器、磨制石器等共存的特点。

1986 年在小恩达遗址试掘的 2×10 米探沟内还发现石棺墓葬一座。这座墓的墓穴为土坑竖穴，葬具以石块筑成，为长方形石棺，葬式侧身屈肢。出土人骨架和双耳陶罐 1 件。初步认为其年代距今不到 4000 年。

曲贡遗址、曲贡墓葬　曲贡遗址位于拉萨北郊 5 千米曲贡村附近，海拔约 3700 米，面积约 5000 平方米，试掘 23.4 平方米。曲贡墓葬位于曲贡遗址内。

遗址内发现灰坑 2 处、窑穴 1 处，出土大量打制石器、磨制石器和陶片等。墓葬仅 1 座，破坏严重。从残存封土看，平面呈圆形，直径 10.1 米。有 2 座祭祀坑，位于墓葬左前方，呈南北向排列，两坑间距 0.7 米。距坑口 1 米处发现 1 件小陶罐和羊骨等。坑底部出土 1 件圆底大陶罐和较集中的羊骨、兔骨及一些烧过的兽骨。

除了遗址、墓葬，青藏高原还分布有很多岩画。

近年来，西藏境内陆续发现了一些古代岩画地点：藏北文部办事处的夏仓地点和申扎县的加林地点，阿里日土县的日松区任姆栋地点、日土区鲁日朗卡地点和多码区恰克桑地点。这些岩画地点分布在西藏西部和北部的高海拔地区，海拔高度在 4600～5000 米左右，有些地点在“无人区”。岩画大多是用尖硬的石头在岩面或岩石上刻凿而成，亦有少数彩绘作品，题材广泛，内容丰富，是研究西藏早期绘画艺术的重要资料，更重要的是它让后人看到了当时人类活动的真实情形，如加林岩画。加林岩画位于藏北那曲地区申扎县绒马区加林山中段的俄冬沟，紧临盐湖，东经 86°7′，北纬 33°1′，海拔近 5000 米，1976 年前这里曾是“无人区”。

岩画都敲凿在整块石头上，约有百余幅，石头约有数千公斤之重，散布在荒野之中。岩画的题材大多为牦牛、马、犬、羚羊、鸟和人等。有的是在一块石头上敲凿出单幅图像，有的则在一块石头上敲凿出一组或几组图像。

加林 1 号岩画共有六个以上单个图像。从右向左看，位于画面右下方的是两个站立的人，每人手牵一根绳子，两根绳子的一头系在一头牦牛的鼻子上。牦牛位于两人左上方，尾巴扬起，作挣脱状。牦牛的左侧似为一人骑在马上，人、马均后仰，呈轰赶牦牛状。人和马的后面是两条犬，呈狂吠姿势。整幅画面构图形象、生动，动态感强。岩画题材主要为动物，有马、羊、牦牛、驴、犬、骆驼、鹿、羚羊、鹰、鸵鸟、鱼等，还有羽毛、盾牌、陶罐、长杆、房屋、陷阱以及日、月、山、宗教符号等，此外还有人、生殖器等。

岩画的制作方法有四种：（一）敲凿。用坚硬的尖状石块敲凿岩面，形成麻点，然后将麻点连成图像。（二）磨制。用坚硬的尖状石块反复磨制，形成断面呈弧形或三角形的凹槽，构成图像。（三）刻划。用坚硬的尖状石块刻划出细线图像，然后敲凿或磨制。（四）涂绘。数量很少，仅发现于恰克桑地点，使用红褐色矿物颜料绘出较粗的单线，线条滞重，没有大块涂抹。

这一切说明从远古起，雪域高原就有人类的足迹，他们是藏人的远古祖先，他们和这块土地同生存，唇齿相依，相依为命。

与高原沧桑共舞，和雪域江河同歌的过程中，藏人先祖看到了大自然的沧桑变化都有自己的轨迹和来龙去脉。树有根，水有源，万千生物的形成史都显得自然、变通，有着共同点，内蕴道得清清楚楚，明明白白，没有任何“神创造万物”的玄奥、神秘之处。大自然在这方土地上表演得淋漓尽致，也暴露得一览无余。

黄河渗出于青藏高原中部腹心地区，即今青海省曲麻莱县境内巴颜喀拉山脉北麓的名姿各雅山。源头为五支相距很近的泉水，潺潺涌汇成流，藏人把其称名为卡日曲（意为嘴头流出的水，也可认作唾沫汇合的水）。卡日曲溪先向东流，继而往北，与约古宗列曲河水汇合，在平滩旷野上积洼成无数小湖泊，犹如天上星宿，在阳光下熠熠闪光。故很多汉文文献称其为星宿海。它流入青海省玛多县境内的扎陵、鄂陵湖后，再流出并汇成较大规模的河，藏人称其为玛曲——即孔雀河。其意指河源星宿海似孔雀开屏般绚丽明亮。黄河的形成是藏人眼皮底下耳染目濡，亲眼熟睹，看得仔细。黄河代代陪伴着当地的藏人，他们视为极其平凡、极其自然，根本不觉得有什么大惊小怪、神秘莫测的。

长江也是如此。它发源于藏人居住的今青海省玉树藏族自治州治多县境内，唐古拉山脉中段的格拉丹东西南侧姜根迪如大冰川。冰川消融的潺潺细流向北淌去，被当地藏人命名为纳钦曲（大鼻子之意）。它横切祖尔肯乌拉山至葫芦湖南，蜿蜒流转，沿途汇合了然池河、北麓河、楚玛尔河、纳莫河、牙哥河等等千川百流形成了长江上游。它同样也在远古藏人的眼皮下完成：是冰川消融成涓涓细流，细流接纳沿途小溪流，不断壮大浩荡的全过程。没有任何神秘面纱，任何伪装荒诞，与其他河流形成没有两样，极其自然普通。

雪域境内的其他江河和长江黄河依然。除了流向、流程、流域各具特色，其形成过程完全一个路子，一种模式。

雅鲁藏布江是西藏最大的河流，又是世界上海拔最高的大河，但它同样是冰川融水，源自喜马拉雅山北麓的杰马央宗冰川。从河源开始自西向东，在喜马拉雅山和冈底斯山脉之间奔流，回转蜿蜒，最后经西藏南部的巴昔卡流入印度，称谓布拉马普特拉河，又流入孟加拉国，改称贾木纳河，与恒河相汇，注入印度洋的孟加拉湾。西藏外流的印度洋水系大河，都与雅鲁藏布江的发源基本相同。

孕育了古印度文明的恒河源于西藏阿里冈仁波齐雪山下的马甲藏布（孔雀河），在尼泊尔境内称之为呼那卡那里；另一条大江印度河同样发源于冈底斯雪山脚下的森格（狮泉河）藏布，在印度变成了印度河；还有朗钦藏布（象泉河）、麻章藏布……都流入印度，哺育了印度平原古文明之花的艳丽开放。因此，古印度人把冈底斯山称为世界的“肚脐眼”、“万水之源”，世世代代前来虔诚朝拜。

正因为对雪域大地的大江大河“心中有底”，摸透了来龙去脉，所以在藏人的信仰崇拜系列之中，没有河神江神的牌位，没有把江河作为超自然之力去设计成冥冥之神迷信供养。正确的认识论积淀而成朴素唯物史观。生死观在这种唯物史观影响下，孕育胚胎，形成雏型。

对高原湖泊的客观认识，也为雪域藏人最早的朴素唯物史观形成助了一臂之力。

青藏高原是湖泊和冰川的天地。

这些湖泊与藏人代代相伴，是藏人最了解、最理解的自然现象，与其他自然现象在内蕴、规律上都一样，没有一丝一毫的神奇难悟之处。看一看以下湖泊的型态，人们就可以明白高原湖泊是怎么一回事。

纳木错

纳木错，藏语“天湖”的意思，湖面海拔4718米，东西长70千米，南北宽30千米，面积1920平方千米，是西藏自治区最大的湖泊，是我国第二大咸水湖，比南美玻利维亚高原上的“的的喀喀”湖还高900米，也是世界上海拔最高的大湖。

纳木错属拉萨市当雄县和那曲地区班戈县所辖。南侧是雄伟的念青唐古拉山，海拔6000米左右，主峰念青唐古拉峰7111米。山上冰川发育，冰雪融水是纳木错的重要补给水源。北侧是起伏和缓的藏北高原，海拔5000米左右。湖中有5个岛屿兀立，最大的朗多岛，面积仅1.24平方千米。此外，还有5个半岛凸入，最大的扎西多半岛，面积为10平方千米左右。该半岛由石灰岩构成，由于溶蚀作用形成许多峰林、溶洞、天生桥、石柱等美丽多姿的岩溶地貌景观。

纳木错是新生代第三纪喜马拉雅运动凹陷而成。第三纪末和第四纪初古纳木错应该面积很大。自全新世以来，西藏气候变干，湖泊面积大为缩减，现存古湖岸线三道，最高一道距现在湖面80米。湖滨地形开阔，分布有广泛的湖滨平原，并发育大片沼泽地，外围还分布有沙滩。

纳木错又是西藏高原上大型的深水湖，最大水深在33米以上。纳木错湖水来源于周边山野谷川的雪水，冰川融水、溪流和山泉，不要说生活在湖边的牧人天天伴着她，看着她的变幻起伏，就是外地来朝拜观光的香客游人，一看湖边地理地貌，也一目了然，恍然明白，“天湖”并不是神秘难测从天而降，她实实在在是地壳凹陷构成的积水成湖，再正常不过。由于是凹陷而成的盆地地貌，她也就无法形成外流河。

羊卓雍错

羊卓雍错，藏语为上部牧场碧玉湖之意。它与藏北的纳木错和阿里的玛旁雍错齐名，被尊称为西藏高原上的三大“圣湖”。羊卓雍错位于雅鲁藏布江南岸，山南地区浪卡子县境内，湖面海拔4441米，东西长130千米，南北宽70千米，湖水面积638平方千米，是喜马拉雅山北麓最大的内陆湖泊。该湖分叉较多，甚不规则，湖体呈树枝状分布，湖岸线曲折，水深一般在20～40米，最深处在湖的东南麦朵村西北，深达59米。湖内分布着10余个小岛，大的可容纳五六户人家，小的只有百米方圆，湖西岸有一个从西向东延伸的半岛，上面村舍密集，田园和牧场分布其间。

羊卓雍错湖盆包括羊卓雍错、空姆错、沉错、巴纠错，湖盆大致呈北西——南东方向延伸，是地质时期喜马拉雅山断裂凹陷而成。古羊卓雍错与空姆错、沉错、巴纠错连成一体，湖面比现在大。原先是外流湖，湖水经亚色附近的墨曲流入雅鲁藏布江。后因喜马拉雅山脉强烈隆起，阻挡印度洋水汽深入，气候变干，湖水下降，排水通道墨曲被堵塞，演变成内陆湖。羊卓雍错位于喜马拉雅山的雨影地带，在大气降水和冰雪融水补给不足的情况下，湖面逐渐退缩，一方面与东南面的哲古错联系中断；一方面统一的湖体分离为羊卓雍错、空姆错、沉错等面积不等的湖泊。

羊卓雍错依然主要由降水和冰雪融水补给。其中，羊卓雍错湖面降水和周围山区降水以径流形式补给，约占总补给水源的70%，其余为冰雪融水补给。

冰川湖

中国科学院青藏综合科学考察队通过实地考察研究发现，西藏高原第四纪并不存在大陆冰盖。过去许多人用大陆冰盖挖蚀成湖的观点来解释高原湖泊的成由是不妥当的。因为，高原强烈隆起后，使高原内陆变得相当干燥，不具备形成冰盖的水份条件。

西藏高原上真正的冰川湖主要是指山谷或山麓冰川所形成的小型湖泊，包括冰蚀湖（冰斗湖）、冰碛堵塞湖（侧碛湖、终碛湖）、水体阻塞湖（主冰川阻塞支谷成湖）、冰面湖及冰下湖等。这类湖泊最大不超过20～30平方千米，一般10平方千米左右，有的甚至不足1平方千米。冰川湖除了面积很小的许多无名湖泊外，面积稍大的有帕桑错（26平方千米）、布冲错（9.1平方千米）、布托错穷（6.5平方千米）、安久拉错等。它们大都是在当地最大冰期、冰川挖蚀的“V”形槽谷上，由终碛堵塞而成。这类湖的湖岸较陡，深度较大，上源往往有现代冰川融水补给成为淡水湖。

堰塞湖

是指由滑坡、泥石流、洪积扇以及山崩等物质堵塞河谷而成的湖泊。这类湖泊多分布在高原边缘的外流山区，特别是雨量丰富、河流深切、坡面陡、块体运动活跃的藏东南地区。堰塞湖个体一般较小，成湖年代很新。如藏东南易贡湖、古乡湖、然乌湖、巴嘎湖是分别在1773、1900、1953、1959年，由山崩泥石流物质堵塞而成的。在高原南部西部的边缘山区，还有不少堰塞湖分布。

根据多方面调查资料研究，随着西藏高原的强烈上升，四周高山隆起阻挡印度洋水汽的深入，高原气候变干，降水量减小。高原上的湖泊都有程度不同的退缩，不少湖泊有水体日益缩小、水质浓缩、含盐量增大的趋势。西藏高原的湖泊除藏东南外流湖泊为淡水外，其余绝大多数为咸湖或半咸湖状态。由于湖面积逐渐缩小，湖滨出现阶地和草坝，沼泽也广泛发育。这些湖滨沼泽与草坝，是西藏重要的天然牧场。如藏北的班戈错，现有湖水面积只有原来湖水面积的1/3。玛旁雍错现代湖水面积只有394平方千米，而湖畔草坝面积达600多平方千米，高出湖水5～10米的古湖盆阶地呈条状明显分布。由于高原气候逐渐干燥，冰雪融水补给使得不少原来连成一片的大湖分离成许多小湖。有的湖泊接近消亡阶段，湖水很浅，有的湖泊已经干涸，留下一片白茫茫的盐碱地。

从青藏高原三种类型的湖泊成因，我们能看出：这些湖泊的构造都顺其自然，平平常常，就像充做容器的锅碗瓢勺一个样，底部塌陷，自然引得水往低处流。而四面环山，又使它无法流出锅底，只能静静地、乖乖地歇息原地不动。它的水源就是周边环山冰雪融水，冬春气候的漫长干燥，使它的湖水夏秋上涨，冬春蒸发下降，上涨幅度和下降水量基本持平。夏秋冰雪融水和雨水正好补充蒸发掉的水份。结果，高原湖泊一直处于宁静平和状态（虽有缩涨，但幅度不大），一般没有大风大浪，像一位腼腆的少女，平静地陪着周边的牧民和牛羊捱日度时，消蚀年华。周边的牧民人家也一代一代地和它相伴厮守，和平相处，相邻为安。

江河湖泊是如此，高山雪峰冰川也是如此。青藏高原被人称为地球第三极、世界屋脊，离天最近，所以大自然变幻现象藏人看得最为真切，最为透明，体验最为亲近。

高山雪峰、冰川，万年凝固不动，巍然屹立，直插云天。远古藏人世代生活在它身边，天天仰视着它的面孔，看惯了也熟悉了它的盛衰荣枯、喜怒哀乐，摸着了它的脉跳禀性。藏人知道在晴天万里的日子，高山雪峰总是喜眉笑脸、喜笑颜开、精神爽然，显得大度仁厚。而一旦阴云笼罩头顶，它便锁眉蹙额、心情不好、脾气暴躁，夏日里它也披青戴红，冬日里却一身枯黄。越往上走越寒气难挡，植被稀薄，呼吸困难。到胸部以上，不是青石嶙峋，就是积雪皑皑，很难攀登到顶。雪山就像一位心地耿直、性格豪爽、喜怒形色的藏人，脾性很容易掌握。所以，它的行径作为并不被认为乖戾诡异、不可捉摸，而是与普通生物一样，顺势自然，能摸透能沟通有规律，藏人在心理上，对雪山、冰川只有敬仰之情，而无紧张恐惧之感。

他们是雪域人类的朋友、伙伴，而不是主宰、敌人。有了这样的认识基点，最早的朴素唯物史观便油然而生，渗进血管，植根骨髓。对生死也就表现得很坦然，有了顺其自然的心理准备，这就奠定了健康生死丧葬观的基础。

第三章　畜牧经济明彻了生死内在规律

地理环境使藏人不得不选择以畜牧业为主的生产方式·畜牧业生产中错综复杂的自然索取过程，牲畜的可变能动系数，启示生命是可变的，生命质量可提升，生命周期可延长，生命数量可增多·亲身实践和全面观察的结果，发现人的生命与其他生物相同，生的自然，死的坦然，视死如归，肉体的存在或保留，意义不大……

形成藏人朴素唯物史观的诸多元素之中，游牧经济也有着不可抹灭的功绩，起到了垫脚石的作用。畜牧生产展示的生命内核，让藏人看到了生命的形成，生命的结构，生命的核心，生命的归宿。他所看到的不是静止不动的山野旷滩、高山深谷、草木森林、砂石泥土，而是活生生的、充满活力、生蹦乱跳的动物，甚至是凶禽猛兽。它们弱肉强食，茹毛饮血，恃强凌弱，把生命的脆弱血淋淋展现给世界。在动物世界，生命的面孔，生命的本质，生死运转，表现得那样淋漓尽致、暴露无遗，显得如此的透明、公开，对生死的理解也就入木三分、体会深遂。

藏人这种认识上的积淀也得益于地理上的独特生态环境，正是高原地理，使他们不得不选择游牧和狩猎为主要生产方式，主要生活来源。地理也决定了人的意识观念。文化的源泉之一是生产方式。

关于青藏高原的隆起和海拔，地理结构的奇特和独到，气候状况的资料，我们已经在第二章里有粗略的介绍，也认识了雪域高原人类的发祥史。除了在现西藏自治区境内发现不少新旧石器遗址遗迹，还在四川甘孜州、阿坝州、青海省境内，甘肃省的甘南州、云南省的迪庆州……青藏高原的东南部，东北部，都发现了不少新石器遗址，其中最有名的是昌都开掘出的卡若遗址。

卡若遗址发掘出土大量建筑遗迹以及大型打制石器、细石器、磨制石器、骨器、陶器，还有各种动物骨骼、粮食等。其中有骨器约 400 件，主要是生产工具，也有少量的装饰品，如锥、针、斧、抿子、刀梗等，装饰性的有片饰、簪、璜、珠、项饰、牌饰、贝饰等。

另外，卡若遗址还出土猪、羚、狍等十几种动物骨骼，其中猪为人工饲养。

大量骨器的出现，动物骨骼的开掘，说明在原始公社时期，畜牧业经济已经在生产领域中占有举足轻重的地位。

卡若遗址海拔 3000 米，根据碳十四测定，距今约 4000～5000 年。我们推测在青藏高原不断上升情况下，当年的卡若地区海拔肯定要比 3000 米低得多，适于种植业。但既使是这样，牧业在其经济生活中仍占有突出的比例，大量的骨器、动物骨骼就是最有说服力的佐证。

卡若位于横断山脉的深谷之中，是青藏高原的东部。青藏高原的特点是西高东低，说明卡若是高原低海拔地区，又由于它处在两江夹峙的昌都镇附近，更是低海拔的低谷地区。这就告诉我们，在雪域青藏高原，既使是在低海拔低谷地区，生产型态也是农牧结合，畜牧业在经济生活中仍占重要位置。这样，我们就可以推断出，从远古时期起，雪域高海拔的中部、西部、东北部的宽广地域，畜牧业经济方式占有突出地位，它隐示了藏人选择的趋向性。

从雪域东北部的洮河、白龙江、大夏河流域的马家窑文化新石器时期遗物和遗址中，还发现大量的马、牛、羊、猪、犬等畜禽的骨骼残骸，证明了这一地区存有的原始畜牧业。在甘肃藏区的舟曲、临潭、卓尼等地还出土了母系氏族公社晚期的大量文物，如临潭古战乡发现的石球，和在深达 2 米以上堆积层和灰烬中有鹿角、兽骨和家畜残骸骨以及在甘南出土的陶器上，有‘鱼’、‘鹿’、‘牛’、‘羊’等动物的图案，充分证明了原始狩猎、畜牧生活在氏族公社成员的活动中占有重要位置。

高原地理成为雪域游牧文化的摇篮。

青藏高原平均海拔4000米以上，它是名符其实的山原，是大大小小的无数山岭、滩川组成的高山之原。虽然这片土地也有适宜农作物的地区，但大多系海拔3000米高、成因复杂(冲击、洪积、冰碛)、面积较小、分布呈狭长的条带状，系河谷平原和沿湖岸呈环带状的湖滨平原。一般宽度仅为二三千米，最宽地段也不过十余千米。全藏区宜农土地只占土地资源的0.94%，宜牧土地则占54%，青藏高原三分之一的土地不宜农也不宜牧。青海省94%的土地面积也是牧区。

青藏高原后天不断地、持续进行的地壳运动，由此产生了高原地貌、气温、生态的剧烈变化。正当青藏高原上的类人猿开始进化成真正人类的时期，恰是这片土地不断隆起、不断升高的时期。

高海拔的严寒气候，杜绝了高原藏人以采集业为糊口捱命的出路。无霜期的短少，使植物类食品匮乏短缺。生存的希望唯一寄托在畜牧生产上。优胜劣汰，适者生存，游牧经济成为高原先祖唯一的出路。

生存的物质需要，把藏人捱定在畜牧的生产方式，唯此别无选择。在西藏，只占1.2%的土地坡度平缓，土层深厚，气候宜人，灌溉便利，但土地面积的局限性，高原农林物品种的局限性，科技生产水平的局限性，气候的寒冷，无霜期的短暂，都使它无法提供维系生存的食品，也不能提供御寒防冻的衣物，还有其他生产用品和生活用品。河谷平原虽然较之高原温暖，但海拔一般都在3500～4000米之间，昼夜温差大，冬春漫长，人体所需大量热能只能靠含高蛋白的食物补充，纤维性的农产品难以满足需要。面对高原的寒冷和风雪，雪域藏人只能依赖厚实多绒的兽皮来抵寒保温，结果，农业对畜牧业的依赖也就成为必然，畜牧业成为高原的主体经济形式。而农业则成了一种补充经济。物竞天择，优胜劣汰，在高原严酷的自然环境、恶劣的地域气候下，能生存繁衍下去的动物必然是耐寒且有高热能的动物。人类生存繁衍需要的热能只能通过它们来索取，驯养有用途的牲畜势在必然。历史就这样使藏民族与畜牧业结下不解之缘，出现了畜牧业经济的一统天下。

畜牧业作为一个社会、一个地域的生产方式，它当然直接影响民族性格，而民族性格无疑包括着一个民族的文化模式，其中自然包含有对生与死的看法，丧葬的方式及态度。

畜牧业经济的独门立户，是远古藏人生存环境的选择。在高原，从采集兴起的农业产出率一直很低。而畜牧业却不仅产出率较高，而且投入的劳动力少，劳动强度不大，生存和选择空间广大。高山草场为经营提供了良好的天地。较之农业，畜牧业能最大限度的从自然界攫取资源以满足人类生存繁衍的需要，它有着攫取的稳定性和攫取的增长值等优势。

畜牧业的最大长处是能够为人类随时随地提供低层次的、较稳定的生活资料和生产资料，提供基本完整的自给自足经济，它对外部世界的依赖性很小，独立性较强，通过交换才能取得必须物种需求量也少。

这当然是对大自然的自然索取，是最古老的自然经济，也是生物链的发现和互动作用。人类离不开其他动物，依靠其他动植物生存，而其他动植物生态环境的改善、生命的健康延缓，也依赖于人类的知识、技能、劳动管理。相辅相成，构成完整的生物链。

首先，牲畜既是生产资料也是生活资料，既能繁衍增长，又能及时便利的提供生活需要。随意性很强，有利于帮助人类在高原最低生活水准中稳定地生存发展。

在食物方面，它提供给人类的是肉类和乳类，肉类中主要是高蛋白的牛羊肉，牛羊肉成为牧区的主食，它能供应高原人类基本热能和需要。

远古藏人很早就摸索出利用牛羊五脏六腑来调制食品。如灌制成熟食肉肠、面肠、肝肠、血肠。血肠有补血之功能，肝肠可明目；牛骨砸碎熬煮骨汤茶，富含磷脂和钙离子，有滋补作用；牛骨髓剁碎熬化和清茶煮饮，在冬季亦可祛寒壮身予以滋补。乳类同样以牛奶羊奶为主，含有大量的蛋白质，还能提炼酥油，制作奶酪。酥油营养价值很高，除含有80%～90%的脂肪外，还含有蛋白质、钙、磷、铁以及核黄素、维生素A、尼克酸等成分。奶酪既可增加营养还有助于消化，能治疗泻肚等肠胃消化性疾病。

酸奶是一种以鲜奶为原料的凝固状的发酵乳制品，也可作为主食享用。它不仅营养价值比牛奶高，还具有很高的保健作用和医疗功能，能消炎催眠，解暑生津，延年益寿。

可以看出，畜牧业给高原牧人提供了随时可取用的基本食物，较之农业，充沛、方便、轻松。

同时，它也给人们提供了御寒遮体衣物。

羊皮、羔皮经过揉制，缝成皮袍可穿。冬天可用长绒羊皮缝制，增强御寒能力；夏秋可用羔皮或短绒羊皮缝制。羊毛捻线可织成氆氇，即粗制呢子，缝制夏衣衫和僧服。擀成毡，进一步缝制为毡衣、毡帽、毡靴等，还可缝合成口袋等日用品。无论是腰带还是鞋带，都可通过毛绳自给自足。御寒保温，遮风挡阳的基本衣物，几乎不需要依赖农业和手工业，也不用通过交换来索取。

它还提供了住宅条件。

随水草、随季节搬迁是游牧生活的特点。尤其在青藏高原，高山与平原之间海拔落差大，地域广袤却植被稀疏，只有频繁地、及时地搬迁放牧，才能保证牲畜的健康繁衍。畜牧业提供了一种简便轻捷、实用耐久的活动房屋，即帐房。俗话所说的黑牛毛帐篷。

黑牛毛帐房就地取材，它以适宜高寒粗饲的牦牛身上的粗黑牛毛为原料，手工织成褐子再缝制有规则的穹庐。支起时只需一梁二柱再加外撑的八根木棒即可。用八条牦牛绳拽紧四方八角——外四周和四周顶部于木橛上，用木棒撑支便算帐穹落成。帐顶设有可随意启闭的长方形天窗。帐内中线为灶台，入帐男左女右，左侧既是客厅，又是男人的居处；右侧主妇操持家务厨房，又是妇女的居处。不大的空间都有规范的安排。牛毛帐房可大可小，可宽可窄，拆迁卷驮或是撑起居住都随意方便，一头牛即行。

畜牧业经济还提供交通工具，满足人类骑乘，牛乘骑兼驮运。在某些地区，羊也当驮畜广泛使用。高原上的马匹耐粗放耐高寒，识途又善走，是牧人放牧、联络、作战的“知友”。而牦牛耐粗饲有耐力，在沼泽、雪地、险陡的山路上行走自如，而且负载重大，长途运输，搬迁帐房，全靠牦牛。不少地区，牦牛还被调驯为骑牛，供放牧、搬家、交际时骑乘。

畜牧业除了提供陆上交通工具马与牛，还提供了水上交通工具牛皮筏。用木杆搭架，裹以湿牛皮的牛皮筏子最大的可载7～10人，摆渡大江大河，解决了人们的泅渡困难。对于大峡深涧，藏人也有办法。用熟制的牛皮绳子和厚实的牛毛绳作为大索，横跨彼岸，上面铺设木质溜板，成吊桥或溜索、给行人以方便。

综上所述，畜牧经济给人类提供了赖以生存的衣食住行四大基本物质需要，同时还提供了其他生活资料和生产资料。如牛粪羊粪可作燃料，羊皮牛皮可作铺褥，羊毛牛毛可制毡制毛被，毯子、氆氇等，可捻成拴牛的绳子，乘马的缰绳，织成盛物的毛口袋、皮口袋等等。除了少量的铁器、木器以及装饰品，其他都从牧业经济中能得到满足。

不仅仅是地理上的缘份，或者和牲畜的缘份，还有对动物生命的深刻认识：

一、基因(物种)的决定因素，物质第一理念的产生。什么种子结什么果，尤其在畜牧业领域，它是一条颠扑不破的真理，对牲畜的品位，功效有着决定性因素。既使是同一类种，也因遗传基因不同而有较大差异。就拿高原特色牦牛来说，也有着品种不同，产乳、肉、毛、绒等功能的区别。

牦牛是牧人赖以仰仗的最重要生活资料和生产资料，因此，藏人对牦牛品种的纯洁、优化很是重视，把牦牛作为命根子看待。

在牦牛品种中，玉树牦牛、四川若尔盖的牦牛都属优良品种，藏北牦牛与野牦牛交配的牛犊更是佼佼者。

优质牦牛产奶丰富，在哺乳期间，每天挤奶1次，产奶量(犊牛哺乳未计在内)0.74～2.18千克，平均1.43千克；105天挤奶量每头74.55～288.4千克，平均153.3千克；乳脂率6.2%～8.3%，平均7.1%。

成年牦牛宰前普遍活重269.59±65.3千克；胴体重132.48±34.36千克，净肉重93.08±28.37千克，胴体屠宰率49.14%，净肉率34.53%。

牦牛毛密而长，毛质坚硬光滑，按生长部位可分为绒毛、裙毛、尾毛3种。好牦牛中裙毛能剪到3.5千克左右，绒毛可抓出近0.5千克，尾毛达0.5千克多。牦牛还可用来驮运和骑乘，可驮载75到100千克的重物，在高山、陡坡日行30～40千米。

牦牛对高寒低草的自然环境适应性强。进入夏季草场后，在不补饲的条件下，抓膘快，育肥能力强，一头四岁的阉牛，秋后重量要比夏初重量多44.17千克，大约可提供净肉67.5千克。牦牛的后躯肌肉丰满，瘦肉多，肉色暗红，肉质好，这些都是发展肉用牦牛的有利因素，加上牛犊成活率高，在好的年景，繁殖成活率达百分之54.49%。

而劣种牦牛(杂种)，牧人们都予以合理淘汰，宰杀绝根。特别是公黄牛与母犏牛杂交的“图哇”(汉语其为“尕力巴”)(二代杂交)因体型小，不长肉，性拖踏，爱拉稀，不合群，肉质粗糙，产奶少，多在两三年后当作肉牛宰食，不让其繁殖蔓延。

为了保持优良牦牛的延续性，牧人们特别注意种公牛的筛选，把体格高大壮实，犄角弯曲漆亮，眼珠炯炯发亮的公牛留下来当种公牛。

马、羊、藏獒及其他物种也是如此。从物种基因的决定性因素，远古藏人对物质的第一性有了具体的、形象的客观的认识，看到了基因的物态化，反映到思维空间，不能不产生物质为第一性、意识为第二性的朴素唯物史观。

二、事在人为，物种是可以改良优化的。

长期畜牧业生产实践，使远古藏人发现，通过人的智慧和努力，畜种能够改良，能够提升品位，趋向优化。事在人为，创造性的劳动能创造更丰硕的物质，能改变原有物种(品种)或者物态。

保护畜种优良品牌的同时，雪域牧人还通过实践，培育了优种杂交牛——犏牛，提高了牦牛的产值与能力。

犏公牛无繁殖力，耕地和驮载能力比黄牛、牦牛约高1倍，且耐劳苦，抗病力强，寿命长;犏公牛多为黑色或褐色，体大、力强、善驮，雌犏牛产奶多，牧人多用作奶牛，一般情况下，一头母牦牛一天最多产1.5千克奶，而一头母犏牛可产5千克左右。

对马的品种要求也很高。努力筛选，刻意捏塑。经过摸索，各地都培育出适合自己地理环境的骏马，各具特色、各领风骚。很有名气的是河曲(乔科)马、玉树马(康多马)、岔口驿马(华锐马)、青海湖畔走马等。

河曲马是我国优良地方马种之一，产区分布在黄河首曲——甘、川、青三省邻接的广阔草原上。包括甘南藏族自治州、四川省阿坝藏族、羌族自治州牧区和青海省河南蒙古族自治县等地区，以甘南藏族自治州的曼尔玛（乔科）和四川省阿坝藏族自治州的索克藏所产河曲马品质最佳。

中国畜牧史载："青海周围千余里，中有小山，其俗至冬，辄放牧马于上，言得龙种。吐谷浑尝得波斯草马，放入海，因生聪驹能日行千里，故时称海骢马。"（隋书记载）"世称青骢马日行千里，盖乃得波斯马种云"（隋书载）。又据中国养马史记载："唐宋时对这一带马称吐蕃马或吐谷浑马"。从史料看出，吐谷浑部落来到青海、甘南一带很久，以经营畜牧业为主。我国和西域与西亚地区的安息（今伊朗）等国贸易往来频繁，曾引进波斯马种，据说放入青海环海草原，优化了当地马种。河曲地带草原辽阔，水草繁茂，适于养马，所以青海青骢马也分布在这个地区。到了唐代，河曲马称吐蕃马或吐谷浑马，而且以体格高大著称。唐末期（约在公元 785 年之后）安史之乱，吐蕃进陷唐代的养马基地陇右一带，那里的马主要是隋唐时期所养的唐马（即蒙古马及其混血种），以及从我国西部和西南亚各国购入和接受的优良马匹（如波斯马、大宛马、乌孙马等），对于当时的河曲马优种形成有较大的影响。宋、元、明、清各代，特别是 13 世纪（公元 1200 年）成吉思汗西征，蒙古人随军居留此地（迄今仍在）蒙古马对河曲马亦有一定的影响。在当地优越的生态条件下，经过长期的选种培育，终于形成了今日的优良地方马种——河曲马。

河曲马体格高大，成年马平均体高 1.32 米到 1.37 米，最大挽力达 370 千克，驮载 100～125 千克，日行 50 千米。河曲马对高寒、气候多变的恶劣环境有极强的适应能力，耐久力强，且易恢复疲劳，适应海拔高气压低的环境，能跨越 4000 米以上的高山，能在平原沼泽地骑乘。剧烈运动后，20～40 分钟呼吸、脉博恢复正常。在终年放牧的条件下，体内贮存脂肪能力强，夏秋上膘快，冬春降膘慢，四季膘份变化不大。强壮的四肢，结实发达的筋腱、韧带，肌强骨壮，能负重远行。细密光滑的被毛和皮肤褐色素沉着占 91.34%的特性，具有吸热保暖御寒的作用。抗病力强，发病率低，治愈率高，群牧马很少发生消化系统和呼吸系统的疾病。

……对畜种的改良优化，也提高了藏人自信能力，磨砺了藏人的智慧。事在人为，朴素的唯物史观得到印证和张扬。

三、关爱生命，创造良好的生态环境，有利于推进牲畜的生命寿数和健康系数。

在人与自然的关系之中，在人与牲畜的关系之中，在牲畜与大自然的关系之中，远古藏人逐渐摸索出了其中的奥秘。那就是在一定条件下，上述关系中人起着主导作用，人能改善与自然的关系，人能给牲畜创造良好的生态环境，改善牲畜与大自然的关系。通过人的能动性、创造性，延长牲畜的生命寿数、生命质量，提高牲畜的健康系数，改良优化其物态。

人类的能动性，创造性主要体现在：

第一，草场轮牧，提高草原利用率，拓展牲畜生存空间。

青藏高原地理海拔落差大，有的地方高山与平谷海拔相差达2000米。这使高山草场只适宜于夏天放牧。而有的沼泽草甸又只能冬天干旱结冰时游牧，夏天容易陷进泥滩或患肠胃寄生病。海拔、风力、日照、草质，先天地决定了雪域的畜牧业只能是真正的游牧，草场只能是四季轮牧，走圈游牧。游牧特征在雪域高原特别鲜明，突出。

在四季轮牧中，牧人们住得较长的牧场是“冬窝子”。

牧人四季搬迁的时间安排是颇有科学性的。特别是由“夏窝子”迁入“冬窝子”的时间，安排得恰到好处。搬早了势必影响牲畜在“冬窝子”的采草量；迁迟了则易遭风雪所阻，因此迁移要准确及时。民谚说：“春天到了，黑泥水往路上流，牛粪墙自己倒了，出‘冬窝子’的时间到了。”也就是说，每到五月下旬以后，天气转暖，冰雪融化，正是迁入‘夏窝子’的时机。若搬得过早，牲畜采不到青草，反而会消耗体力；若搬得过晚，则会贻误牲畜采食青草的时间，影响牲畜恢复膘情。

第二，积淀了“医马经”等兽医知识体系，关爱呵护牲畜生命发展。

在适应青藏高原特殊环境中，雪域藏民族创造了较为完整的驯马、医马为代表的畜牧医学体系，使马及其他牲畜成为帮助自己驾驭环境的力量。

敦煌古藏文中记录马的文献（存于伯希和1062、1065背面），恐怕是人类最早记录的有关驯养马护理马的文字记载。整理翻译者把无题残卷内容分作《医马经》、《驯马经》两部，使人们看得更明白。而这两卷说明了一千二百多年前，藏人就系统地掌握了有关马方面的完整知识，并给予了科学的总结，梳理成理论体系，说明雪域游牧人很早就创造了畜牧文明，开拓了畜牧领域。

《医马经》原卷藏文 110 行(见伯希和 1062 背面)，对 22 种病况提出了较为详细的治疗方子。

《医马经》中的医术是多方面的，是精细、严谨、科学的系列性手段。包括阉马术使马匹精干敏捷。阉马术中包罗有酥油消毒祛炎，有扎针排放黄水的，有烧烤烙之法，有减膘去脂的水淋法，有解毒法，有摔伤治愈法，拔取余齿方，治疗马腰马脊受伤术等等。手法有放血、针灸、烧灸、药物灌饮等，涉及到外科、内科、五官科、理疗科等诸多兽医学学科领域，表明兽医科技在当时达到了相当发达的程度。在药物方面也运用广泛，有各种金属针具，有动物类的酥油，蟹足、热羊粪、人尿、酪素、贝壳等，至于植物药用更是普遍。

对动植物潜在药物能力的开发，是雪域藏人生产力发达的一种标志，是对自然界物质深层开发的一种标志，表现出那个时代藏民族物质文明的进步水准。

治病防疫是畜牧文化的一个重要侧面。《医马经》系统地总结了雪域藏民族在马方面的医疗经验和知识，展示出牧人们畜牧领域的科技水平。除此之外，在医治其他牲畜的疾病方面，牧人们也发明了很多偏方，积累有较全面的知识和技能。

完整科学的兽医体系，帮助人类掌握了牲畜的基本命脉，使牲畜寿命得到延长，健康有所保障，生命质量有所提升。远古藏人也从中窥探到生命的变数，明白了人类只要挖掘自己的潜力，就能调解大自然与牲畜之间的矛盾冲突，因势利导、改变状态、造福于生命。只要有务实的态度务实的举措，就能对生命的处境与前途产生影响。清楚了物质的第一性在畜牧生产中起的举足轻重作用。

第三点，气象知识的掌握并运用于畜牧生产，也使唯物史观具体化、形象化、现实化，对生命的唯物科学认识植根于藏人心间。

气候与畜牧业有着直接的关系。观天象、懂历算、尽最大能力协调与大自然的关系，避免损失，促进繁荣，是牧人总结气象知识的功利动机。为把这些经验概括化、具体化、形象化，牧人们用了言简语赅的谚语来提炼表达。还通过气象谚语来传承自然常识，提高利用大自然的水平，推动生产生活的进步发展。牧人们提炼的气象谚语，内容众多广泛，覆盖面很大。

有关风方面谚语：

1.南风北吹下雨(雪)兆，北风南吹天晴兆。(短期)

2.正月风大夏天好，牲畜肥壮水草茂。(长期)

3.正月狂风，春季旱盛。

4.夏不刮东风无雨水。

5.南云涌起天将雨，北风吹来一场空。(短期)

6.冬无大风夏无雨。(长期)

7.冬风盛，夏雨多。(长期)

8.夏东风有雨畜利，冬东风下雪对畜害。(短期)

9.春风盛吹春来早，风是雨的先锋。

有关云方面的谚语：

1.南云北跑降雨雪.(四季，短期)

2.晨云红兆雨，晚云红兆晴。

3.早红水，晚红火。

4.桑丹岗日云雾罩，不过数天雨雪到。(桑丹岗日即桑雄大雪山)

5.鸡蛋大的云，就能防霜灾。

6.云是下雨之根。

7.天空乌云罩，四周发亮兆雨雪。(预兆持续性雪灾)

8.南云重叠如老人，北现碧空天将晴。

9.上半夜起云下半夜雨，上午生云下午热。

10.烧火烟雾不出帐，天下雨雪须提防。(短期)

有关雨雪的谚语：

1.春夏不雨河水涨，四五日内有雨情；春夏不雨河水降，预兆干旱无雨情。

2. 夏初雨水丰，草原牧草盛。

3. 夏季霜冻，草原之敌。

4. 夏天雨水少冬雪大，冬天无雪夏雨大。（长期）

5. 春夏干旱，秋冬雪大。（长期）

6. 夏初降雨，牧草茂密。

7. 山上雪深厚，平滩指甲薄。

8. 夏季雨水丰沛，冬季牧草肥美。

9. 春天下霰，是夏天降大雨的引子；秋天下霰，是冬天降大雪的引子。

10. 泉水突增，天将雨雪。（四季）

有关温度的变化方面的谚语

1. 冬严寒，夏大雨；冬不冷，夏雨少。（长期）

2. 夏冷有雨，冬暖将雪。（短期）

3. 天热闷人燥，必下大雨雹。（短期）

4. 牛粪不解冻，将有大风雪。（冬季短期）

5. 天气忽冷忽热，大风大雪之兆。（冬季短期）

6. 孟冬天寒地裂缝，仲冬天寒石裂缝，明年雨沛草丰茂，牛羊满山牧业盛。（长期）

7. 冬春骤暖冰雪融，不久就会有大雪。（短期）

8. 河水浪击岸边冰，来年雨多草茂盛；河水无浪冰坦平，来年雨少草不行。

9. 春天九冷九热，牲畜受害极大。

10. 冬季三月天气寒，牲畜阳坡山谷间。

对于其他牲畜，牧人们也有细微的观察，较全面的掌握，对生命盛衰规则，生命极限有着科学的测定和事实启示。这就给藏人深刻的警示，任何生物，其生命是有时间界定的，尤其是动物（包括人类），生命极限具体明确。这是自然法则，不可违抗不可逆转。任何“万岁”“千岁”论，“天子”“天使”论，生命不死的说法都是荒谬的、反动的，是骗人的鬼话。视死如归才是生命论的科学见解，藏人生命领域的唯物史观正是从上述认识积淀中生发成长。

第四章　图腾崇拜也显示唯物史观

远古藏人的图腾崇拜基本以物质为主体，与生命、生活、生产紧密相联·祈求大自然关照与感恩大自然厚爱交相辉映·天崇拜、太阳崇拜、火崇拜、水崇拜……都具有功利性，谋取的是幸福生活与未来憧憬，印证了唯物史观。

我们说藏人在生死丧葬观念上很早就孕育有朴素唯物史面，并不是肯定他们的生死观念中不掺杂神灵崇拜等不正确的思想。由于远古社会生产力低下，科学不发达，人们的思维认识能力有较大的局限，深层次较错综复杂的自然现象难以探讨明白、弄个清楚，因此，把好多自然现象“神灵化”，出现自然崇拜，泛神崇拜也是必然的。但雪域藏人创造的这些“神灵”，都是具体的、形象的、物态化的神灵，是与人类可互动的，能造福于人类的“神灵”，也是可亲近的神灵，不是某些神话中那些无处不在无所不能、主宰人的命运、统管一方领域的厉神，即抽象的神灵。透过现象看本质，藏人的神灵崇拜中我们同样摸得着朴素的唯物史观！

首先崇拜的是天

天的崇拜最初起源是天体崇拜。原始人觉得天体是个神秘的物体。它既远离千里之外，又和人们的生活息息相关。天给人类带来光和温暖，也给人类带来灾难和不幸，但这些丝毫无损于天体的威严，相反这些直观表象引发了原始人对天体的崇拜，认为万事万物中天是至高无上的。这种最初的天体崇拜是以拜物的性质出现的。随着社会的发展，人类的进步，作为物体崇拜的天逐渐在人们的观念中变成人格的、精神的天，这种天具有抑恶扬善的善神属性。并且随着历史的发展，天的属性也在迎合人们的需要，变得越来越丰富。最后，天成为一个无所不知、无所不能、无所不在的主宰整个物体世界的至上神，而不是天体本身了。天在人们意念中从物体演化到神灵的。藏文文献中普遍记载了最初的聂赤赞普至雅隆河谷时，人们认为是从天界下凡。还有止贡赞普割断天梯的传说，都说明了当时早已有了天的概念。此外，苯教崇尚蓝色，也可能是和早期的天体崇拜有关，蓝色由此成为人们崇尚的对象。早期苯教徒着蓝衣，包书用蓝布，就是例证。在藏区，其它一些原始崇拜形式在历史长河中早已所剩无几，唯有对天的崇拜冲破文化融合的洪流和异源文化的冲击，顽强地存在到今天。至今，藏民族依然相信天的威力，每逢丰年、商贾得利，被认为是天赐的福分；恶人受惩、灾难消免，就认为是老天有眼；人世纷乱、谷粟歉收，就虔诚地祈祷苍天睁眼等等。有些数字也与天的崇拜有关，一般认为天有九层。

其次是火崇拜

认为火具有纯洁污垢、祛散邪恶的功能；火能带来光明，驱散黑暗；火能带来温暖，驱散寒冷。除了天上的太阳，就是火给人类带来最大的幸福。在藏区，如果将脏水、唾沫、蒜皮、葱皮、发霉发臭的食物等投向火中，就会招来责骂。尤其是炉膛里的火，更加神圣；火还具有消毒的功能，有些东西弄脏了，在火上烧一下便可使用。炉灶禁止人们跨越，但在外面又有例外。如果家中有病人或有月婆时，外人或自家人自远方来，必须先在门口烧一堆火，让其跨越才能进门。在人们的观念中，病人和婴儿的生命极其微弱，灵魂一招即去，而外人尤其从喧嚣中来的人极有可能带来魔鬼和邪恶，这些魔鬼和邪恶一般都是乘着夜色出来活动，侵害人类的。倘若不用火来将其祛散或堵在门外，就有可能招走病人和婴孩的灵魂，夺走其生命。如果此人是奔丧回来，那对他的洗礼更应严格，因为到过墓地或见过死人的人更有可能带来各种魔鬼和邪恶。

火的发明，使食物链高营养化、熟食化；食品结构由单纯植物性走向动植物食品混杂的结构，促进了人体的发育和成熟，提高了人的智商和技能掌握能力；火的多种功能使人的生存环境和人的精神世界，以及生产领域中发生了巨大的变化，如取暖驱寒，减少了能量消耗；焚烧污垢，净化了环境；熔化矿石，能生产制作利器；带来了光明，消除了黑暗，除却了恐惧心理；光明和热量又帮助雪域人抵御猛兽袭击，也有了征服其他生物的法宝，同时也为青铜器发明使用创造了基础，使高原文明大大迈进了一步。

火的多种功能，对藏人来说，除了认为是上苍的特殊恩泽和无比威力，亲身感受也是十分强烈，运用更是广泛。这与藏人是人类中接触火、认识火最早的民族直接有关。由于高原剧烈的气流变化及冲撞，高山深涧造成的气候多变，雷鸣电闪，电火显示巨大力量等等，藏人最早认识了火的种种特殊功能，藏人或许是世界上最先利用火的民族（因为电火过后剩下燃枝残烬，都是不用钻燧取火的火种，可长期保留利用），从而造就强烈的火崇拜。至今，民俗中火崇拜的遗风依然很浓郁。如用点着的香柏烟薰屋中人与物，以驱晦气毒气；生小孩坐月或家有病人，在门口烧一堆牛粪火，防止邪气侵袭淫掠；不少农区婚嫁娶新娘，亲朋好友沿途设灶敬茶，并烧起火堆，新娘要从火堆上跨过以涤净身上的污晦邪气；到了丈夫家门，新娘要下马绕门前火堆转三圈才能跨进屋；藏历年期间，小孩跳火堆；在佛事活动中，点酥油长明灯供佛，点火堆煨桑祭祀等等，都是火崇拜的直接和间接表现。

对火的禁忌也很多，忌讳在火塘上烤靴子和袜子等等。

上述遗风说明从远古起藏族人就认为火给人带来幸福，把火看作力量、威严、光明、吉祥期望的象征。而在生活生产领域，藏人更是能动地全面地发挥火的威力，并延伸到丧葬领域。他们通过火来出殡亲人，表达对亡灵的尊重。考古发现的火葬就佐证了这一意识。

对火的崇拜还表现在用火来“驱邪逐鬼”。

太阳崇拜

恶劣的自然环境，低下的生产水准，使三千年前问世于雪域高原的原始苯教，把人类对光明，对幸福，对温暖的追求焦聚于太阳。苯教认为是太阳给人类带来了光明，驱走了黑暗；是太阳推动了宇宙的发展，有了四季循环；是太阳带来了万物的成熟繁衍；是太阳消灭了寒冷；是太阳给人类带来了万般温暖。太阳是整个世界最强大的力量，有了太阳，人类才得以生存繁衍。

这样，远古人类便认定救星就是太阳。太阳成为人类最大的保护伞，成为希望的凝聚点。

苯教创始人借用人们对太阳的崇拜，太阳在人类心灵中的至高无上影响，以太阳为原型把苯教的象征符号规范成“卍”形。即太阳升起运转、光芒四射的样子，以后逐渐演变成现在的万有符号——“卍”。

在康区，不少部落举家老少一大早都要向着东方朝阳叩头焚桑膜拜太阳。

藏人还把太阳作为计算时辰的标准，一个昼夜称为太阳。把太阳升起的方向称为东方；取名时取为太阳（藏语即尼玛）；好地方也称作太阳，还把最敬爱的领袖比作日月。吃咒发誓以“太阳顶头”表达纯净坦城。

对太阳的崇拜还反映到宗教生活民俗生活之中。

萨迦派、噶举派寺院广场上的经幡大旗杆顶端，有日月模拟象征雕像。民众墙板上也画有日月图案。家中灶台、库房、客厅中也用矿物粉、糌粑粉绘有太阳图案。

狗崇拜

藏族先民的生活中，狗是它们最早驯养的动物之一。狗嗅觉灵敏，勇猛异常，在生产力极不发达的藏民族原始社会，它曾经是他们生产和生活中的得力助手。狗日夜为主人警戒，保护家畜和主人的安全。在早期以狩猎和游牧经济为主的藏民族中，狗是他们生活中的一员，在生活中起着重要而特殊的作用。因这一缘由，藏民族很早衍生有崇狗的习俗。这也是苯教包涵的自然崇拜，万物有灵观念的体现。

胚胎了藏族文化的苯教，在其传说中记录了有关狗对藏人生存发展的贡献，有《阿初王子的故事》、《幸福来自狗的恩典》和安多地区的《青稞与狗的故事》等等。这些流传于民间的故事都反映了狗对藏族人民的大恩大德，人对狗的深厚感情。《青稞与狗的故事》讲述了很早很早以前的青藏高原，没有粮食种植，人们只能靠游牧和其它方式生活，处于饥寒交迫之中。看到此情形，神便派狗去遥远的另一个世界去寻找种子。狗排除了千辛万苦，终于叼着青稞穗子回到了藏区。从此，人们便过上了有糌粑吃的幸福生活。《阿初王子的故事》记述了阿初王子为了救人民于饥苦中，不畏艰辛终于从蛇王手中得到种子，但自己却中了蛇王的计，变成了一只可怜的狗。它叼着种子回来，不但使人民吃上了香甜的糌粑，而且自己也得到了美满的爱情。《幸福来自狗的恩典》反映了高原人民由于有了幸福的生活，就奢侈地把糌粑当作玩具玩。当神看到此景，一气之下把青稞穗子一一削去（传说起初青稞有九个穗子），当削到最后一个时，狗突然大叫一声："留下我的一份。"这样，神才留下一个穗子，才有了我们今天看到的粮食。因此，藏民族祖祖辈辈记着狗对他们的恩赐，有一份特别的敬仰。几千年来，对狗的这种敬仰和感情，赋予它神奇无比的力量，以显示自己的崇拜和狗的神圣。这已经成为一种习俗根深蒂固于藏人之中。

在藏区，狗在藏族人心中享有一定的地位。假如有人对它们非礼，不但要遭到制止和阻挡，而且要受到它们的报复。由于狗是藏民族最早驯养的动物，不管是过去和现在，藏人是禁吃狗肉的，更不随意杀狗。在西藏林芝和安多地区，藏历新年或收获季节都保留有把盛满肉食、面食的大盆端出来，首先让狗享用的习俗。

在藏族社会中，狗的诚信演化为人的风尚，社会的风尚，进而发展为以杀狗会盟、祭祀神灵为一种崇尚。在苯教盛行时期，常常在会盟、祭祀时杀大批的牲畜，其中以狗最为尊贵。

狗与狗血在藏族生活中还有镇邪驱祟的神奇作用。由于狗在藏族人心目中的特殊作用，人们赋予狗一种无比强大的威慑力，即可以镇服、驱除一些鬼怪邪恶，保护人的健康安全。在古代的藏族社会，出征打仗或举行一些大的生产活动，都要杀狗，保佑一切顺利平安。在现在的安多部分地区还有在家中或门口埋死狗的习俗。在每年收获时节，还有埋狗祭天地，以便粮食在收获时节安全收获，免遭天灾人祸的破坏。这就说无论以狗保平安还是埋狗驱邪恶都是人们对狗的敬畏和崇拜的心理折射。

原始宗教最大特点就是动植物的崇拜，人们对于身边的亲密相关动物倾注了极大的关怀。“人在自己的发展中，得到了其他实体的支持，但这些实体不是高级的实体，不是天使，而是低级的实体，是动物，由此就产生了动物的崇拜。”(《马恩全集》)一些动物为人们的衣、食、住、行提供了某些方便，如果没有这些动物，人们的生存就受到威胁。对于生活于雪域高原的藏民族来说，尤为如此。对自然界有一种敬畏感和神秘感，对其身边的万物赋予一种超自然、超现实的力量而加以神化并崇拜，祈求得到它们的保护和恩赐。而藏族的生活来源主要是通过放牧牛羊获得，在漫漫草原上，只有狗能替主人忠实地保护牛羊，免受其天敌的侵袭；在草原之夜，也只有狗能保护主人财产和生命安全。另外，狗又容易驯养。这是人们对其产生依赖心理的重要原因。

狗崇拜还表现在西藏工布地区新年请狗先吃年饭。他们把过年的食物端端正正地摆在木盘里，或者放在长长的木板上，有糌粑团、牛羊猪肉，还有桃子、核桃、酥油、奶渣、人参果、青稞酒等，茶和酒盛在核桃壳内。

狗吃饱了，人再吃团年饭。

藏人习俗中还有不准虐待狗，家狗死后不准剥皮吃肉得好生埋葬等习俗。

马崇拜

传说宇宙混沌之时，雄性的大鹏是马之父亲；雌性的大鹏是马之母亲。大鹏白天飞翔在精肯苏美坝，晚上栖息在俄佑瓦吉古。抽来天上的三朵白云盖在鸟巢上，拔来地上的三丛青草垫在鸟巢底。雄鹏雌鹏相交合，生下九对白蛋。风吹河水起波浪，波浪掀起蛋，撞在岩石上，落在大海里，从海里出来不同的马。一对白银蛋，孵出了银白色的马；一对金子蛋，孵出了金黄色的马；一对玉石蛋，孵出了玉石似的马；一对珍珠蛋，孵出如珍珠般的马；一对木头蛋，孵出坚硬如木的马；一对铜铁蛋，孵出似铜铁的马；最后一对蛋，孵出了驮负污秽的马。

考古发现藏族土葬中有大量的马骨骼，说明古代藏人有马殉葬的风俗，这也是最早的马崇拜现象。

原始宗教中，对马的推崇也是十分鲜明的。苯教徒视马为往返人神之间的通达物，杀马祭神是苯教超荐仪式中的一个十分庄重的做法。

在佛教的其他符语、符图中也有着马的形象。如海心龙马背伏珍宝,风马符纸的中心是风马等。

上述种种藏传佛教中的马形象,实际是马崇拜的延续和异化,应该说是苯教马崇拜被佛教吸收借用的痕迹。

考古发现西藏上古骨器有许多由马骨制成(如骨针、骨钜),后世藏族甚至还把马尾作为“必枉”(一种乐器)的弦。在日常生活中,人们主要是把马作为代步工具(人骑马出行),或者是交通工具的牵引物(马拉车),有时还用马来搞驮运。物品盛于马背的褡裢之内。在青藏高原,因为有了马减轻了人在崎岖山路、广袤土地上的许多脚力。

在西藏传统社会,马的拥有象征权势。敦煌本吐蕃历史文书中的《达布年赛传略》记述苏毗的娘、韦、农三氏与达布年赛盟誓,百姓歌曰:“能人骑骏马”,这里骏马成为能人(地位高的人)身份的标志。一些王统史、教法史、记述第三十一代赞普囊日松赞寻得一黑骏马为从骑便成了王。王室权利移交也以马作为比喻,赤松德赞去世,牟尼赞普继位,藏史说“王子能骑马,父王升天”;旧时马鞍是显示权利和财富的象征,权贵的马鞍镀金鎏银,精雕细琢,鞍褥都由上等藏毯织成。

由于马在生活中具有上文所述多种功能,所以藏族人常把心爱的马作为礼物转赠他人,以此作为诚心待友的最高礼节。据藏史所载,赤德祖赞因感佩于太医宇妥宁玛·云丹贡波高超的医术,特赐良马、鞍鞯等为厚礼;玛尔巴在洛扎接受欧·曲古多吉为徒时,即收取了他送来的见面礼 31 匹骏马;三世达赖喇嘛索南嘉措来到阿力克部落时,所受礼品为 1000 匹马。驻扎于此的俺答汗向索南嘉措奉献了马蹄银 500 两,上等马 100 匹,其中 3 匹白马带有珍宝镶饰的鞍辔(《道次师承传》)。普通民众也十分看重在某些重大礼仪中以马相赠的礼仪。藏族婚礼前男方要提供彩礼,其中马便是贵重的彩礼。

对马的崇拜还表现为对马的刻意装饰,特别在赛马上往往赛马“喧宾夺主”,成为第一主角,成为焦点。跑马备上漂亮的马鞍,插着羽毛,披着哈达和彩绸,马头上簪有鹰翎、雁翎、孔雀,马尾也红红绿绿飘飘洒洒。赛马之前要祭山神等神灵。骑手们围着巨大的焚香台恭恭敬敬地转上一周，接受一位身穿袈裟的老者的祝福。老者用孔雀毛蘸着金质银质碗里的“圣水”，洒向骑手，预祝赛马能成功。

在赛马中夺冠的骏马，被部落认定为带来好运的“央”马，视为吉祥物供养起来不能出卖，不得抢杀，不准虐待，任其自由吃草，养老送终。

马崇拜以外，还有水崇拜、白石(巨石)崇拜、羊崇拜、牦牛崇拜、花崇拜等等。这些自然物态的崇拜，实质上是为了调解人与这些自然现象，自然生物的关系，表达对它们的祈望、感恩、或者人类的憧憬理想。通过膜拜、供祭仪轨，增进感情，博得信赖，为人类的生存发展谋利益。它折射的依然是朴素的唯物史观。

雪域高原畜牧业生产的实践操作，畜牧业生产方式的模式化、传承化，让藏人看明白、弄清楚了人的生死与自然界动物(马牛羊牲畜)的生死都是最普遍不过的自然现象，都是回归自然。生命结束了，躯体也就没有意义，没有价值了，更不值得留恋或者保存了。生得自然，死得坦然，视死如归，是畜牧业经济对生活、生产层面对藏人生死观的启示。

第五章　三世轮回，灵魂重于肉体

灵魂重于肉体——佛教“三世论”孕育的生死观结晶 · 舶来的佛教在雪域扎根，全凭辩证的哲学体系折服藏人 · 佛苯相争，文化冲撞，互动，藏传佛教一统天下 · 灵魂至上，轮回转世，以天葬为主体的多种丧葬仪迹问世于高原。

藏人的生死观，除了远古历史遗传“猴子变人”的说法的作用，喜马拉雅造山运动伴随高原人类一起引发目睹的雪域高原的隆起，气候条件演变酷冷的影响，以及牧业经济演绎的生命规则，视死如归的朴素唯物意识，促成和推进了以后衍化并持续到今天以天葬为代表的多种形式丧葬仪轨。

即佛教的“三世论”和因果轮回观！

生的自然，死的坦然，视死如归，是藏人最早的朴素唯物史观。这一认识论中不存在灵魂转世之意识。当时的人类把自己视作和其他生物一样，对死亡后的归宿，没有思考，前途没有设计。这是因为藏人原始宗教苯教的理论体系中没有“因果报应”“六道轮回”的思想观念。它没有指出从生到死及死后的前途可变性，没有开掘人类的主观能动性对命运的可塑能力，没有给生命予希望、光明、憧憬，更不懂得生命是可增值的，延缓的。三千八百多年前创立的苯教文化，经过数千年传播经营，使朴素的生死唯物史观得以根深蒂固，延续持久。那么，苯教到底是一种什么样的文化型态呢？要明白以后的生死观，先得了解最早的苯教教义，弄清雪域藏人生死丧葬观的演变史。

苯教是一种为现实、为今世服务的宗教，是远古人类“泛神崇拜”的产物，是“万物有灵”认识论的体现。苯教的主要宗旨是搭架人类与上苍神灵之间的桥梁，充当中介者的角色。而完成这角色的途径则是诵经念咒，禳灾驱邪，占卜问卦，巫术跳法，祭祀仪轨，主持会盟等等。

苯教理论体系中没有天国，没有地狱，没有彼岸世界，没有系统的教规教义，更没有教堂庙宇和等级森严的教阶制度。它不讲来世、不讲彼岸。

苯教对世界结构的设计是神、人、魔。魔伤害人类；人类通过苯教巫师来请神；神去驱魔；人再供养祭祀神灵，如此循环往复而已。不存在积善积德，因果报应，六道轮回。它也未设计出天国美妙的境地，也未勾勒地狱的可怖，对人类的去归还没有设计出理想的蓝图。

它本身的教规教义也不完善，一切祭祀仪轨都是为了今世，为了现实生活，而不是为了超度你到达幸福彼岸。

苯教教义认为：在出现日、月、时节之前，宇宙就存在有绝对胜利之王，并衍生出“黑苦”和“光明”两种皆然不同的现象。“黑苦”就是魔鬼、雷电、火灾、水灾、风灾、八万四千种疾病以及人间的不平和怨恨。“光明”则是美德、圆满、恩爱、安宁以及各式各样的的幸福和满足。苯教慑服“黑苦”，望其远去，切望“光明”到来，长驻人间。为了这一伟大目标，人类就要不断地祭祀，要普遍祭祀与重点祭祀相结合。

苯教对所有认定存在的神都取了名，如天神、战神、山神、地方神、城堡神、阳神、母神、人畜保护神、财神、灶神、河神、风神、雷神……，凡是与人类有直接联系，但人类又没有办法驾驭的自然现象，他都当成神在主宰，是属于一定范畴的神。这样分类的结果，大家的供奉就有目的，有对象了，也使众神的面孔明确化、层次条理化、使命分工化。

晚期苯教改变了早期苯教旧俗中的杀生祭祀内容，改用人和动物的替身——捏塑的模型，或者刻在木简上的人和动物形象，这就大大保护了生产和社会财富，受到广泛的欢迎和拥护。

苯教把世界正式分为三个区域：天、大地和地底。每个区域都有两种生命存在。天上有神和神人，地上有人和动物，地底则住有饿鬼和魔鬼，或者地狱里的人。另外，还认为大地上空游荡有精灵、赞等。

通过苯教教徒广泛传播经典，担任了象雄内以外各土邦国的祭祀师，结合当地的情况、民族心理、物质条件，创造性传播了苯教的宇宙观，使高原藏人的思想哲理趋向于统一，为藏文化奠定了基础。

宇宙被苯教分为天、地和地下之后，产生的神中管天上事务的是“赞”神，管虚空（地上）的是“年”神，管地下地脉的神“鲁”神。此外，其他诸多神也各司其责，分工明确。其中灶神位置显赫。苯教认为灶神十分容易被冲犯，只要把头发羊毛脏东西失落灶面，或者烧溢了锅弄脏了灶台，都有可能使灶神暴怒降灾。正是由于此种原因，时至今日，在藏族民间灶台依然是神圣的。关于灶台有很多禁忌，如不准头发牲畜毛发沾落；不准脚踩或者手拍灶台；不准生人接触灶台；不准燃烧脏垢物于灶火眼等等，人们把灶台看作上苍赐与人类仪器的重要渠道，担忧一旦受到伤害，自己的生存就出现危险。

苯教创立的林林总总神灵，使远古藏人在自己未认识的领域和部分自然现象面前，长久地依附于大大小小神灵，对自己的命运难能有主动权、自由权。虽然对生死态度坦然，但面临死亡，热爱生命、热爱生活的人们，总不能没有一抹留恋和珍惜，没有希冀和期望，但苯教在这一领域的本领却使他们失望了。苯教能给的是什么呢？就是通过祭神乞求神灵保护人类，驱逐鬼妖为害人类，使人能顺利死亡而已。采取的唯一办法又是以牺牲残害其他生物来换取人类的平安及生命。

如何沟通与神祇的关系？苯教认为：用牲畜和鹿进行祭祀，认为人死后有托生成鬼神的。苯教不承认前生来世之说，他们认定的“神”，是指人活着的时候，保佑人寿的保护者。而“鬼”呢？不仅是人生命的主人，而且死亡后将其灵魂带走，同时还继续危害其人的家庭和后代。因此，苯教主张对保佑之“神”进行祭祀，对于危害之“鬼”需要消灭。但消灭的办法不是毁灭扼杀，而是让“鬼”吃饱肚子赶快离开，不要纠缠、骚扰人间众生。苯教认为：“鬼”的一切活动，其核心是为了寻找食品，吃饱肚子，唯有施食才能驱魔。因此，苯教创立了施食驱魔的许多祭祀仪轨，他们一年四季分别举行祭祀。春季进行“牝鹿施”，宰杀四只无角牝鹿，取其血肉祭祀；夏季举行“立木祭桑”，以焚烧柏树枝和禾穗煨桑祭祀；冬季举行“本神血祭”，即在同一时期各拦腰宰杀牦牛和山绵羊等雄性牲畜各三千头(只),牲雌牛、绵山羊等雌牲畜各一千头,活活断其后肢,取其血肉进行祭祀。不仅如此,人有病痛,还进行“赎命还魂”活动,有着繁缛复杂的仪式。

以牺牲一部分生灵之生命的代价,换得自己的平安幸福,人类不能不感到惭愧。而牺牲的生灵中,有不少(马牛羊)是藏人自己养育的牲畜,也有剜心头之肉的疼感。长期的、一代又一代的反复祭祀及仪式,使藏人祖先有所厌倦、纳闷,期盼着生命以新的形式延续存在,人类能与其他生灵和平共处,共同昌盛。

佛教的传入带来了上面的希望和祈盼。

佛教在雪域藏地的传播历程十分艰难曲折,与苯教进行了历数四百来年的斗争,最终战胜了苯教,让佛教的理念在雪域扎下根基,以藏传佛教的形式指导藏人的思想和行为。

这首先要归功于后弘期的佛教传播者们务实求实的认识论,采取的现实主义态度,从最初的贵族化、神秘化、玄奥化走向了平民化、吐蕃化、密宗化。

佛教能以藏传佛教形成在雪域高原扎下根,并开花结果,取代了苯教几千年苦心经营的中心地位,大约有这样几个原因:

第一,印度佛教在国内受到“复苏”后兴起的婆罗门教的压制排斥,加之自身的腐败堕落,不得不到印度以外的地域寻找立足之地,他们“痛改前非”、认真反思、积极活动,目光落在了近在咫尺的雪域高原。外在的压力变成了内在的动力,佛教徒向外传教的积极性有了极大的调动,在吐蕃境内形成了一定的氛围。

第二,新兴的吐蕃帝国需要一个符合藏区社会发展的新兴思想来统一人民的意识,佛教的内蕴哲学认识论适应了吐蕃王室的需要,得到了王权的认可、支持,这是佛教之所以能在吐蕃传播开去的内在因素。

第三,佛教本身具备的先进思想折服了吐蕃民众,佛教教义在人道人性方面代表了历史前进的方向。

如果按正常的逻辑思维推断,吐蕃的思想统治地位非苯教莫属,因为它占有天时地利人和诸多条件。它系吐蕃本土孕育的嫡系文化,它与吐蕃人民有着千丝万缕的联系，它的触角伸进了吐蕃社会生活的各个角落，甚至物质生活的方方面面，它在这片土地上深深扎下了根须。

但七世纪的吐蕃较之拉托托日聂赞执政时代，已经星转斗移，发生了翻天覆地的变化，处处欣欣向荣，蒸蒸日上，蓬勃昌达。吐蕃第三十二代君主松赞干布，十三岁即位之后，充分显示出其英明干练、聪慧超人的天才。他顺应了人民求稳定、思统一的时代潮流，掀起统一青藏高原各邦国的浪潮，对内平叛，招抚旧部，兴修水利，振兴手工业，完善法制，推动生产力解放；对外发动统一战争，兼并了西部象雄（大小羊同），平定了北方的苏毗，征服了东方的吐谷浑、白兰、东女等游牧部族诸国，招降了南方的尼泊尔、门域等地。逐步造就了统一的以青藏高原为中心的吐蕃政权。他的外交事业也是十分成功的，他派出使者向大唐帝国、尼泊尔王国求婚，次弟聘娶了尼泊尔尺尊公主和大唐文成公主后，与周边大国形成睦邻友好关系。

呈现安定团结、百业振兴的局面。

这种安定兴旺的政治局面给文化的发展提供了良好的环境。而巩固这种政治局面又需要统一的哲学思想来凝聚举国的意识，他不会不认识到关系长治久安的战略问题。或许是两位公主的影响，或许是松赞干布的下意识感觉，总之，创立新的王权，巩固统治必须有一新的思想武器来替代没有多少活力的苯教。或许他认为苯教的理论、祭祀形式，已无法缓和统治者和被统治者之间的矛盾冲突，无法解释新的生产关系，无法引导属民们永世永辈效忠于王室，使被统治者甘心情愿、俯首贴耳地服从统治。同时，他也为自己的归宿、前途寻找出路。佛教或许给他了启迪、安慰，指出了归宿的前途。因此，松赞干布调集大量的人力物力财力，让尺尊公主主持修建了大昭寺，供奉她带来的不动佛像；让文成公主主持修建了小昭寺，供奉公主自己带来的觉卧佛像。他为了翻译佛教经典，曾使不规范的藏文系统完整化，而且带头学习推广藏文；他鼓励和支持佛教经典的翻译工作。在他执政期间，吐蕃有印度译师古萨惹、尼泊尔译师香达、汉族僧人大天寿和尚等等。这些外籍译师和吐蕃译师一起，把佛教经典译成符合藏族人的语言规律，文法结构，而且通俗文雅达意的藏文经典。译出的经典包括小乘、大乘佛经，有显宗、密宗的内容，这就使佛教经典在吐蕃大地上扎下了桶柢，播进了信仰者的心扉，为以后的弘扬打下了扎实的社会基础。

松赞干布努力提倡佛教的标志之一，传说是禁止苯教徒把佛经改成苯经，凡是私改佛经的苯教徒，他要统统杀头。松赞干布还通过法律手段来保护佛教，推行佛教。他制定的十善法就是根据佛教教义引发的。松赞干布又以佛教道德规范为指导，制定了十六种原则性的社会伦理法轨，第一、二条提出的内容便是敬信三宝，修行正法。

吐蕃王室的这种态度，自然是佛教传播的催化剂，帮助传教者打开了吐蕃的门扉，建立了在吐蕃传教活动的滩头阵地。

原本的苯教不仅在人们的经济生活，生产生活活动中占据着重要位置，而且直接参与、干预大政。他们的权势不谓不显赫，影响不谓不广大，对教义的弘扬不谓不得力，但历史却抛弃了苯教，苯教在与外来的佛教争斗中连连败北，不断衰微下去了。除了上面谈到的政治原由及统治者的扶持，还有什么原因。

吐蕃本土严酷的自然环境，给人们提供的物质是贫乏的，能索取到的食品和其他东西极其有限。寒冷又漫长的时日；年青却贫瘠的土地；深涧长沟，高山雪峰，生存环境极其苛刻。为了生存，人们只能大分散、小集中的开展牧业或半农半牧。环境决定了人的意识，也决定了人类在大自然面前是软弱的、渺小的、无可奈何的，只能对大自然迷信、崇拜到家。

这种地理环境对人们心理的效应是绝对地服从大自然，崇拜大自然。唯一的前途只有通过幻想达到心理的平衡，对生活产生新的寄托，新的期待，产生生活的信心充实精神世界。

在汉译佛经《增——阿含经》中也记载说，佛陀谈到转轮王统治的社会将是“土地平整，如镜清明；谷物丰饶，遍地皆生甘美果树；时气和适，四时顺节，人身康乐，少病少恼；富足如意，食不患苦；欲小大便时地自然开，事已复合；金银珍宝，散在各地，与瓦石英钟同流，人民大小平等，皆同一意，相见欢欣，善言相问；言辞一类，而无差别。”

每一个信徒进入香巴拉的机会是均等的，每个人都有可能到达香巴拉，关键在于你自己的努力，看你能否在世积善积德，修业圆满。关键在于“三世论”及“因果报应论”，尤其“三世论”（前世、今世、来世）意念是最有诱惑力、穿透力的，对远古藏人认识观念的转变有着巨大的震憾力。它紧紧抓住了人类的命运前途这一要害问题，运用辩证法予以构架说法，自然产生了很大的影响力（关于“三世论”要在后面的叙述中细细谈论）。

给人类提供理想的极乐世界，佛教在这一点上高屋建瓴，比苯教要技高一筹，这也是它先发制人，能赢得人心、占领青藏高原思想意识阵地的主要原因。因为它除了给人压抑、恐惧还给人温馨、慰籍、期望，指出了理想的追求途径。

佛教宣扬人人平等，都有尊严，这也是佛教能扎根藏区的原因之一。它一破苯教把人置于大自然的奴隶、神的奴隶、命运的奴隶之角色位置，还原了人的生存权、发展权、自由权、能动性，即一定程度上掌握自身命运的权力。它贴近劳动者的要求，道出了社会最底层的呼声；它呼唤人性，呼唤人道，是对奴隶制的否定，这点比苯教宣扬的天命论要进步得多。

吐蕃统一战争时期，是吐蕃社会从原始社会末期进入奴隶社会的历史阶段。进入奴隶制社会后，广大平民和奴隶受到了残酷的压榨、盘剥、歧视、凌辱。首先是人格上，他们原属部落集团中的少部分成员，由平等关系变成奴役与被奴役的关系，人的尊严更无从谈起，时常受到欺负鞭笞，无自由可言，也无光明前途可言，压抑、绝望是精神生活的主流。他们期望社会部落内部人人平等、政治民主、军事民主、分配民主的民主生活。佛教教义恰恰在这一点上满足了奴隶社会中广大平民和奴隶的精神要求，填补了这一心灵空白，在舆论上大张旗鼓予以支持、鼓励。

佛教教义认为：众生平等，尤其人类，没有高低贵贱之分。凡是世上的生命，都是平等的，他们在世的形态、种类、位置有差异，但那不过是前世的因果而已，他们本身没有贵贱，都有生存、发展的权利。他们的平等地位应该受到保护，损害他们正当利益则是不人道的，是佛法所不容许的，应该受到惩罚。佛经明确规定身业三条中第一条是不杀生。尊重生命是十善法的第一条。

这种平等观对平民和奴隶不外是一种鼓励，是谋取自由、反抗压迫的理论武器，当然会受到他们的热烈拥护和诚挚信仰。

人格是平等的，机会是均等的，来世的幸福与痛苦都是自己正身修行的结果，谁都有可能在六道轮回中或成为神、人神间(阿修罗)、人；或成为畜牲，饿鬼，掉进地狱。决定的因素是你的德行。

这就给人们带来生活的信念，也遏制了部分人的贪欲和非理性行为，客观上缓和了社会冲突和阶级矛盾，减少了社会进程中的破坏因素，推动了社会的安定和谐局面。

佛教教义还有一个强有力的武器是灵魂不灭论。灵魂不灭论的核心是万物死后灵魂不灭，不断轮回。这就是说，灵魂不灭，生命可以延续持久，生命的质与量都有了很大的改善。

佛教十善法是这样规定的：不杀生、不偷盗、不邪淫、不妄语、不两舌、不恶口、不绮语、不贪欲、不瞋恚，不邪见。它基本囊括了人类最早的美德。松赞干布根据佛教十善，制定了第一个法典，即二十法规。这二十法规具体如下：(1)杀人物偿命；(2)窃物者归还，并付八倍罚金；(3)强奸者阉后驱逐出境；(4)被告撒谎，要起誓没有撒谎；(5)皈信佛，法，僧；(6)报答父母以孝顺；(7)敬长；(8)学温和与聪明的人；(9)不准对于出家人和长者无礼，而要遵从他们的教导；(10)向正义的人学习；(11)学佛经，学经书，了解它的意义；(12)相信因果，羞于作恶；(13)帮助亲属和朋友，而不打扰他们；(14)力求心正；(15)勿饮酒过量；(16)按时偿还债务；(17)不要用自制的度量衡；(18)不要干涉旁人的事务，除非经人请求；(19)处理重要事务，要负责任，不要听妇人的话；(20)假定拿不准何者为是，何者为非，则在神前发誓。

佛法宣扬“无常”、“诸法无我”。按当今哲学词义解释，即世上的物质没有绝对不变的。宇宙万般现象，皆是相互联系、相互影响、不断发生量的积累和质的变化，也就是此生彼生，此灭彼灭的相互对立、相互依存的辩证关系。它明确宣布，世上没有永恒的存在，这就是“无常”。它说宇宙万物有其自己的特征和运动规律，但又不是孤立地、单独地存在。这种规律，是由于种种“因缘”凑到一块，才组合变圜为规律，形成它自己的特征。这就是说，世上没有绝对的实有，实际上说明世上一切都是虚空的，不是实在的，犹如一座帐房，用起来是阻寒挡风的帐篷，折开不过是一堆牛毛、一捆线。而需要时这堆毛这捆线又可另作其他用场，不用时却什么物质也形不成。变幻无常，从无固定。

佛教“无常”、“诸法无我”的提法，揭示的是这样一种社会生活中司空见惯的现象：既然一切事物都不是绝对的存在和绝对的实有，那么人们就不该产生占有欲望，应该抛弃烦恼，断除欲望。只有根绝贪心、憎恨心、痴心，你才不会做“恶业”，免于跌进生死流转的轮回中，达到超脱，进入“涅槃”，升华进与世俗截然不同的无上境界。

佛教的这种逻辑推断，对信徒很有诱惑力和说服力。按照朴素的认识方法，人们看到的社会中，不管是强者还是弱者，不管是王族还是奴隶，也不管是富豪还是穷人，谁不为生存和占有而烦恼？谁对财产、权位及其他没有贪心？谁在争夺之中没有憎恨心？谁对自己所追求的没有痴心？但细心观察周围的人和事，有哪一件是永恒的？王权更迭，财产转圜，生老病死，哀乐无常。佛经中说轮回是由“惑”来推动的。“惑”的本质是愚痴，正由于愚痴才引起烦恼，因烦恼而造罪业，因罪业而得苦果，因得苦果而又生烦恼，如此轮回，岂不在苦海中挣扎受尽熬煎？看来，只有努力解脱，才能脱离苦海。

对于向往幸福、追求安宁又在生活中拼搏挣扎的人来说，这种人生观不外是安神丸，强心剂，指明了一条虽然遥远、但却凭自己的努力能达到的彼岸；虽然艰辛，但却是一条不用提心吊胆、冒险拼闯的大道，何乐而不为呢！这样，俗人们接受佛教也就是顺情合理的事。

佛教最有吸引力的还是它奉行普渡众生先律已的信条。它通过利众利他、苛求自己而为信徒们树起行为楷模建立了威望。

藏传佛教是面向社会，面向现实，外来文化与当地文化冲撞、磨合、整齐的结果。它吸收了大量的苯教解释、处理现实世界的方法方式，形成了藏族本土色彩特别浓郁的佛教——藏传佛教。

最早的印度佛教传播者，在碰壁几次后，发现大乘佛教的显宗，不适应吐蕃的土壤。那些玄奥的理论空泛抽象，藏民族直观的思维方式多不喜欢空洞的教条，而喜欢现实的、直面的东西。因为雪域高原的自然环境，游牧生产生活都是多变的，直观的，他面对的是严峻的现实变化，他需要能解决实际问题的宗教。总结了这一教训，印度佛教僧人们改变了脱离吐蕃社会的传教方法，采取了面对现实的态度，把与苯教接近的大乘佛教密宗抬出来，采用咒语、幻术、占卜算卦，禳灾祛祸等看得见、摸得着的手法使民众信服。密宗经典，密宗法器，密宗修持，密宗法舞，密宗戒律也就传入藏区，成为藏传佛教的亮丽风景线。连平时诵念的“唵嘛呢叭咪吽”六字真经也是金刚乘密宗莲花心部经的缩音。

以密宗为特色的藏传佛教，特别明显的变化是从出世、超脱转为入世、深入到民众日常生活中。有病可诵经驱邪，有难可占卜算卦，有事可祈求护法神帮忙，建新房或婚娶喜庆，可由僧人卜算吉日并开光；保佑可插箭煨桑；平时修行拜佛可点长明灯，供净水，转寺院经轮或白塔或白石堆等等云云。人们都可尽自己条件走向信佛积德的道路，都在现实中各献其能而铺设到达“三善趣”（神、人神之间人）的台阶。苯教传统的祭祀仪式变成了僧俗信徒供佛的仪式。

苯教虽然衰落，但它乘以后的禁佛和吐蕃内乱，达到了充实经典、完善仪轨的目的，从此，两者教义接近，仪轨类似，随着苯教的文明程度提高，相互磨擦越来越少，有了宽容舒展的环境。这恐怕是历史的辩证法。

外来文化与本土文化相撞，最好的途径是取长补短，相互学习，兼容并蓄。和则盛，斗则衰，但又“不打不相识”。

在吸纳了苯教这一本土文化的许多强项，并与佛教教义有机地融会贯通为一体，外来的佛教才完成了藏族化的道路，才在佛教世界建立起了藏传佛教，使藏传佛教充满了大众气息。

藏传佛教是大众化的宗教，是以普度众生、大慈大悲利众利他为自己奋斗目标的宗教，而不是为了个人一已之利，为“得道升天”、个人的圆满幸福而禅修的宗教。为了利众利他，它的寺院开设了医学院，历算学院，艺术学院等，传授人类积淀的各个学科知识，既有自然科学方面的天文历算、医学医药、工艺制作技术、建筑技能；又有社会科学方面的佛学、哲学、教育学、语文学、历史学、文学、地理学等等，还有艺术科学领域的绘画雕刻石刻，音乐舞蹈书法，戏剧杂技说唱，小说散文诗歌，包括了整个艺术的五大门类。

藏传佛教既着重拯救人的灵魂，使人类在轮回过程中更多的走进“三善道”（神人、人、阿修罗），而摆脱“三恶道”（畜生、地狱、饿鬼），甚而升入“西天极乐世界”、又注重在人间引导人类趋善驱恶，规范人的道德水准和行为准则，竭尽全力帮助人类解除痛苦和愚昧，获得知识智慧，创造和平、和谐的社会环境和天人合一、保护生态的生存环境。在社会生活的各个领域，他都积极参与。信众有病他采药制药，诊断医治，辅之予诵经做法，禳灾祛邪，逐鬼驱魔，从病理、心理诸多方面提供服务；地方有难，它集会做法事祈请诸佛众神给予保护，甚至举办插箭煨桑，伏藏五谷金银等活动；部落征战，相互杀伐，它也会为本部落诵经念咒，助威鼓劲；为经济生产，它制订了历算，预测天文，点明可能的自然灾害，尽量预告，减少损失。每年新春，它还要举行隆重的“默朗钦莫”大法会，为所有生命祈求平安、健康、富裕、和睦。

藏传佛教能及时扭转偏离的方向，度过难关回到正确的轨道上，保持了自己的前进势头。这从藏传佛教走过的道路，即宁玛派——萨迦派——噶举派——噶当派——格鲁派的历程，看得一清二楚。自然，它自身存在着许多的局限性，有着不少的缺陷，有的甚至非常严重，背离了佛教教义，把自己的教派推向了危险的地步，但藏传佛教内部能很快出现新的力量克服危机，走向新的兴旺。这都得益于其坚持的教义之生命力，得益于利众利他、普度众生的佛教大方向。

藏传佛教对佛教的发展有很多创新，如活佛转世制度；密宗修行方法；显密结合的传承研习学制；法舞法会；藏戏小说，道歌格言诗，唐卡雕像壁画；各种祭神念佛节日；来自苯教的众多祭祀仪轨；丧葬风俗的独特形式；渗有佛教理念的民情习俗等等，而这些创新又是藏传佛教的特色，是它们构建了藏传佛教的框架。它允许任何宗教存在，任何派别存在，只要你不伤害不诽谤不排斥佛教，你的教义有着自己的道理，你的宗教或者流派有自己的信仰，那它不干涉你的宗教信仰和宗教活动，允许你去传播你的教义，允许有信教不信教的自由。这也是在藏传佛教教区存在基督教堂，耸立伊斯兰清真寺及藏传佛教各流派寺院同存一院之奇迹现象的奥秘之因由。

综上所述，佛教依靠的是它强有力且深厚广大的理论体系来说服人们，建立起自己的信仰网络。在庞杂的佛教学说中，与生死紧密相关的“三世论”是其核心理论之一。

佛教把生命的演绎框定为“三世”：即过去世、未来世、现在世。众生现在的生存叫今生；前世的生存叫前生；命终之后的生存叫来生。它是生命延伸的学说，也是蕴含生命内因辩证转换的学说。在“三世论”中，生命不仅仅是生与死，而是灵魂运动，个人善恶行为的不同产物。同为某个人的灵肉，而在今世和来世却以不同命运、不同角色生存在世界上，这是为什么？就是因为业报不同，所以生命的轮回不同。即“业报轮回”。

“业”，佛教泛指系统的、贯穿始终的行为与结果。世上没有抽象的“业”，只有具体的或善良或邪恶行为。所以“善业”和“恶业”是佛教徒常用的口头禅语。

“报”，是指“业”带来的后果，也是“业”的积累转化反应。佛教认为：人生的差异和社会待遇的差异，全来自于“业报”。由于“身业”、“口业”、“意业”三业的善恶积淀不同，得到的相应报应也就不同。佛经《成实录》卷七中讲道：“业报三种，善、不善、无记；从善、不善生报，无记不生。”“善有爱报，不善得不爱报，无记无报。”佛教认为这是人生必然的业报原则，万业亦“从业因生”尤其是人类。“业报”决定了每个人在世界上的贫富、寿天、社会地位和命运前途。

“业报”的具体表现是“轮回”。是“五道轮回”（平常叫“六道轮回”）中的地狱、饿鬼、畜生、人、天（三界诸天）。众生根据生前善恶行为为来世“买单”，会有上述五种轮回转生之前途。佛教用来惩罚业者的十八层地狱也是十分严酷无情的，有八热八冷地狱等等，而奖掖提携善业者则是进入极乐世界、香巴拉圣地，过幸福美妙无忧无虑的生活。

“业报轮回”的理论依据是佛教教义中的“十二因缘”。

佛教认为，众生之来世究竟会轮回到哪一种类之中，完全是众生今世业行的结果。而一切善恶业果，只能由作业者自己承受，别人不能代替。即使亲父子之间也不能相互代替。佛教就是这样规定了严格的“因果报应”的原理，即各司其责，各自受报，自作自受。对于“五道轮回”，佛教教义指出：众生在“五道轮回”中的轮回角色是辩证的，可变换的，不是一成不变的。它是随着众生自己的善恶业行变化的。即使你今生贵为天，人，如果罪业累累，一生以恶为重，那你的来世就会坠入地狱，或变成饿鬼或变为畜生，受种种磨难和痛苦。相反，你今生受苦受难，但却能慈悲为怀，行善度众，来世就会进入天堂和人间乐园。关键在于自己的修行，开掘自己身心的能动性，去持久不断地奋斗幸福的命运。

业报轮回的内在链条“十二因缘”是这样相互联系、相互作用、浑然一体的。

1.“生是老死缘”。“老死”是人生的终结。有了生才有死，故生为“老死缘”。这其中的奥秘则在于“有”。

2.“有是生缘”。“有”指的是那些决定未来所得果报的思想和行为，即导致业力的存在事件。有了“有”，才有了“生缘”，也就是你彼生的全部思想行为（业），是得到今世得生（果）的原因。“有”是积聚并能引生后世的业力。

3.“取是因缘”。有的之因是“取”。“取”指对人生和物欲的热切追求，由此造成必得后报的各种业行。

4.“爱是取缘”。“取”之因是“爱”。“爱”主要指性爱和食欲，后引申为一切贪欲。爱欲是促使人生炽烈追求的直接动因，所以才有“爱是取缘”。

5.“受是爱缘”。“爱”之因是“受”。什么是“受”？“受”即是人的苦乐感受，泛指人的生理和心理获得的美的感受、娱乐和愉悦。正由于爱，才导致了人类个人对享受的追求。

6.“触是受缘”。能感受美的东西，关键是由于接触。接触包括肉体、精神与外界的直接接触。唯有具备触觉能力，并有条件与外界对象接触，亲身体验实践，才有所感受。正是接触之因，才会使相互之间有了感受，结下了“受缘”。而接触又通过的是眼、耳、鼻、舌、身、意等六种感觉和认识机能。

7.“六入是触缘”。眼耳鼻舌身意六种官能感触器官和认识机能，是触受外界的必须工具和必然途径。这六入器官和机能的诱导因素则是“名色”。“名色”指肉体和精神的统一，也就是有意识活动的人体。人类与野兽的最根本区别就在于人类具备有意识的活动能力，人类的本质是有意识，有情感，有创新力。

8.“名色是六入缘”。名色来自于“识”，也就是上面所说的意识。意识实际上表示着灵魂，人的生命最根本的是依托“意识”而存在，也就是灵魂第一，灵魂是主导。“识”是生命的本质。

9.“识是名色缘”。肉体与精神的统一，有意识的活动之人体，都表现在实践行为上。正是“意识”或灵魂积累推动了诸业向“果报”行进。“识”和名色就这样结成了缘份，发生必然联系。

10.“行是识缘”。“行”是“识”指导下的行为实践，而“识”又是“行”的积累。经过大量的“行”，才有了“识”，也就是“行”的基础之上引发升华，理论与实践的有机结合才造成了“行”是“识缘”，没有行为（业力）实践，也就失去了事物的系统化认识。

11.“痴是行缘”。正是偏颇、偏执、盲目、愚昧无知的追求，带来了行为（业力）的荒谬错误。

12……。

“十二因缘”是辩证的，是环环相扣的论证“行”（行为，即业力）与“意识”（灵魂）的互为关系的学说，也就是说个人的一切身心活动，都会给行为者本人带来一定必然的后果，这种后果就是报应。什么样的善恶行为，得到什么样的结果，这是铁的法则。行为是联结因果报应的纽带。善有善报，恶有恶报。“报”有迟早，有“此世报”，也有“它世报”。报是必然的，不可逆转。

“十二因缘”讲的是涉历过去、现在和未来三世的因果链条。现世的果有过去世的因；现世的因必将引出来世的果。“十二因缘”把人生锻成了一个非常有机、逻辑性很强、因果关系紧密的链条，依其你在过去、现在、未来这三世中的因果联系形成了自身既是因又是果的双重身份。每一缘既是前世的果，又是引生其后的因。它是有情的不断生死循环于世间的论说，进而有了三世二重因果的说法：过去的一生行为，决定今生一世的生存状况；今生一世的行为，决定来世一生的生存状况。这，就是因果报应，三世轮回。

“十二因缘”及“业报轮回”学说，不管其局限性如何，认识论上有何偏差，但使人们明白了人生的生生死死，不单纯是自然坦然的过程，而是修行积德后还能改善生命的过程；是善恶行为的积累，由此引发出的后果。生命不单纯是肉体的消长，更重要的是意识的活动。灵魂至关重要，灵魂是人生“三世”的核心，而灵魂的可塑性很强，全靠自己的能动性。一生善恶行为的积累，可以促使命运从量变到质变。命运是可以嬗变的，事在人为，全靠自己的勤奋努力。

佛教的“十二因缘”、“业报轮回说”，让雪域藏人跳出了“生得坦然，死得坦然”“视死如归”的古老朴素的唯物史观，看到了生命的新前途，看到了人生新的跑道。进而生命认识论趋向成熟，有了自信力，对未来充满期望和憧憬。生活的热情熊熊燃烧，生存发展的信心高涨，对生命珍惜无比。

新的生死观的核心是轮回学说为支撑的灵魂至上、灵魂转世。

新的生死观把生命的精华从唯物质升华为精神为主，也就是灵魂学说，从而淡泊了作为物质之肉体的地位，把肉体作为普通的、可生生灭灭的物态去对待，而一心追求更高层次的生命质量，把生命的品位、人类的品位从野蛮时代提升到了文明时代。

由此，佛教的生死观，产生了雪域独有的丧葬仪轨，特别是天葬、火葬、水葬等，折射了“业报轮回”观念下人们尊崇生命、尊崇灵魂，期冀灵魂转世而淡泊肉体的具体行为。

第六章　世界奇特的葬俗——天葬

天葬，一个神秘的丧葬仪轨，一个充满悬念的人生归宿，一个世界独一无二的奇特葬俗，如幽灵飘浮游动在青藏高原，成了雪域藏族一道富具魅力的风情线。在全球浩繁纷杂的民风葬俗中，她也是一枝奇异艳丽的花卉，引人注目，夺人“眼球”。一缕缕桑烟喷发着浓郁的糌粑、牛粪的混合焦糊味，袅袅娜娜地升上长空，一阵儿，一只秃鹫扑闪着一人长的翅膀，盘旋在天葬场上空，又急速掮动着双翅飞远，不一会儿，一只只秃鹫雄纠纠、气昂昂地落在天葬场上，与天葬师配合默契，很快将等待天葬的死者吞噬一尽，然后腹满肚壮的翩翩而去，天葬场上又静寂空旷了。这就是天葬的轮廓勾线。

在当今世界上，天葬葬俗包含的神秘性、诱惑力比她居住的青藏高原要大得多！天葬这一独特的葬俗，给世人带来很多联想、纳闷、猜臆。天葬源自哪里？天葬的真实面孔是什么？天葬这一世界文化现象中独有景观，到底该如何看待？

藏人早期的宇宙观是什么？对世界的形成，藏人有自己独特的见解，万物有灵观念涮清了最早的蒙昧混沌·灵魂观带来了灵肉能分离的意识·从上天来返回上天，灵魂永存，物质转化，灵魂任其飘移，最早的天葬即野葬的来龙去脉·神灵主宰，神权至上，灵魂由神安排。

天葬比火葬还要开明，悠悠而来赤裸裸而去，不占据大自然一点空间一星土地，何等潇洒自如！完全一副天人一体、和谐尽美的景观。

天葬，也有复杂的程序。临死前的祈祷超度，准确判断生命的终止；固定尸姿，其状也是投足人世的胎势，以及酥油长明灯祭烟不断线的纪念；请活佛、高僧卦算出殡日子，还有祛邪逐魔的经文，超度祈祷的经文，让灵魂早日出窍离开躯体寻找新的落脚点；亲友乡邻全来吊唁，不号哭不长跪不进行遗体告别，唯有唁礼是货币或食品；服丧的标志是妇女们“六字真经”的诵唱声和柏味扑鼻的桑烟。天葬场，高僧活佛勘定，一万年不变的特殊风水宝地，却一无所有空空荡荡。秃鹫，天葬的神力，大自然的恩宠，藏人的选择。吸引秃鹫的方法及实施天葬的程式，组成生命躯体的血、肉、骨次第消失殆尽。

天葬三种类型，部落氏族送殡·西藏天葬师的职责·宁玛派寺院全权代劳。血缘亲族一般回避，只有男性参加殡礼。

出殡者收到的馈赠——银针红线·清水奶水洗手的讲究，还有门前的熊熊桑火·每人都有的糌粑、奶食、面食、米肉熬成的丧粥·亡者服饰衣具的处理，度亡经的吟法和供施·种种服丧志孝的标记。

全世界崇尚土葬

生命对于人，只有一次，这是谁都明白的最简单真理。

人类无法设计出问世人间的模式，但人们有能力筹划生命结束后的各种礼俗。同时，人们还有能力描划生命走入另一世界的理想化蓝图。

当然任何葬俗都不可能脱离居住地的地理环境，在世界大多地区，人类的先民们认定大地孕育并哺养了众生万物，也包括人类。土地是生命之源，整个世界形成的元素中，土地最为先，因此，人死后应回归大地。正是这种逻辑推断，人类的大多数给自己设计的归宿是“入土为安”，回归大自然的怀抱之中，永远“安息”。

世界四大文明古国之中，中国是土葬，古埃及是土葬，两河流域的巴比伦王国，后裔如今的伊拉克、叙利亚，他们信奉伊斯兰教，实行的还是土葬。信仰基督教的罗马人也是土葬，还有印度，有土葬也有火葬。土葬可谓源远流长，已有四五千年的历史。

最早的土葬较原始。远古人们出于对丧亲的尊敬和关怀，把尸体抬移出居所，置于沟壑洞窟，或藏入草丛林荫之中。后来发现这种处置不尽人意，尸体日晒雨淋，甚至遭禽啄兽吞，给亲友从感情上带来痛苦不安，于是，先民们又掘土为穴，掩埋土中。后来觉得这种土葬法也有所欠缺，因埋入地穴，尸体受虫蛀水蚀，受罪不少。于是，人们即用棺木装殓后再土埋，而装殓的木料选用质地好，结构紧实而不易腐烂的杉木、松木、柏木等，甚至二层棺木装殓。为了保护木棺土坟，又发展成筑建石墓、水泥砂石混凝墓等多档次、多样式的规模格式。

土葬在相当一个历史时期成为风尚，至今遗风不绝，包括在科技发达的欧洲，但如今，它开始趋向衰落，在部分地区渐以火葬替代。

趋向兴旺的火葬

随着人类种族间与国家间文化交流的频繁，情感的接近，科技的发达，环保意识的强化，媒介的现代化，文化的全球性特征愈突出，火葬成为社会丧葬风尚。

许多人感悟出生命消失后，生命的躯体也应该消失的道理。经筛选比较之后选择了火葬，并推崇火葬，甚至要求后人和亲属不要保留骨灰，把骨灰洒在江河湖海之中；或撒在故乡以及自己生平最有纪念意义的地方，以表达自己的眷恋之情。

选择火葬，表现出了人类对自身价值的深层认识，对生命学说的进一步完善，也体现出人类环境保护意识之不断增强。

实际上，火葬较之土葬进步之处，人类的祖先很早就有所认识。在局部地区，火葬从古以来一直盛行不衰，如印度信奉印度教、佛教的教民，一直实行火葬。

古印度全民火葬的习俗与佛教、印度教的产生与原始宗教的消退、佛教占据思想统治地位不无关系。佛教教义认为人生的真实是生、老、病、死。生命的整个内容是痛苦。要想消除痛苦，就得解脱。解脱意味着通过自己的善业努力，使灵魂转移、转世。当灵魂转移的目标实现后，灵魂的载体——肉体就失去了存在的价值，应该让其消失。

这是佛教世界盛行火葬的认识根源。它源于“万物有灵”、“灵魂永恒”的观念。

长期土葬的古中国，火葬也曾出现势头，几乎成为一种社会风尚。据有关史书记载，从东汉至唐代，佛教东渐，中原受之影响，开始出现“火焚之仪”。到了宋代，渐成风气，尤盛于江南。许多地方建起了专供火化的“化人亭”，但遭到官方禁令。宋太祖赵匡胤在建隆三年(962年)下敕令说：“近世以来率多火葬，甚违典礼，自令宜禁断。”元代火葬不断蔓延，不仅江南，连北方晋、冀地区也盛行起来。《马可·波罗游记》中载道：京、冀、晋、江、浙、巴蜀等地均有“人死焚其尸”之俗，说明民间对火葬是接受的。

世界屋脊上的藏民族在数千年的历史实践中既未普及土葬，也未全盘接受火葬，他们奇怪地选择了天葬这一世界独一无二的葬仪。

天葬就是凭借天然的便利条件，说白了就是依赖秃鹫的特殊功能，通过秃鹫来化解尸骨、消遁躯体。

天葬不需要花费人力财力去装殓；不占用一块荒滩旷野；也不残留亡亲的一星肤发骨片，更不会使灵魂依附在死亡了的躯体上难以“转移”。对亡灵对后人均是最经济便利不过的礼俗，真是赤裸裸来去无牵挂。

地理孕育雪域天葬

任何文化现象的产生，都离不开它生存的自然环境，地理环境决定人的生存意识、生存方式，也就孕育人类的生存发展模式——文化、丧葬自然包括在其中。

天葬葬俗正是雪域高原的产物。要想弄明白天葬，首先得撩开青藏高原地理面纱。

藏人生存的空间是青藏高原。

世人又称其为世界屋脊。

既然是世界屋脊，其高其险是不言而喻的。故此，青藏高原又称为地球“第三极”。

藏人祖先在生存奋争中，首先面对的便是地球“第三极”的地理环境。

马克思曾科学地论断说：“我们每个人都要更多地受环境的支配，而不是自己意志的支配。”马克思在这里指的环境自然是地理环境。

地理环境是一个民族哲学思想产生的前提，是基础。因为一切感性知识首先来源于生存环境，而一切理性认识的基础是感性知识。

说它是“第三极”一点不过份。

这里是全球陆地的最高峰巅。

生息在这样的生存空间，藏民族的视线无选择地盯在了地理环境这一物质形态上。“存在决定意识”，这是铁的法则。藏民族对此的感受和领会更是切入骨髓。朴素的唯物意识便在这样的生存环境下，顺理成章地孕育胚胎，成为藏民族宇宙观的最早基石。

造成天葬葬俗的其他原因也很多。

在这片土地广阔，土质肥沃，但高海拔造成的寒冷、低温，无法提供人类需要的大量粮食及生活必需品的生存环境下，藏人基本上“听天由命”，由上苍来安排。对土地的依赖性不强，主要依靠畜牧经济为生。依靠游牧来繁衍的牲畜为生，而不是农田、土地。这就从情感上，从实用上疏远了土地。以“土”为本，与土地相依为命的观念未能深深植根于藏人骨髓之中。“入土为安”的意识也未成为藏人文化的组成部分。藏人认为生命是上苍赐予并决定其结局的，那生命结束时就理应尽快从大地上消失。

这种地理环境还造成了荒漠半荒漠草原占据生存的绝大空间，藏人主要生活在草原上，而高寒荒漠草原本身不生长乔木，这就意识着要“入土”却缺乏必要的棺廓木材条件，这条路先天就被堵死。

高寒的气候使青藏高原的大部分地区处于长期冻土的状态。高原无霜期短，即使在夏天，一米以下仍是永恒的冻土（尤其在高寒牧区），挖掘起来十分困难，特别是在远古，靠简陋的木器、石器更是吃力万分。而藏区由于生产关系的束缚，生产力发展缓慢，铁器进入民间百姓生活领域的普及率很有限，因此，开掘地穴埋葬尸体的行为很难形成风气。另外，游牧民族不同于农耕民族，他要逐水草而居，要迁徙游动，因此，乡土观念不浓，把亲人的尸体放在他们难能常常顾及的地方，心理上、情感上的压力是很大的。让亲人回归大自然，消失在混沌世界中，是他们朴素的心愿，也是最好的安慰。而天葬便是实现心愿的较理想的表达形式。

高原环境下生就的食肉猛禽秃鹫，其饮食特点也帮助藏人实现了回归上苍的愿望。

经常性的高寒气温，使尸体不在短期内腐烂，也使天葬便于操作，有助于吸引秃鹫来咀嚼。

当然，上述这些原因仅仅是藏人选择天葬的外在条件，是天葬葬俗的外因，而根本原因则是雪域高原环境下藏人酿就的宇宙观、世界观。

健康的生死观

不管是创世歌还是神话，在对宇宙的认识方面，最早的藏人都没有“神学”观念，没有涂抹宗教色彩，真实客观地反映了物质的进化、转化、演化规律，充满了历史唯物主义史观。正是基于这种朴素的唯物意识，藏人把人类也视作物质的一种形态。准确地说，人也被当作物质，认为是可以转化、可以演化的物质。也正是这种唯物意识帮助藏人在灵魂深处坦然认识死亡，对待死亡，把死看得并不恐惧紧张，这就为天葬葬俗打下了认识论的基础。

正是世界屋脊特殊的、直观的、变化多端的自然环境，启发了藏人的灵智，加深了对物质自然属性的了解。其对死亡的理解，对死者遗体的处理，也都定格在物质的范畴，葬俗也成为物质意识的折射。也就是说，青藏高原的地理环境孕育了藏族丧葬的意识和健康的生死观。

原始人对世界的认识主要靠感官、靠直观来总结提炼。但随着对生命的深入探究，这种简单的、直接的物质进化解释不了复杂的自然现象，也难说清楚变化着的自然环境。许多疑问接踵涌出：为什么月有阴晴圆缺，大地有春华秋实，草木有枯荣盛衰，人类为什么能一代又一代繁衍生息？等一切的一切，都使高原先民们困惑不解，不由不产生联想，认为世界万物，不论动物、植物，还是山川河流，日月星辰，都有一种超越自身外部形体的精灵控制着；认定万物的生存变化是灵魂的力量；自然界千变万化的现象都是精灵作用的结果，皆是由于灵魂在主宰。这便是“万物有灵”观念最早产生的外在条件。

先祖们认为，人更如此！人有灵魂，人死灵魂却不会死。

由于做梦，人类的灵魂观念变得更加根深蒂固，铭入骨髓。

梦是人类的专利品。是人类思维发展到一定高级阶段的必然结果，也是人类生物体进化过程中的必然产物，是人与动物的分界线（动物无法产生梦境，也不会做梦）。梦把人类带进了既熟悉又陌生、既古老又新奇的世界。在梦中，他们遨游陌生而充满新奇的天地，与不熟悉的人打交道，也与死去的亲人相会叙旧，甚至有时走进另一世界。但他们发现自己只是看到了，感觉了，却看不见自己的形体在活动，作为个人，完全进入了另一种精神形态。

是什么力量使时间的同一与空间的非同一出现在自己的意识之中？现象的矛盾使原始人不由不感到自身之外还有某种与自身合一的东西存在。认定人除了自身这一可视的形体外，一定还有一种不可视的东西存在。人的死亡，只是可视形体的死亡，不可视的东西依然存在。正是梦境的出现，给远古藏人带来了疑虑和不解。这是灵魂观念产生的内在因素。

藏人认为：

人是物质的，和其他生物一样，有生老病死，有死亡消失。这是大自然不可转移的铁的法则。是世上万物的必然规律，是其生物特性所决定的，所以人死后不用过分悲恸绝望；

人是有灵魂的。人死灵魂却不灭，灵魂是常驻永存的。因此，死亡只不过是可视形体的消失，而不是灵魂的消失。生命的核心是灵魂，所谓的死亡只不过是灵魂的载体枯竭了，灵魂并不会死亡。所以，人死后不必哭天嚎地，生命还会再生；

躯体完全可以淡薄。躯体是生命的附属物，犹如衣物或包装品，是可以更换的，对肉体不可特别看重。

正是基于上述三点共识，远古藏人对死亡从恐惧进入无所谓，对托载灵魂的可视形体消失并不惊慌失措。觉得亲人虽死犹生，灵魂永在，生命不息。只不过从自己身边，从自己视线中走开，进入另一人体或载体罢了。他们认为可视形体从哪里来又回归到哪里去都是自然的，理所当然的。他从大自然来的，自然应该回到大自然去，这是天经地义的事。

远古藏人最早的天葬，可能是西藏那曲一带至今犹存的野葬遗风的思想基础和认识依据，这或许就是原始人穴葬、土葬、水葬风俗由来的渊源。

藏区社会进入原始社会末期——部落联盟制之后，“天葬”（野葬）还持续了很长时间。反映吐蕃早期社会的史书中都记载说：从第一世吐蕃君王聂赤赞普到八世赞普直贡赞普的七世赞普：穆赤、丁赤、索赤、美赤、达赤、寒赤等“天赤七王”，认为都是天神派遣的天子，死后便被送到高地旷野，自个儿依次攀援“天绳”，逝归天界，如虹消散。是故“七赤陵墓在天空，神身于如虹散”，说法流传很广。实际上，这是一种任其自灭的天葬葬俗。

佛教在雪域高原的植根，使灵肉分离，灵魂永存，肉体无足轻重的观念更广泛更深入地扎根于藏人之中。佛教的“因果报应”、“六道轮回”使天葬的理论根据更加全面、扎实、系统化了。

第七章　死亡的前前后后

天葬，也有复杂的程序·临死前的祈祷超度，准确判断生命的终止·固定尸姿，其状也是投足人世的胎势·酥油长明灯祭烟不断线的纪念·请活佛、高僧卦算出殡日子，还有祛邪逐魔的经文，超度祈祷的经文，让灵魂早日出窍离开躯体寻找新的落脚点·亲友乡邻全来吊唁，不号哭不长跪不进行遗体告别，唯有唁礼是货币或食品·服丧的标志是妇女们“六字真经”的诵唱声和柏味扑鼻的桑烟·出殡者收到的馈赠——银针红线·清水奶水洗手的讲究，还有门前的熊熊桑火·每人都有的糌粑、奶食、面食、米肉熬成的丧粥。

死亡前的准备

在灵肉分离思想的指导下，除了暴病暴亡等非正常死亡，藏人对死亡的态度是较坦然的，尤其是病入膏肓、久治不愈者和衰老不堪者，都把肉体当作即将消失的物质看待，看作灵魂转移的前兆看待。当发现自己离死亡不远时，他们首先想到的是如何使自己的灵魂迅即脱离粗陋衰竭的肉体，进入一个新的充满活力的躯体，让生命在另一种载体内重新开始。他们对财产、子女、丧事等方面均提早有所交待，而不使后人在自己停止呼吸后举足无措，产生为难和矛盾。他们唯一的愿望是灵魂能顺利离开躯体，能转移到他应该归宿的地方，最好能进入极乐世界。如若不行，则重新投胎人间。最理想的是投胎到直系亲属，或旁系亲属之中，恳望不要转世在穷人、残疾人、恶性传染病人家。

人们最大的担忧是灵魂进入三恶道之中。成为受尽熬煎的饿鬼，或供人奴役的畜生，或被打进地狱，经历最恐惧的灵肉之苦。而为了解脱这种结局，唯有向佛陀表明自己的心迹，即通过供养诵经，驱除不净污垢和鬼怪妖魔的缠扰，积累善业，取得功德，顺利渡过苦海，到达彼岸。

家境条件较好的，自己或亲属去附近寺中祈请活佛、高僧卜算，看需要念诵什么经文来摆脱烦恼、洗涤罪恶。他们还去佛祖塑像前，主动许愿立誓，把要念的经文当堂说明，让佛祖和众菩萨监督。

贫穷而离寺遥远的人家，只能酌情而行。体质能支撑的，早晚在自家经堂向佛像叩等身头，换净水碗，献供果。其他时间则口不离“唵嘛呢叭咪哞”六字真言经，以及其他日常念诵的经文，手则不停地摇动经轮（亦相当于口诵经文）。

财力雄厚、德高望重而又系举足轻重的成员，临亡前大多举行在世超度佛事活动，向寺院供饭布施，由寺院僧众集会念“超度经”。藏人称这种超度为“活超度”，唯有财大气粗而掌管家庭经济命脉的人才进行“活超度”，平常人家或社会成员望尘莫及。

通常念诵的经卷是“卓玛”，即救度灵魂之经；还有“杜嘎”经，是白伞盖母禳解法，通过修念白伞盖母仪轨来祈祷止灾息难去祸。《解脱经》自然是不能疏漏的，是重要的必念经文。《解脱经》全名为《佛说大方广解脱忏悔梵行净罪成佛庄严经》，共有三卷八十二颂。

如果财力承担得起，还可修念其他经卷，但其中心皆要围绕止灾息难去祸、解脱救度灵魂来运行。

能举行“在世超度经”佛事，是临亡者最大的心愿，也给他们带来很大的精神抚慰，认为是灵魂转移前与佛沟通、表白心迹、洗涤烦恼的最好良机。

家境不殷实的人家，也会尽心尽力为临近死亡的亲人创造祈祷超度条件，以了却临亡亲人离开人世前的最大心愿。他们或请寺中（或居家）僧人三五名来家专意修念上述三种经，给予力所能尽的供养；或者在自家经堂（帐中佛龛前）早晚给佛像叩头，白天换净水，供鲜花、佳肴，夜里点长明酥油灯，祈请佛保佑，让亲人灵魂顺利转世。

物质方面的准备也会紧张有序地进行。但这种准备不是围绕亡人的衣殓、棺木而忙碌，而是为招待吊唁者，为每天祈祷佛陀、延请僧人，举行各种超度佛事而忙碌。特别是出殡一天，食品的开支会很大，需要对曾吊唁过的、前来帮忙操劳丧事的，出殡归来的全村全部落的送葬者予以丰厚的茶饭款待。有条件的，还要给管辖自己教务的寺院僧众供经供饭。这一切，视其自己能力尽心则已，反对借债，反对大操大办不自量力。社会鼓励亲戚邻友和氏族部落集体努力操办。

一旦观察出亡人临近断气，则适时地换上干净的、或早已缝制好的衬衣衬裤。另准备好一件没有装饰、颜色朴素（以黑为主）、新缝或洗得干净的布衫（或氆氇褐衫、或自织的粗褐衫均可）作为苫盖。除此之外，不需要任何殉葬品，包括其生前穿过的衣物、佩饰，用具及其他喜爱物，以免留恋分神，灵魂难以解脱。

安乐催亡

由于藏人对尸体的特殊处理方式，因此，判断生命终止时的“假死”和真死就显得特别重要。不了解藏民族对死亡判断方法的人，常常错误地认为“藏民在人还未死前就把亲人捆成涅槃状了。”实际上，这是主观臆断，以讹传讹，是误解，也是不负责任的谬言。

藏人对生命的理解不仅仅是血肉之躯，而是把生命看作包含精神和肉体两方面的东西。精神方面有灵魂（佛教叫意蕴、识蕴）、精气“即元气”、胆魄热量等；物质则包括气息、鲜血、肉体。肉体是除观察呼吸是否完全终止，心脏是否还在跳动，瞳孔放大了没有等外在的死亡象征外，还认为是灵魂的托载物体，是生命的中转站。不过是一个新的生命形态未形成前魂魄的寄宿所而已。但又坚定地认为：肉体不死，灵魂不移，死亡是灵魂转移的先决条件。

基于这种认识，藏人对临终前生命运动轨迹观察十分仔细，处理十分慎重。

他认为，生命的停止主要表现在意识的转移，意识指挥着生命死亡的全过程。在生命将停止之时，象征生命的气息表现在将动脉加以压制。在古老的瑜伽术中，念头与气息互相依存。

在长期的观察中，藏人总结出了人死亡的三大征候：①全身有一种压迫之感；②全身有一种湿冷感；③全身发生一种被烈风所吹的感觉，犹如微尘一般。血肉外在变化剧烈，如面部肌肉的失去控制，听力与视力的丧失，神智丧失之前的喘息等。人们通过这些征候观察死亡的来临。对呼吸停止的判断，藏人分外气内气。外气停止是指呼气的中止，没有丝毫的气息。内气中断则指连微弱的吸气都已经不存在了。如果肉体还有温热，但手脚却开始发凉，便可以判断为生命运转已经完全终止。

有条件或者方便的人家，在已经观察出亲人处于垂死之际，便去请来垂死者的枕前指导上师（活佛）。如果没有上师可请，则请上师的同一门师兄来指导。如果同门师兄亦不可得，则请饱学有学位的高僧。不得已时也可邀请一诵读正确、语调清晰之僧人前来指导临亡者意念的集中、舒展。通过意念，调节脊柱上面的其他附属中心脉轮，经由中脉撤回生命之流，使人体的下部失去活力而使大脑中心的功能显得旺盛。

当垂亡者已进入昏迷之际，家人一般忌讳生人进入，担心带来邪气、晦气，对亲人的灵魂造成扰乱和冲击，无法拧成一个意念，影响和破坏灵魂的顺利转移，从而使垂亡者无法安然、尽早地死亡。

避讳生客进屋的方法，农区在大门门环里插上香柏一束，表示家中有病人，须驱邪逐秽，恕不待客。而牧区则在帐房门前煨起一堆牛粪，昼夜不息。只要是藏家人，见到这一标志便会回避不上门，即便是亲戚也如此。有事来找也把人叫出来，在旷野中商谈，绝对不闯进去作客。

对于临死前的昏迷现象，藏人把其视为经验意识或客体意识的即行消失。这时，枕前指导上师设法使意念迁移，即实施迁识法。他贴近垂亡者的耳根（不能及身体），清晰正确又满怀感情地说道：

尊贵的某某（直呼其名），现在，你求道的时候到了。你的气息就要停止了。你的上师已经助你入观明光了；你就要在中阴境界中体验客观存在在实相之中的境相了；其中一切万物皆如无云的晴空，而无遮无暇的智性，则如一种没有周边或中心的透明真空。当此之时，你应当赶快了知你自己，并安住在这一境界之中。我此时也在助你证入其中。

反复诵读这节诵文，直到弥留者呼吸停止。

也有这样的情况，弥留者因为牵念其亲人或某某亲人，或某件未做的事情而无法咽气，当事亲人便亲临他的枕旁安慰允诺，让其安心离开人世，使其灵魂得以收拢集中。

这时，对弥留者的身体也要做适当的调整，让其安然自在地死亡。

枕前指导活佛或男性直系亲属，如果见垂亡者有思睡倾向或者即将进入睡眠境界，即把两条对脉上的加压之指缓缓松弛但不放开，使灵力不致从中脉折回，依然从梵穴逸出。而通常现象是，呼气停止与吸气停住之间，便是灵力停留中脉的时间，也就是一般常见的神志昏迷现象。如果垂亡者的气脉健全，灵力情况良好，神志昏迷的时间就持续得较长。

在垂亡者呼气即将停止之时，侍候的亲属应即时使其身体向右侧向下垂息，成“狮子卧式”。若颈之两边左右动脉有震动现象，该马上以指压之，不让其继续震动。

雪域藏人长期观察的结果是，当垂亡者进入昏迷状态时，弥留之际大致不会超过 4 天，后事可着手筹办。要办的第一件事是把垂危者的位置“摆正”——头向西，脚朝东。如果是妇女，则将头发剪掉，便于天葬。第二件事则是收拾睡炕，清除秽物。第三件事则是酥油供灯，至少得两盏。

由于雪域藏区幅员广大，地理条件差异较大，观念上也有不少异样之处。如在川西北阿坝藏区，死亡之前，则要把男性头发剃光，把妇女的头发重新梳理。

在其他地区，特别是长期封闭、文化独成一体的深山老林和边远僻壤地区，他们的备丧仪式及事项与草原、河川林区有很多不同，无法一一列述，只能拣有代表性的展示。

部分昏迷之际的垂死者不能自行判断死亡征候者当全部的死亡

征象快要完全结束时，枕前指导活佛（或者与垂死者交往甚密的同门弟兄）以温和平顺的语调贴近对方耳朵，不停地诵说：

“尊贵的某某，不要让你的心受到牵引……，世间所谓的死亡，现在就要来到你的身上了，你要这样认为并决定：‘噢，这是命终报尽之时。我决趁此机会，为利乐无量世界有情众生而证圆满佛道，以我的愿力行使我的慈爱之心，以使所有一切众生同证菩提，达到究竟圆满之境’。”

反复诵念上述话语，让垂死者的的注意力及思考意念全吸引到示导者所指出的意境之中，安然停止呼吸，至到身上各种孔窍开始涌出一种黄色的液体为止。

临亡前的这一前奏曲，虽然有点神秘化、宗教化，但却能起到让呼吸平缓自然地终止，情绪和意念不发生大的波动的结果。防止气息中断受到大的反复和干扰。这样做，完全符合人类死亡过程的程序和规律。因此，不管多么繁杂琐细，目的却是十分明确的，程序也是有层次有中心的，最终是为了使旧的生命早日结束，使灵与肉顺利分离，灵魂尽快掀开新生命的一页。它与其他民族临终仪轨的根本区别，就在于它不挽留、不延缓旧的生命。目标简明坚定，反映出对生命的更强烈追求。

邀请枕前上师（活佛）或者高僧大德，需要有一定的经济承受能力（较高数额的供养），还得具备一定的社会地位，这不是平常老百姓所能具备的，因此，普通平民都是在亲人死亡之后才去请活佛充任指导死者进入中阴的枕前活佛。

尸体处理有方

亡人气息停止，守候在枕前的村中老人或者直系男性亲属，马上动手用干净洁白的棉花或羊毛，蘸上泡有麝香、香柏等驱腥秽的药水，堵住渗出淡黄色液体的身体各孔窍，制止不净之液继续流出。

尸体的清洗是一道重要的轨仪。通常人家会用泡有香料、藏红花、麝香、冰片等药剂的温水洗涤遗体，并拿干净无污的布缎揩净。同时要用羊毛线或棉线捆扎男性龟头，而用酥油堵塞嘴巴、鼻腔、肛门及女性阴道口。不管采用什么方式，目的则是保持尸体的干净清新，除去陈腐之味，让灵魂快快当当离开肉体。

在这之前，也就是气息未断之前的数天，家人要把垂危者身上的佩饰，即使是贴身的“嘎乌”（保存有活佛衣物碎片和开光过的经文佛图的银制精巧佛龛，象征佛的保佑），“尚尔科”（包裹有保护符图法轮的小布包）都一律摘下来，戒指、耳环、头饰、手饰等更不用说，总之身外之物，一律取开，好使灵魂无牵无挂，没有眷恋，早日进入中阴境界。

弥留之际，家人要给临终者嘴中搁一药丸，叫“津丹”。（也可以用其他珍贵藏药丸代替）。这种药丸是专意为垂危者准备的。经过活佛加持，事先得乞请活佛赐与。按藏医学的观点，人有内气和外气之分，内气已断而外气仍在延续，表明弥留者仍在眷恋尘世，灵魂难以离去。通过“津丹”的药力能使濒死者意念集中，情绪安然地死去。这一程序，虽有宗教的人为行为，但实质上却是在人安乐死亡中的运用，其价值是独特明显的。

净身之后，便迅即地将死者未僵硬的尸体予以处理，要求规范成藏传佛教倡导的“坐化”或者“外胎”姿态，也就是“跏趺而成”。跏趺是结跏趺坐的缩略，是佛祖释迦牟尼的坐法，讲究两足交叉置于左右股上而坐。以这种坐法去世便是佛教徒理想的“化去俗身”的解脱姿态。

俗民百姓中很少有坐化而死的。要“坐化”得具备两方面的条件，一是能预知自己“气数将尽”的基本时辰，而且能驾驭自己肉体各部位；二是懂得“跏趺而成”的用途和作用。普通老百姓一生忙于维持生计，筹划子孙前途，很少有这方面的准备和有意识的动作，故极少“坐化”的。也许是他们孽根未净尘缘未绝的缘故吧。但“坐化”又是亡者和亲眷的理想与希冀。因此，在亡人断气不久，远亲至友便和诵念经文的僧人一道，把亡人原穿的衣服全部脱尽，用反搓而成的白羊毛绳（各地不一，也有用腰带和其他绳子的，但色彩不允许鲜艳华丽），把亡者的头颈弯曲到膝部，双足按“结跏趺坐”样式交叉置于左右股上，双手摆弄成合十状于胸部，然后用早已预备好的布衫或者印有六字真经及其他经文的白布紧紧包裹起来，再用白羊毛绳和腰带绑结实，固定好型态。若安置在睡炕上，则铺上白毡或者卡垫，用布幔隔开；若是在帐房中，则将白毡或卡垫铺在帐内前方帐角，端端正正“跏趺而坐”，供亲朋祭奠。通常，女尸放右边，男尸放左边。在后藏，尸体还会被戴上五佛冠。

摆放好了以后，便点燃酥油供灯，有的在佛像前，有的则在死者头顶的案几上。还有《菩提道次第》（引导亡灵次第进入佛境）经文被翻开，象征着亡灵在清明光亮之时，由经文指引要去的道路，不致盲目飘荡。

捆扎尸体的绳子，一般要求是麻绳。这是基于麻绳背尸方便、容易解开、烧而无焦味，不冲撞山神等。而拉萨等地，人死后作婴儿状。不准用带毛的东西包裹，认为根毛重似一座山，压得亡人难以投胎转世。停灵之地不让猫、狗走近，防止接触死人尸体站立，灵魂分神、亲人受罪。

在青藏高原，传说出现过行尸现象，藏语叫“弱郎”，它既非复活也不是诈尸。民间认为凡是“弱郎”者，皆是生前有些邪恶或饥寒而死的人，其余孽未尽，心存憾意，故导致死后起尸去完成邪恶人生的余孽或寻求未得到的食物。但均是躯体完好无损的状态下才出现。为了防起尸进门，拉萨、日喀则、林芝等地民房的门都很矮，一般人必须低头弯腰才能出入，而且门口地势内低外高，向里呈缓坡形。

安顿好屋内，亲属们便兵分三路忙碌开了。

发丧吊唁程序

第一路由直系亲属中的男性长者拿上供金，直奔自己教区中与自己有直接联系的寺院，晋见主持活佛或者法台及其他德高望重的高僧，请他们算卦卜定出殡的吉日。卜卦时，须报上死者的名字、属相、生辰及亡的时辰，还有家庭配偶、子女的名字、属相、出生年月日。家庭经济有困难，或短期出殡有困难的（如远方嫡亲难于二三天内到达），也可在禀报死者情况时一并报告，好使活佛或高僧卜算时作为背景材料参照。

根据藏族生命学说的认定，认为人死之后，他的灵魂三天之后才能获得解脱，三天之中还处于一种睡眠或出神的状态，不知觉已经脱离了人间的血肉之躯。解脱之时到来时，身上便会有气味散发，鼻孔内有白赤精血溢出，尸体脖颈扭曲。因此藏区部分地区，还有不是上门请活佛占算，而是邀请占卜师或星相家来家观尸体的现象，由他们决定出殡吉日。

在东部藏区，占算有两大内容：一是出殡吉日；二是看亡灵清净程度，有无禳灾驱邪的必要。

为什么要嫡系亲人的属相及生辰八字呢，这是为了处理好亡灵与在世亲人的关系。佛家认定一家人是"缘法"，相互息息相关，相依为命。算好出殡日，使出殡的日子以不对亲属及子女造成潜在危害为目的，并有所辅助护佑，相安为上。

活佛和高僧依据亡人的生辰属相年月、死亡时的情景和时辰、还有其年龄、家庭状态、社会地位、亲属的要求，会精心卜算（藏文书籍中有卜算方面的专著，是活佛和高僧必须掌握的基础知识之一）。卜算结果，多数在家停尸三天，个别特殊的，也有四至七天的，但很少有超过七天的。适于出殡的日子在藏历中一般是初二、初七、十二、廿三、廿七等善日，除了喜日初一、初六、十一、廿一、廿六，其余日子均可出葬。

择吉出殡是这一路的主要任务，但还不是全部。他们还有两项重要任务：一是请熟悉的活佛前来担任亡灵的枕前指导活佛，活佛答应了才算完事；第二件事是请僧人来家诵经超度。诵经内容则是卜卦时活佛或是高僧指示的经卷。

第二路人马的使命是捎话或是上门通知亡人生前的亲朋好友（不是本村的），即用口头发布讣告，并将出殡日子等具体内容告诉对方，他们还担负招待奔丧吊唁宾客的任务。这一使命通常由男性担任，选择的是远亲好友中干练勤快的中青年。而不在乎与死者血缘上有无干系，也不是聘任的，是村里集体指定的。

第三路人则是后勤内务。除了采购管理由指定的男性负责，其它基本由村中女性中精明麻利的中青年组成。正在服丧，寡妇人家，以及门风不净、有传染病的，一般不允许参与集体办丧事的事务，生怕“她们”身上的“不净”、根子的“不洁”玷污了圣洁的丧事活动，更怕亡灵受到冲撞，受到缠扰，拖迟了离开肉体的时间。甚至误入歧途，不能投胎，变成鬼魂，永远受罪。

第三拨人马的主要使命是围绕灶房转。一要搭锅烧茶，备办酥油、糌粑、奶酪、馍馍、烩菜等食品。如果亡者年过五十而家庭经济殷实，还要炸油果。这些食品既是招待奔丧吊唁来宾和帮忙办丧事的人员，还要为出殡那天款待送葬归来的大队人马作准备。二要为请来的枕前活佛，每天诵念超度经的僧人备办丰盛的佳肴。茶饭中三白（酥油、糌粑、奶酪），奶茶是不可缺少的，另外还有油炸干果（或掺油掺奶汁的馍馍）、人参果盖浇酥油白糖大米饭（藏语叫“角木寨”）、纯肉灌汤包，手抓羊肉，酸奶等。水果糖、冰糖，各种水果也都摆在茶几上，任活佛和僧侣诵经间歇享用。家中亲人们把这视为是佛僧代已亡亲眷在食用，因此，倾尽全力要让人们吃好、吃满意，好让亡魂安心顺意，感受到亲人对自己的深情怀念和真诚情意。

两样活加在一起，忙得妇女们从早到晚团团转。好在全村女人都会主动前来，主动去干力所能及的活儿。既使脱不开身的也要抽空来帮一把，以表达自己对亡人的情意。所以，不管活儿头绪杂乱，有多繁重，在藏人的丧葬现场，你看到的是一切运转自如，各自分工明确，主动自觉，默默司职，井然有序，很少有误事的。

在停灵的日子里，亡人家的人员都不需上灶奔波忙碌，人们把他们劝拦在房（帐）中节哀养身，以免损伤身心。

藏族有句古老的俗语：“喜事要等着人来请，丧事要自觉找上门”。这句俗话表达了藏人富于同情怜悯的内心世界和助人为乐的善良性格。

听到消息的村落人，不管有无亲戚血缘关系，也不管生前来往疏密，或是有无宿怨，都会很快派人来家吊唁。吊唁和表达怀念的是唁金或食品。来吊唁的都绝不空手而来，不管是数元线的唁金，还是一条羊腿，一块烤馍，几尺布，一瓶青稞酒，或是一盆糌粑、一坨酥油，都象征着对亡人亲属的慰问，对死者的哀悼，也表达了资助丧事的意愿。

远方的亲朋好友，在收到捎话口信后，也会不辞辛劳，想方设法前来吊丧，同时送上唁金或食物，以表心迹。如果真的无法亲自奔丧，他也会派小辈或亲戚（均为男性，女的一般不去奔丧）代表他去吊唁。若这也有困难，他则托人捎来吊唁礼品并致哀悼，说明无法前来的原因，求得对方的谅解。

在拉萨，亲友邻里悼念，都要在遗体上献上一条哈达，碗里倒一点酥油茶、青稞酒供上，然后倒给守丧诸人，表达自己的哀伤和对守丧者的安慰。

对奔丧吊唁这件事，藏人表现出强列的情感色彩。把它作为衡量、评价一个人的道德水准，心灵境界的镜子来看待；作为价值取向的一个主要标准，也是做人的基本标准来看待。如果该去而未去，那么这人就会被社会认为没有修养、感情冷漠、品质低下排斥在社会交际圈子之外。因此，人们对奔丧吊唁看得很重，责任感很强，作为自己有资格参与社会的重要象征来看待。

藏人的葬礼中不存在长跪长哭守灵拜遗体的习俗，不向遗体告别，也不呼叫亡人的名字，更不进停尸的房室，一切都与亡人隔绝。即使是远方亲眷来奔丧也是如此，只能劝慰安抚亲属，而不与亡人直接“见面”，这一切都是为了亡灵的安宁，为了使亡灵能早日离开肉体，走向中阴，及时进入轮回。

停灵期间

除了吊唁奔丧的，帮忙跑腿的，整天不得闲的还有一伙婆姨们。他们是村中的壮、老年妇女们。力气活不用她们参与，招待联络的事有年青媳妇和姑娘们，外交和采购有中青年男子们，她们的任务就是一项，集体诵念“唵嘛呢叭咪哞”六字真经、为亡灵祈祷超度。

为超度而念诵的“嘛呢”六字经，不能平时那样随口念，不需注意音节、音调、韵味和声调，而是一套规范的特殊咏叹调。它饱含激情，有所寄托，调子委婉，变调较多，韵味充足，就像基督教堂中弥撒唱诗班伴唱一样。

咏唱“嘛呢”六字经的调子各地不一，但丰富多样，可以随时变换。不过，音调声调基本上约定俗成，成为传统、固定的格式。这当然是历史进程把丧葬仪轨程式化了的原故。虽然咏调多样且可以变化，但基调却是有标准的。那就是沉重却不悲哀，苍凉却不绝望，凄婉却不揪心，缠绵却不死气沉沉，虚空却不分散游荡，高亢却不轻松漂浮。它表达生者对死者的怀念、情义，又反映出人们诚心祝愿亡灵进入新的世界，获得新的生命，在轮回中有所升华之期冀。它的目的性也是十分明确的，就是为了引导亡灵在六字真经的指引下，聚精会神地脱离肉体，开始进入中阴。

按佛教教义的说法六字真经还有着护佑亡灵的功能。

“唵嘛呢叭咪吽”六个字是佛教秘密莲花部的“根本真言”，是密宗莲花部经文的缩音。“唵”表示了“佛部之心”，念此字时意念集中于佛身，身、口、语与佛成一体，则有希望获得成就；而“嘛呢”则表示“宝部心”，也就是“如意宝”。传说如意宝在龙王脑中，若能得到此宝，则地上海底的珍宝无所不有，财富充裕，因此也把“嘛呢”称作“聚宝”。六字真言中的“叭咪”在梵文中指“莲花”，象征着“莲花部心”，昭示佛性如莲，纯洁无暇。而“吽”则代表“金刚部心”，表达了祈愿成就的心意。说到底，六字真经的本质含义就是告诉信徒们，只要一心一意依赖佛的力量，你就会成功解脱；就会财源亨通，物质丰富，不愁衣食；你就会纯洁高尚，犹如出于污泥而不染的莲花；你就会得到“正果”，成就一切，普渡众生，实现成佛的愿望。

为亡灵诵唱六字真经，也是告诉亡灵沿佛指引的道路行走，启示亡灵不要忘了六字真经的功能。更是为了吸引亡灵，让亡灵时时刻刻浸沉在六字真言的氛围之中。

诵唱“嘛呢”的妇女一般在院落的僻静一角，牧区则聚集在帐外门的一侧。她们的人数和规模不是一成不变，而是可多可少、可大可小，无一定定数。家中有事或临时有活需干的则可离开，但事完后便会迅即归“队”。离开的人员在时间上一般要错开，诵经的规模一直保持在一定水准上，很少剩下二三人的。

诵经的时辰也有大概的规定，一般是中日升天，夕阳落下时停止。

诵六字真言的婆姨们，吃饭都在亡人家。按传统的说法，人一死，世间的一份茶饭就没份了，但灵魂仍牵挂着世间的饮食份子。奔丧帮忙的吃他家的饭，就是替亡人吃人世间的份子。

在奔丧吊唁期间，亡人房帐中很少有嚎哭、泣声传出。不管是老字辈还是小字辈，不管是远亲还是近邻，也不管是妇孺还是子女，一般都不允许放声恸哭，人们阴郁悲伤，说话声调低沉缓慢，而极少有人流泪号啕。如果谁不能自控，则会有老年人出面制止，指出死是亡人的福份到了，寿数尽了，不应该悲伤，也不能向上苍有所非分要求。同时告诉说，哭声会搅扰亡灵的安宁，使亡灵依恋人世，难于转世，还会引来不洁秽气，给家中带来新的灾难，最终雪上加霜，给亡人和丧家帮了倒忙。这样一劝，人们都会控制悲哀，以亡灵为重；以大局为重，停止恸哭。

停灵期间，亡人亲属是不会感到孤独寂寞的。每天晚上，村落里都有七八人左右的中青年男人在家彻夜守灵，不让亡灵在夜半三更有什么惊悸和干扰，也使亡人亲眷能安心地睡眠休息。有的人家请有僧人整夜诵念涤罪超脱的经文，守更的男人也不时诵唱六字真经，整个居宅不是死气沉沉，而是漾溢活力。

守夜人的职责很简单，一是不要让“察四”（拉萨称为“苏廓”）断了烟火，及时添加以糌粑为主的面食；二是注意停灵房中酥油长明灯的燃烧情况，在未燃尽前续上新的酥油灯，保证长明灯彻夜不息，永远长明。

在安多地区“察四”是一种古老的祭祀鬼神的方式，通过焚烟来供施神与鬼，让神得了供施保护亡灵平安，让鬼食了供施赶紧离开。总的目的是使亡人的灵魂得到安宁，受到护佑，不致受到伤害。“察四”主要是在牛粪火堆上浇新糌粑。糌粑中掺有酥油、奶酪、牛奶这“三白”（奶制品的统称），另外，还要有“三甜”，即糖果、水果、沙糖等。

谁家有丧，谁人服丧，在藏区是一目了然的。

首先是昼夜不息的桑烟缕缕升上天际，像洁白的哈达悬挂在空中。

另外是扑鼻而来的“察四”——糌粑混合“三白”、“三甜”的特殊味弥漫在空气中，飘散在沟川滩洼，强烈地刺激着人们的鼻腔。

还有，浑厚低沉的僧人诵经声，夹杂有法鼓法铃等法器的敲击声，会不停地传向四面八方，震动你的耳膜。

妇女们咏唱的“嘛呢”长调也是一个信息，它会告诉你谁家在办丧事。

亲人死亡的当天，家中男女老少都要换掉华丽新颖的服装，换上旧衣裳，并去掉身上的一切装饰物。长辈去世，小辈一律得守孝；丈夫去世，妻子要守孝；而妻子去世，丈夫不一定有守孝的标志。小辈死去大辈则不用戴孝，也不用大张旗鼓地去办丧事。至于急病或暴卒、意外祸端死去的，丧事则会草草举办，早日出殡完事。普遍认为，他们意外出事，是邪气所致，他们身上有秽气邪气，会带来祸凶，只能让亡灵赶紧离开家门。但正常死亡却都要郑重其事地服丧守孝。

守孝标志在死者周年过后才会取掉。在东部农区，男人和妇女要把腰带结转移到身前，标志服孝。在牧区，妇女发辫中要夹续白羊毛或白牦牛尾丝。而不留辫子的男子则多将帽子翻戴头上，有的还箍一圈白布。

家中服丧守孝的那几天，守孝者不能骑马、佩刀、洗脸修面，禁止戴首饰，穿新衣，更不能进行任何形式的梳妆打扮。唱歌、跳舞、串门、外游以及参加任何形式的集会也都是不允许的。在青海果洛等牧区，人死的当天，家人都要在颈上系起“森斗”（活佛赐的吉祥结），不管是新的还是旧的，统统翻出来系在颈上避邪，昼夜不离颈，有的甚至延续一年之久。在西藏拉萨，七七四十九天的中阴期间，死者家中大小成员一律不歌唱、不舞蹈、不洗头、不饮酒、不游戏。一来表达哀思，二使死者有个安定的环境顺利投胎转世。

服丧人家对全村布施是一项主要开支。死者的一般服装都要布施于村中的孤寡老人和穷人，贵重的物品则供养给枕前指导活佛。供养给活佛的都要一套三件，而且要成色新，有质量。若送羔裘皮袍，则要配套冬帽和长腰棉鞋；若是氆氇长衫，则要衬衣、腰带等等。

民间叙事长诗中对这一习俗有充分的反映。如爱情叙事长诗《不幸的姑娘》中，姑娘的心上人被青海军阀打死。姑娘来到隆务寺，跪拜在德高望重的活佛面前，乞求活佛为她的情人华青超度亡灵。她的唱词中有这样一串话语：

“普渡众生的活佛呀，
人们说你有十万只慧眼，
人们说您有千颗金子心，
我的情人华青夭亡了，
我的情人华青无救了，
请您让他的灵魂早转世，
请您把他的魂魄收一处，
我决不会亏欠您供金！”

“海螺般的海骝马，
金山般的‘江格’木鞍，
还有银锻钗子嚼环，
三样骑具我供奉您。
在走向西天路径上，
虽没有扬鞭催骑路，
但勿让他双足受累，
这事我只有拜托您！

“镶银的长枪亮闪闪
加钢的快刀寒森森，
锃亮的子弹圆敦敦，
三样枪具供奉给您。
在走向西天险路上，
虽没有荷枪挎刀杈，
但不让强盗来欺辱，

这件事只有拜托您”

“黑羔皮的裘袄暖融融，
织绵锻的衬衣多富贵，
大红的腰带闪光彩，
一套衣着供奉给您。
在往西天的漫途中，
虽难享穿裘系绸情，
但不让寒气侵扰他，
这事我只有拜托您！”

“祖传的铜锅亮晶晶，
精巧的银勺辨毒物，
细瓷的龙碗出内地，
三样灶具供奉给您。
七七四十九日中阴天，
虽没有烧茶吃饭的时辰，
但不要让饥饿折磨他，
这件事只有拜托您。”

这段表白说明了藏人的丧葬仪轨中，把最珍贵的亡人衣饰献给活佛的功利目的是什么。

在亡人遗产的处理上，藏族表现出一种豁达的气度，一种舍己为他的牺牲精神。家人全心全意为亡人的“未来”考虑，为转世铺垫，而很少为自己的需要、家庭财产的积累发展去考虑。他们把亡人的衣物供献给活佛，布施给穷人，为亡人积累功德，有利于亡灵早日解脱，进入理想境界。还有，也是为了防止亡人的魂灵牵挂世上财物，难于早日脱胎转世。因此，为了杜绝亡魂的后路，其一应衣物均要处理，不能送人的陈旧衣物，则在出殡后即刻在房前屋后的空地上焚烧干净。

在藏区，既便鳏寡老人，也不用发愁膝下无儿女、附近无亲友而弃尸家中，无人出殡的。部落社会结构的农村牧区，对其成员出殡送葬已成其社会组织成员应负责任的有机部分。哪怕你孤苦伶仃，疾病缠身，没有后人，只要你咽了气，村里的头人或“议事会”（由德高望重的老者和精明能干的中年人组成）就会出面料理丧事。

遇到类似情况，村里有关人员先来到亡人家，处置好尸体，商议措办出葬佛事祭奠等事项，然后便集体清点亡人的财物遗产，予以折价变卖，所得钱款用作丧事经费。倘若入不敷出，则由村里垫付，或每户人家资助摊派一定数目。

送殡的一天，全村成年男人按传统规定来出殡，不得怠慢和回避，不然会受到社会舆论谴责，认为品行低下。他将在以后的社会活动中受到排斥和冷落。

出　殡

出殡前夕的准备工作忙碌繁重而紧张有序。

最忙的要算妇女们。首先是厨房帮灶的妇女们。她们要准备一早送葬人的“丧饭”。丧饭因地而异，但奶茶、酥油糌粑、饼子（或油炸果），肉粥（或面条）是应该具备的，而且要充足。吊唁来的，帮忙来的，庄中因病因老因各种特殊原因不能出门的，都同样得准备一份“丧饭”，届时捎走或者送上门，表示这是亡人在世的最后一顿饭，是与活着的人共享的，也是亲朋好友最后领吃亡人的一顿饭。因这一理由，吃者痛快，丧家也慷慨大方倾其全力，不存在矫饰做作，客套推诿等繁文缛节。

在东部藏区的拉卜楞一带，村里专门有“公房”（嘛呢康哇），公房中备有供全村集会烧饭就餐的大锅。死了人，出殡日的肉米粥就在公房大锅中熬煮。由于肉米粥不仅仅是送葬回来者就食，临走还可带一些回家；另外给葬日因事未到的，也要按其家人口多少送去，故需用量较大。肉米粥不仅仅是大米，还要按一定的比例搁进牛肉丁、黑白糖（或者是葡萄干）、新鲜酥油（有的酥油与大米的比例是 1 比 2）。

馍夹酥油片是两个饼子夹巴掌大一指宽的酥油片，这也是“丧饭”的重要组成。馍夹酥油片得给送葬人临走时馈赠一人一份，不能不拿，漏了可以去要，因为这是亡人在世最后一顿饭，是亡人“请”的餐，谁不吃或推辞，就是对亡人的不尊重。因此，每人临走要带走这份饼夹酥油片。

在牧区和半农半牧地区，各自都有自己的丧饭表达形式，但供饭的目的、说法却是一致的。唯一不同的是丧饭的形式，因地因经济条件而行。

第二件事是去寺中“枕前指导上师”（尼果喇嘛）面前供养亡人的一套（三件）尚新的衣服（或者其他器具，一律要求一套三样），还有钱款，请求帮助亡灵早日解脱。

第三件事则是出殡前一天下午派一位生根清净、信仰虔诚、办事俐洒的中年男人去天葬场煨桑，祈求山神明日借块地让亡者顺利殡葬，结束此次轮回。

到了下午，送殡的气氛亦加庄穆凝重。桑烟大股大股地向天上甩出又白又浓的烟柱，糌粑的焦味和其它食物混合的怪味弥漫在村头帐间。这时全村的妇女都前来帮忙，念“六字真经”的队伍规模一下扩大，嗓音浑厚深长，就如低音长号，把悲凉凄婉的“嘛呢”长调撒向滩里，撒向川坳，覆盖了整个村庄，弥漫在苍穹之中。把人们真挚的怀念之情，祝福之意，企盼之心全部撒向了天地日月，撒向了山川湖泊。整个天地都裹进了悲哀、怀念、祈祷之中。

藏区幅员广大，各地地理及村落居住条件不一，因而追悼、吊唁的习俗也多姿多样。在康区上部，即青海省玉树藏族自治州的江河源牧区，对死者追悼的习俗是部落集会。特别是送殡前一天，全部落能出得门的亲邻好友，都来到死者家帐房附近一块平坦草地，席地而坐。客人坐在上边，本族人坐在下边，丧家人坐在中间。然后推选出一位公认的口齿伶俐、能说会道、而又与死者比较熟悉的中老年人进行演说。追忆死者生前的音容笑貌，缅怀死者与乡邻的友谊，颂扬死者生前的功德，然后祝愿死者安然脱离凡尘，灵魂早日转世。说到动情之处，全场伤心流泪，唏嘘不断，把追悼集会推向了高潮。

在后藏，丧者家中用哈达围成的围子里，请来的法师要诵经，而另一拨法师则到天葬场煨桑念经。念经的内容是请天葬场的神鬼厉魔不要恐吓、危害死者的遗体，让他（她）平平安安走向另一世界。实际也是为出葬扫清障碍、铺平道路。

对尸体也要重新整理，主要是重新捆结，利于抬驮。捆成一团的尸体身躯弯到紧贴膝盖，便于筐子抬运，或牛驮马载。尸体外面用布单或长袍裹严。

送殡前夜，一切显得忙碌、紧张而有序。请来的僧人持续地念着超度经文，法铃、法鼓伴合着诵经声不时响起；男人们在厅堂里聚集，陪着亡人亲眷守灵；而妇女们则忙于备办第二天大规模的“丧饭”。

有好些地区，出殡前的傍晚，各家各户都要在门口撒上灰，表示杜绝亡人灵魂串门游荡到己家。其目的是促使亡灵抛弃尘念，顺利离开人间。

送殡时辰大多是在黎明时际，冒黑进行。这是人们对天葬时刻的功利选择，认为一天中最好的时辰是朝阳抹黄天葬台背倚山尖时辰，最迟也不能超过午阳十二点。因为在观念意识中，普遍认定朝阳是大地阳气上升并最强盛的时辰，阴魂不受其他物质的干扰，有助于脱离肉体顺利走向中阴。而过了中午，则阴气上升，阳气开始衰落，阴气会纠缠阴魂使其四处游荡，从而带来亡灵无法转世的后果。正由于这层利害关系，各地送葬队伍根据自己离天葬台的远近距离决定何时起程。但原则上还是过了半夜才起程，其中道理还是前述的阳阴之气。

送葬的日期一旦确定下来，则风雨无阻，不得变更。

在拉卜楞寺附近的藏区，天将拂晓时分，念超度经的僧人念完了送行的经文，便宣布可以出殡。送行的妇孺们站在大门两侧，手执藏香，诵念“嘛呢”，等待为亡人送殡。而男人们庄穆认真地起葬。进灵室把亡人装入筐架的，是其小辈侄甥男性青年，亲生儿女均被劝挡节哀不让靠近，以免亡灵被亲人之情勾住。出了大门则可将尸体端放在木板上。死者若为男性，则使其脸部略偏右朝下，女性则相反。

送殡的序列是这样规定的：亲属中，只要是直系不管是长辈还是小辈，均不去天葬场送葬，防止因伤心过度而引起意外。同时，也避免亲人的号啕恸哭影响灵魂的安然离去。亲人们也同样担心亡灵一旦留恋家人和热土，则迷失方向，变成游鬼，贻害一方安宁。因此，也不执意要亲自送到天葬场去。这样，他们出殡告别遗体的地点便以大门外为止。

妇女们不允许去天葬场。这或许是怕阴阳之气冲撞，阴气上升的缘故。因为人们认定亲人一旦断气死亡，亡灵便是阴性了。阴气一旦形成规模，便会压制住阳气，使阳气没有足够的力量托载亡灵走向中阴。另外，或许是考虑到女性感情色彩重，看到天葬场的场景，会悲伤大哭，会揪心痛苦，给亡者和生者都带来新的不幸，故此，妇女们是不准许加入送殡队伍的。

不是亡人生前亲朋好友和同村邻里的人也不允许去送葬。也是担忧秽气、晦气冲了亡灵，影响亡灵安然离走。

侄甥辈的一男性（孙子也可）手执点燃着的藏香在大门口恭候。等尸体送出大门后，其在前面引导，紧跟其后是另一侄甥辈手捧打开的超度经卷缓缓而行。二人庄穆地徐徐向前，上了大道后，他们便避到一边，让送殡大队快速上路。若藏香灭了则可就地扔掉，经卷也可合上随身带上。

送殡队伍一般都浩浩荡荡，规模庞大。只要是村里男性（十来岁即可），都要倾巢出动，哪怕过去有过怨隙，产生龃龉，邻里不和，也得前来出殡送葬，社会上把这视为情操、人品、胸怀的衡量标准，作为一个正常人应具备的品质来看待。如果一个人完全局囿于个人的恩怨，在同胞乡邻遇有痛苦悲哀之时无动于衷、袖手旁观。社会则会耻笑他，鄙弃他，乡邻们也会抛弃他。一旦他遇有意外灾祸，谁也不会同情、怜悯，还认为是“报应”、“罪有应得”。这种道德法庭的威力震慑着人们，也规范了人们的行为。

当送葬的队伍远离后，部分妇孺会前去寺院周边，或是村中佛塔，供神的庙堂前清扫道路。它意味着帮助亡人消除罪孽，敬佛积德，在中阴少受痛苦，早日转世轮回。送葬的人不能中途停步、歇息，也不能回头，只能一直行进。抬尸的人员一般系亲属中的侄甥及旁系小辈，相互轮换，一直持续行走，送到天葬场为止。

在送葬队伍的尾后，有一二个中老年人提着糖袋，遇到行人会送上一两颗。这象征着亡人对众生同胞的宽厚、善良之心意，也是亲人希望所有人都能祈祷亡人顺利超度的企冀。

在天葬场，专司发糖果的人员还会对所有送葬人员馈赠一枚穿好红线的银针，伴之有糖果，这也算作一种布施，表示施舍不分大小轻重，只在意义。只要施舍，就是积善积德。这也是代表亡人最后一次表达善意。红线银针则表示着亡人的骨血。

离天葬场距离较远的牧区村寨，全体男性是不可能离开生产岗位去送葬的。他们约定俗成地推选出几名熟悉天葬仪轨途的中青年去出葬。送尸人员必须是单数，在亡人尸体未葬化前，仍算一人，这样，包括亡人，则是双数，而双数又是圆满之数，依然吉利、和顺、圆满的象征。亡人驮在马上或者牛背上，驮背一侧是尸体，另一侧是装了沙石的毛袋，两侧一样重，驮子平衡均匀，并且要用毛绳或皮绳捆结实。万一坠散或掉落都是不吉利的，会视为恶兆。

卫藏一带穷人的天葬和安多大致相近，不同的是拉萨地区尸体由专职天葬的送尸人“热甲巴”用床单或大口袋背走。送葬的人后半夜就得起身上路，必须在太阳照到天葬台前天葬完毕。“热甲巴”在路上不能停留歇步，也不准回头张望，要一口气赶到天葬场。

地域、居住环境、生活生产条件、文化素质的参差不齐，决定了藏区出殡形式的差异。在大文化背景下，各地各具特色。在藏文化的中心拉萨，出殡前一天，即是“供灯回向日”。这天，各地亲友聚集而来，赶中午之前，带上各自炼熬酥油汁，上等哈达及藏香，到大小昭寺给三佛田（身、语、意）敬供。远郊的则去就近寺院敬供。第二天清晨三至五时便要出殡。出殡时先将死者衣服脱尽，捆紧四肢，处理成“胎化”型，再蒙以白氆氇，然后用糌粑粉画一条从尸体到家门口的白线，作为亡灵的导引线。死者若是老人，则必须由其子女沿白线把尸体背到门口，再由天葬职业者背往天葬场。与此同时，还得由一死者同龄人，尾随紧跟，把画的糌粑白线扫掉，连同垫尸的土坯、扫帚等放在一块。送葬的人到十字路口后，把这些杂物倒掉。送行亡人的亲人都要手持一炷香，送到第一个十字路口就算送殡了，得全部返回，不去天葬场。在尸体离开家至十字路口的这段路程，无论是天葬师、死者亲属或是其他送葬人员都不能回头看，免得亡灵也回头返家作祟。

在拉萨，出殡的工具是丧轿，轿子有专备的，但更多的人家则是把藏式方桌四腿朝上，在下边左右两头各架一根坚硬笔直的木棍，用麻绳或棉线绑紧，把尸体“坐化”在其中，系上肩披和五种头饰的祭品，由死者家人和朋友各献搭一条哈达，在房门外煨堆桑火，然后由四名年轻力壮的男子扛起尸轿，有一人专门牵着拴在尸体上象征死者后世善道的哈达一端，庄重地走出灵房，面向星算算出的洁净方向，稍稍致意停留后，沿门口桑火左右各转三圈，而后出殡队伍才起程。如果死者系女性，便由丈夫、同妻兄弟或死者长子为报恩扛尸轿走一段表示心意。送殡队伍走后，家中一妇女手拿哈达、彩箭站在门口，表示向灵柩招福。家中众员和至亲好友在送殡队伍中走在最前面，捧着一束点燃的藏香在前引路，路经大、小昭寺门口时向两寺祈祷，要亮一亮灵柩。至亲好友们出门后，把藏香投到干净地方，就可以返回家中，这一天再不能进死者家门口。

第八章　天葬仪轨种种

天葬场，高僧活佛勘定，一万年不变的特殊风水宝地，却一无所有空空荡荡·秃鹫，天葬的神力，大自然的恩宠，藏人的选择·吸引秃鹫的方法及秃鹫实施天葬的程式·组成生命躯体的血、肉、骨次第消失殆尽。

天葬三种类型：部落氏族送殡·西藏天葬师的职责·宁玛派寺院全权代劳。血缘亲族一般回避，只有男性参加殡礼。

天葬台

藏区天葬仪轨主要由天葬台、秃鹫、天葬师、天葬程序四部组成。

天葬台是有讲究的。

天葬有天然的，即传统的天葬场地。也有人工的，由寺院和活佛勘定设计的。

早在本土原始宗教苯教时期，藏族就有关于风水方面的理论。它的历史可以追溯到公元之前，后人整理成书，成为藏传佛教活佛和高僧们普度众生必读的书籍。

天葬台选在什么地方为好，决定权在导引亡灵安然超度中阴的活佛和高僧手中。而活佛和高僧们又以祖先传承下来的理论为依据来选择。既然葬仪不过是人生轮回的中转站，那么一切首先要服从于灵魂的安然有序转移这一目的。因此，正如一部民间叙事长诗所反映的：

心底善良的送葬人啊，
我央求你们葬好她！
万不可把她的尸首，
搁在高耸山尖上。

山尖上北风最凛冽，
山尖上霹雳最威烈，
会使灵魂受冻又惊吓，
冻吓了亡灵我心悲；

不可把她的尸体——
搁在浪涛喧哗的江畔去，
江畔的涛声震魂魄，
惊吓了亡灵我心悲；

也不可把她的尸体——
放在陡坡深沟上，
深沟陡坡易坍塌，
卷走尸体魂会散。

我还要请求你们哟，
请把她葬在山脉灵秀处，
请把她葬在避风向阳处，
请把她葬在半坡平台上。
让石岩像佛殿烘着她，
让绿草像缎子裹着她，
让她灵魂不再受惊吓，
让她肉体不再受骇惧！

这首长诗把天葬场地必备的外在条件简朴地说得明明白白了。

亲属不愿让死去的亲人担惊受怕有委屈，企盼着亡灵能安然度过“中阴”。而专司俗民百姓禳灾求福的苯教学者自然顺应教徒普遍的意愿，他们在风水理论中指出了天葬台台址的要求：

地势要平缓开阔，便于桑烟升空，秃鹫撩望，亡灵坦然安静。

不能靠悬崖陡壁，免得惊吓亡灵，使亡灵心神不宁，坐立不安。

天葬台周围不能是灌木林或是花草丛，没有特别的景色，缺乏吸引力，杜绝亡灵对大自然的依恋和眷念。

天葬台的对面（最近也得约三五十米远），一般有逶迤的山脉遮拦视线，阻挡了亡灵对亲人、对故土、对财产权势的联想与情结。

向阳，面对东方。阳光照得早落得迟，能整日沐浴在融融暖阳之中，象征阳刚之气无时不笼罩葬台。

避风，天葬台面对的正前方山湾环抱，没有山豁和峡谷，不受阴气冷风的袭扰。

缓坡、平台，便于天葬操作和秃鹫的起飞降落。

偏南位置，一般沟涧之南面。选择南面，或许意味着亡灵走向佛经中所指世界四大洲中的南瞻部洲。因为此洲中有金刚座，“一切菩萨，将登正觉，皆坐此座”。选择南面，即象征向菩萨靠拢，求得灵魂的快速解脱。

简朴、坦荡。没有任何装饰和生活生产用品，让亡灵摒弃任何诱惑，抛开一切尘俗眷恋，赤裸裸来赤裸裸去，毫无牵挂惦念，一心一意走向中阴。

拉萨市的天葬台是一块巨大的石头，约有二三百吨重，尸体要陈列在石台上。这块巨石能并列十具尸体。

对于天葬台，后来发达并覆盖了整个藏民族心理及习俗的藏传佛教，曾撰造了种种神秘的说法，把其神化。西藏最著名的天葬台是直贡梯寺的天葬台，是藏传佛教直贡噶举派大师杰瓦·齐田贡布开辟。据说它殊胜中最殊胜，死者的灵魂从这里可以直接升入天堂，或者投生为神、人、阿修罗三善趣，投胎在最好人家。但究根探源，天葬台的选择是与这个民族对天葬的审美情趣、理想要求、心理素质有着直接紧密的关系，也与自然环境有着直接的关系，是从己身功利实用出发的。只是佛教的深入，才给蒙上了一层神秘色彩罢了。

世界三大天葬台中，藏区就有两个：墨竹工卡止贡梯寺天葬台和桑耶台。据说只要送到“永生和永恒”之地的止贡梯寺，以及理想如意的桑耶寺，亡者就可以尽快地顺利到达“天国”。人们千里迢迢把亡人送到这里，图的便是这个“功利”。

藏区各地的天葬台虽因地理环境、交通距离，以及其他特殊原因有所差异，但大致概貌都是遵循以上原则的。

天赐秃鹫

秃鹫是天葬的主体。是实施天葬的核心力量。

没有到达过青藏高原，或者没有亲眼目睹过秃鹫风姿的人是很难想象它的“尊容”。它就像中国神话故事里传说的大鹏形象，“高大、凶悍、强壮”，只不过没有一翅万里的本事罢了。

秃鹫是食肉禽类，成年秃鹫体重约三四十千克，身高六十多厘米，身长近一米。当其展开翅膀时，两翼可达两米以上。秃鹫毛色以棕黑色为主，头部颈部只有微薄的绒毛，嘴大而尖锐，金钩状。它的食品结构以小动物和人尸为主。秃鹫中也有白色，但很稀少，大多都是灰青胸膛。在中国其他地区，有人把秃鹫别称为座山雕。

秃鹫与人类生活有一定的联系，如鹫胃、鹫粪、鹫翎等。鹫胃入药味甘、性温，能补益胃阳，帮助消化食物。而鹫粪烘入药则能温胃，消症瘕。鹫翎呢？即能装饰帽子或马头，显出一派昂扬雄壮的气势。

藏民族不选择其他食肉动物，而为何独独“青睐”和“钟情”于秃鹫呢？其中有不少原故，他既有佛教故事中佛祖肤施老鹰的影响，也有自身对灵肉分割的追求，但秃鹫本身具有的功能却是个中最主要最根本最实质的原故。

在天葬之前，藏区曾经实行过高山风化、悬梁、穴藏等等，虽有消失骨骸方面的倾向，但毕竟留下骸骨和其它痕迹，不尽人意。人们在观察寻觅中，发现了秃鹫的特殊功能，首先是秃鹫的消化能力。

秃鹫不仅能生吞各类动物的肉体，还能把骨头嚼咽一尽。高原上流传着这样一句谚语：“没有秃鹫的肠胃，就不要去咀嚼金丸银蛋。”可见秃鹫的胃功能有多厉害。另外，选择秃鹫还不仅仅是因为它的凶狠锐猛，钢胃硬肠，它还有一个其它猛禽恶兽无法比拟的长处，即对粪便的处理。

不管吞食了什么食物，秃鹫它都不会留一星半迹残渣在地面上。它屙屎溺尿都在高高的天空，在数千米以上的海拔高度，在翱翔之中。高原强劲的气流把它排泄的杂物风化得无影无踪，干干净净，不让一星渣子撒落地面。即使它自己死亡之时，也要腾空万里，拼命往高空飞去，一直朝着太阳上方飞去，直到太阳和气流把它的躯体消溶一尽，不留一点痕迹在世间。这一现象亦符合佛家的生死观。

人们从来没有看见过秃鹫的尸体，这使秃鹫本身具有了神奇魅力，蒙上了神秘色彩，产生了崇拜。

这就是藏人选择秃鹫的原因。经过佛教教义的演绎，有着朴素唯物意识的藏人更加崇尚灵魂，看淡肉体了。把肉体喂鹰，彻底寂灭，当作一种功德，看作灵魂转世的铺垫。有的甚至认为天葬台周围的秃鹫是比丘的化身，具有通神魔力。但根本上说来，灵肉分离理论灵魂转世的观念已经渗透到每个藏人的生死观中。如果人死而肉体不消失，则亡魂还有可能依附于原来的肉体上，从而无法转世。这与亡者和亲属企盼的早日轮回的愿望背道而驰，也不符合六道轮回的佛家理论。秃鹫不像其他鹰类，它从不吃活物，只吃死物，这又是藏人敬仰它、选择它的原故。

还有一个被人重视的原因，即让身体回归世界四大元素之中的“风”中。让秃鹫来天葬，也象征着回归大自然的用意。

那么秃鹫是怎么知悉天葬台这天有殡葬的呢？是心有灵犀一点通，还是遥感呼应？或者有什么特殊的联络方式？为什么尸首一到，不出多久秃鹫群就蜂涌而至？

是桑烟发出的信号。

秃鹫栖居在高耸的悬崖上，有着较严格的群体意识和一定的行为规范，它们也按群有各自的地域范围，昼夜都有值勤的鹫儿。它的职责之一就是发现天葬信息。

秃鹫天生就有一双鼓起的圆眼泡，目光锐利，能穿透十几里的高空，加之飞翔高度目光半径在百里左右，所以能把很远很远的东西收进眼中，迅即做出反应，桑烟自然是主要搜索目标之一。

殡葬队伍到了天葬台后，第一件事就是煨起香柏桑火，让浓浓的烟缕飘升天际，让烧焦的糌粑味弥漫在空间。

不过半个小时，一只秃鹫就飞来了。它在天葬场上空盘旋几圈，甚至降临在台地上方，观察片刻后即飞逝远方。

过不了一会儿，大队的秃鹫就次第飞来了。它们一般都降落在尸体靠南一边，绝不扑在已经摆好的尸体上。或相互追逐扑玩，或是静静等候。他们不怕生，也不伤害送葬人。

秃鹫们等待的是秃鹫部族的首席酋长——引导人之灵魂轮回的“喇霞”之鸟。通常“喇霞”之鸟总是姗姗来迟。当它翩翩而落，我们见到它的体型比其他秃鹫更高大雄壮，钩鼻也更尖利，犹如弯镰一般。神色倨傲而桀骜不驯，完全是悍猛、威武、踞高临下的姿态。

秃鹫撕食尸体也是有程式有纪律的。第一口由秃鹫首领尝食，然后其他秃鹫才扑上去，而挨在后面的则是白胸雕。

“喇霞”不动口，其他它秃鹫就不动口。因为只有“喇霞”才有能力、有资格完成“引导灵魂”的神圣使命，其他的望尘莫及，仅仅是助手而已。当然，这种说法显得有点牵强附会，宗教色彩浓厚，过于神秘，但程序却客观存在，是秃鹫部落长期形成的习俗，“强者为王”，一切先得由“王”来享受。“喇霞”并不真正地上去贪婪咀嚼，而是顾盼无人地上前，象征性地在尸体头部啄叩几下便离开，然后由秃鹫中的白胸雕叨食，赶来的雪鸡专意吃骨头，零碎内脏则由黑胸雕收拾，最后收拾天葬场的是“杂牌军”——大乌鸦。

在有的地方，秃鹫群，一般均为三四十只，也有十几只为群落的大则上百只。虽然数目不一，但它们实施天葬的程序却是统一的，显示出秃鹫的特殊性。

天葬师

天葬师是天葬仪轨中的枢纽人物。

综观整个藏区，担任天葬师的主要有这样三类人：

村落中根子干净、作风正派，家境殷实的中青年。被村落公众认可并派任的业余天葬师。除了逢上自己的直系亲属，村落中的天葬操作基本是固定由他们担任。他们认为这是积善积德、助人为乐、为自己的来世积累善业，有种神圣的使命感，任劳任怨，毫不推诿。

第二种是藏传佛教宁玛派寺中派任的僧人天葬师。1993 年，本书作者之一的尕藏才旦因拍摄一部专题片而与僧人天葬师接触过，并写了一篇文章叫《藏人的天葬》，现将其中部分段句摘录如下：

天葬一般都由俗人担任，神职人员是不会到场目睹或主持全过程的。但也有例外，在个别地方，则由寺院和僧人主持天葬。青海省果洛藏族自治州的查郎寺就是其中一个。

我是为拍摄大型文化纪录片《藏传佛教》的有关内容，于 1993 年 9 月初走访查郎寺的。查郎寺坐落在海拔 4000 多米的黄河上游岸畔。在这里，我见到天葬师然卜吉。

然卜吉看上去有 30 多岁，高挑修长的身体，长条脸上嵌着一对不大却精神熠熠的眼睛。文静腼腆有余，英武粗犷不足。特别引起我注意的是他瘦削面颊上的“两团红”，红得有点发紫。若不是常年暴露于高原强烈的紫外线下，他的脸蛋决不会这样红紫的。

然卜吉的穿着和其他僧人并无两样，身上披着一件半新不旧的绛紫色粗布袈裟，脚下蹬的胶鞋有几处已经开洞绽线。他给我的第一印象是，这是位清贫好学的年青僧人，我根本没有想到他就是天葬师。

我和他谈得很投机。我问到他为什么要干天葬师这一行。他一笑，说：“我当天葬师已经好几年了。天葬师这一职业仅仅是我的业余工作。我的专业还是学习经文，将来争取取得格西（博士）学位，在佛学研究上有所造诣。至于当天葬师，这既不是寺中活佛和众僧推定选举的，也不是僧人摊派的，而是委托制，是僧人亲授教师委托徒弟代行的。也就是说，给你亲自授过具足戒（年满 20 岁，举行使之为僧的授戒仪式）的活佛，委托你替他主持天葬。这样，你就成了正儿八经的天葬师。委托担任天葬师的，必须是受过密宗灌顶的，并具备一定的密宗学识，这样，才能使天葬按佛学理论进行。”

我问是哪些理论依据，他提到了恒特罗派学说。恒特罗学说认为，每一具肉身中都有数个“轮室”，它们以莲花状沿着脊椎排列，从尾椎直抵头顶。一旦花瓣被扳碎，花根被劈开，整个莲花则分崩离析，失去了精血和活力。也就是说，人的灵魂所依托的肉体也就宣告消失，灵魂只得出窍寻找新的载体。

然卜吉说完，我恍然大悟。原来，藏民族的天葬仪式，还是根据一定的佛学理论来进行的。

查朗寺是达日县境内的一座宁玛派（藏传佛教古老派）寺院。

查朗寺位于县治西面 19 公里的查朗滩。规模不大，但特色浓郁。依山建起的大经堂、佛殿、僧舍鳞次栉比，排列有序，显得整洁、大方、凝重。尤其那虎黄色的墙壁，更给人浑厚、庄严的感觉。风铃叮当、经幡哗哗，小河绕膝而过，一派恬静幽雅、与世远隔的氛围。

天葬台距离寺院很近，还不到 100 米，馒头状的山包上辐射着五色经幡，恰如一片白桦林。在劲风抚摸下，发出嗡嗡声波，仿佛僧众在诵经超度亡灵。

幡林下首，是一座旧砖木佛廊，上百个佛龛中供有本尊诸佛、度母、护法神的塑像。

北面一间小屋内，墙上悬挂满了“唐卡”（用布绢绘制的佛像），佛前供着酥油灯，净水碗及其他供品。

经过采访，我才明白查朗寺天葬台为什么这样遐尔闻名，连千里之外的西宁也有藏人把亡者送到这里来天葬。原来，查朗寺所在的查朗滩据说是世界英雄史诗中格萨尔王祭奠神灵、重返天国的古迹遗址。查朗，在藏文中便是格萨尔王的国家——花花岭地的缩音。这样一块风水宝地，人们自然会仰慕不已。

我有幸目睹了查朗天葬台天葬的全过程。

死者是一位老人，被马踢伤后导致心脏病暴发而猝亡。送葬者是他弟弟和亲戚中一位年轻僧人。一头白鼻梁牦牛背上，一头捆着亡者，一头是装了沙石的毛口袋（为保持平衡）。

超度仪式在大经堂前举行。

亡者不落地的搁在经堂台阶下一座高高的四方土台上。

法螺呜呜，僧人们披着法衣，戴着桔黄鸡冠帽聚集到经堂门前的平台上。在堪布的主持下诵经超度半小时多，经文多是《般若经》、《贤行善德》中的主要章节。

天葬师和另一诵经师则在天葬台小屋中为亡魂举行庄重的祈祷祝福仪式。琅琅诵经声和频频摇动的金刚杵及法铃声盖住了整个寺院。

尸体仍由白鼻梁牦牛驮到天葬台。

三三两两的秃鹫闻讯赶来，落在天葬台边顾盼扫视。

天葬师把袈裟搭在廊栏上，戴上僧人专用的藏式三角口罩，身上缠了件深黑色袢袄。他拣起搁在天葬台上的藏刀，割断尸体的捆绳，揭开裹尸布，尸体面朝草地趴下。

祭祀亡人的烟火袅袅上升，糌粑的焦香味刺激得秃鹫不住地张望。

天葬师是按照佛学人体理论在解剖。佛学认为，人的身体就似莲花，最下面的轮宝在骨盆底部。肛门前的会阴部则是四瓣莲花。如果这朵莲花被分割切开捣碎，灵魂也就失去了依托体，只好“魂飞魄散”，走向另一世界。而灵魂一旦脱离躯体，则人的肉体就变得和土石砖木一样，不存在生命价值了。然卜吉正是根据这一理论原则，实践天葬规程。

小屋里的诵经声，法铃声停止，天葬也就宣告结束了，秃鹫们慢慢起飞，消失在天边。

这就是安多地区僧人出任天葬师的全过程和宁玛派寺院担负殡葬的概貌。

第三种天葬师是专业天葬师，它主要分布在卫藏。

专业天葬师普遍于卫藏（西藏）的城乡。通称谓“热甲巴”（送尸人)。天葬师在送葬人的簇拥下一气赶到天葬台,把尸体陈摆在石台上才能歇歇气。

天葬师是按劳取酬的,但一般不讨价还价,如果那样,人们会认为亵渎了神灵,也是对死者的极不尊重。因此,天葬师把自己的职业当作一种“善业”“功德”来对待,而亡人家则把天葬师当作为亡人向中阴帮忙的亲人,给予的报酬尽其丰富。在天葬台上,还为“热甲巴”准备了充裕的点心、酥油茶和青稞酒(整个报酬有现金,也有衣物及食品)。

整个藏区天葬的程序,与查朗寺天葬台僧人天葬师所实施的程序大致相同或相近。

经过上述三阶段,亡人的肉体可以说消失殆尽,不再地面复存(有些地方或者有的人家,也有把亡人天灵盖的骨片拣拾起来,包在红里白外的布袋中拿回家,待有机会把遗骨掺进红泥中,印塑佛像“擦擦”或者去圣地拉萨朝佛时带去,撒到三大寺背坡)。

亡人的旧衣烂物(失去布施的价值),大多会拿到天葬场焚烧一尽,免得亡灵牵挂。

藏人十分讲究秃鹫对尸体的反应。如果秃鹫吃得多,吃得快,肉、血、骨头都吃得利索干净,则认为亡人心正影正积有善业,灵魂和肉体才这样剥离顺利,意味着好的轮回,感到是安慰。反之,则认为罪孽深重,无法超度,会陷入最坏的轮回。家人会忧虑万分,回去想方设法诵经拜佛解脱罪孽。

在西藏拉孜县一带,天葬时要留下脑骨带回去烧成灰,然后同泥土拌合,做成“擦擦”小佛像,放进“嘛呢”堆中供人朝奉。

在安多拉卜楞地区,因疾病、争战、仇杀而在外非正常死亡者,不能将尸体送回家门内。只能在家门口支起帐篷,将尸体停放其中,以免阴气、杀气入屋,带来不幸和灾难。天葬时只能从门外起葬,停葬时间也匆匆,一般只停放一两天便进行天葬。社会舆论认为他们身上不干净,“影子黑”,给周围环境有损害,便要早早天葬了事。孩童如果天葬,则扔到天葬场即可,不进行任何仪式活动。

在拉卜楞及东部农业地区,所有送葬去的人都得返回殡丧家中。大门口有妇女接迎。进门前有三道程序须履行:一是门口那堆大火你得跨越，意味着火焰烧去身上带回的秽气，折射出远古藏人对火的崇拜；二是用白水（清淡的牛奶水）洗手，象征着以白压黑，以正压邪消毒驱邪；三是奶水洗罢后，再用清水冲一遍，然后才进门用“丧饭”。

丧饭是丰盛的，它象征的是亡人与人间亲朋好友的最后一顿饭，因此家人倾其所能尽最大力量筹办丧饭。丧饭也是分三道程序。第一道是奶茶、糌粑、酥油。盛着新鲜糌粑的盆子有序地摆在人们面前，切成块片的酥油也搁在盘碟中任你尽情享用，毫不限制；第二道则是肉米粥，即用大米、肉丁、酥油、砂糖等混合熬煮成的粥。第三道是当您吃饱喝足准备离开时，主人家不会让你空手而归，一定要让你的碗盛满肉米粥，带回去叫你家人分享。另外，还有两张烙饼夹块酥油。送殡的人们也不会推辞谢绝，高高兴兴地拿走了，因为这份食物系亡人所馈赠，谁也不能让亡人不高兴，更不愿亡人的这份深情遭到冷淡或亵渎。

丧饭大多在亡人家中的院落、帐前开餐。如果院舍太小不能容纳，也有在“嘛呢康巴”（公房）中举行的。

对亲友邻里中年老体弱不便出门的，还有因病卧榻不能前来的，也都派有专人前去送上充足的一份。

出葬队伍散去之后，家中人仍不得闲。他们还得组织人员、运输工具、备办家什，给不在庄中而曾远道吊唁过的亡人好友送去一份够全家人吃一顿的肉米粥，还有饼子夹酥油的份子。

送葬时包裹尸体的衣袍，得埋掉或火化或送人，不能拿回屋中，用意仍是防止邪气秽气带回家中作祟，给后人带来危害。而苫盖尸体的衣服可带回家但不能带进屋内，须在院中晾一晚上方可拿进屋中，其用意和上面所述一致。在牧区，苫盖尸体的氆氇褐衫一般都会赠送给前去送葬的人们。他们在完成天葬后即可野外生火就餐，这也是因地而宜，按当地情况方便行事。

藏区幅员广大，地貌复杂，生产方式多样，也为天葬涂上了多样的色彩，地域特征很鲜明。在康区的甘孜一带，停尸期间，尸体要捆头于双膝之上，在肚面贴一张护身符，上面画有护法神，然后整个用外套包裹。规定81岁以上者和13岁以下者都不实行天葬。在天葬时，专业天葬师们按《持者自解》一书中指导的规程行葬。对“静死”(正常老、病而死的人的)要划开十三个十字架。对“凶死”的,则得划十二个交叉刀痕;若是“逆死”的(精神病等不正常死亡的)则需划上十二条横竖线。种种刀法,目的还是为了驱邪避晦,让灵魂避开障碍,顺利离开旧的生命。

极个别地区的天葬,虽然没有代表性,但作为一种意识型态的表现,也有存在的道理,还折射出了一定的文化心理如甘孜县拖坝地区,天葬就被人为地蒙上一种神秘氛围。天葬前,一中年僧人的颈部被套上一根绳子,两端由两个年青人分别握住。中年僧人大吼一声,两边的人用力拉一次绳子,连续三次。绳子深陷于中年僧人的脖颈,他因供血不足而进入“昏迷状态”,这时他会念念有词,道出对未来的预测和对家人的嘱托。旁边会有人赶紧将言词记录下来,作为死者“遗嘱”交给亲友收存。中年僧人“苏醒”过来后,让他服用一碗酥油人参果,然后才开始实行天葬。这个仪式,人为痕迹较重,宗教色彩也明显,是有意设计的天葬序幕,但其用心却很清楚——让灵魂顺利出窍,顺利脱离驱体,毫无牵挂地离开。

藏人的天葬看去单一,但包涵的现象却很广大、很复杂,很难用一个色彩勾勒、一种色调来代表。他有着一个基本的指导思想,一个大致的原则,但由于地理差异很大,封建割据历史很长,“政令不通”,未能通过政权来推行礼仪,故各地藏地区是在基本原则之下,根据各自的理解、环境条件来实施天葬,从而使天葬风姿多样,展示和表达形式区别较大。

第九章　火葬也是重要葬俗

火葬葬俗的种种·火崇拜的衍变，驱邪驱秽的最佳方式·火葬分布的地域·平民、高僧均可共享的葬礼·各家各户或家族的火葬台·火葬的程序过程·火葬的扩延发展史。

青藏高原火葬的由来

当今世界风行的葬俗中，首推是火葬。

在藏族葬俗中，火葬也是一种独特的丧俗。

近年考古和开掘的青藏高原文物遗址中，还未发现专门的且具规模的火葬场(台)。考古发掘出的大多是从原始社会末期到奴隶社会中期的土葬。这种土葬还有着很明显的殉葬痕迹。显示出其古老原始之色彩。但也有例外。1945年在甘肃省临洮县的寺洼山史前文化遗址开掘考古中，发现一古墓中有三个灰色大陶罐，其中一个盛有人体火化后的骨灰。而甘肃临洮一带，是藏族先祖羌人部族古代生息繁衍的故乡。这就说明，在原始社会时期藏人葬俗中就有火葬形式。

近年，在青藏高原考古中，也发现火葬现象。如阿里地区日土县境内新石器时代晚期的墓葬中，即阿垄沟石丘墓葬群四号墓的整个墓穴内，发现有被火焚烧过的痕迹，骨殖已成碎渣，这说明青藏高原有过火葬的丧俗。在春秋战国时期，汉文写的史书中就记载有青藏高原古人火葬习俗。如《墨子·节葬下》载："秦之西有仪渠之国(注—约今甘青藏区)者，其亲戚死，聚茶薪而焚之"。《荀子·大略篇》中也亦有记载:“氐羌之虏也,不忧其系垒也,而忧其火焚也”。可见,在远古,被称为氐羌的藏族先民,把“焚”尸作为丧葬的唯一形式。

但在藏文史书中,却又看不见有关火葬的记载,而火葬又在青藏高原实实在在存在过,且在不断发展。藏区的火葬,与佛教的传入有直接关系。

青藏高原的火葬究竟是舶来品,还是当地远古就有的葬礼,虽然拿不出确切的时间表和旁证实据,以及地域分布图,仿佛是一个无法解开的谜团,其实不然。

考古发现已经以铁的事实作了佐证。不仅仅是考古发现,从其他方面我们也可以说明火葬是藏族习俗的成员,是藏民族丧葬文化土特产品。

剖析藏区火葬的由来,首先得了解世界那些有火葬传统的民族,他们的火葬缘于何种意识。

毗邻青藏高原的印度次大陆,从有文字记载起,就有火葬的传统。而印度次大陆和青藏高原在地理上有着无法分割的缘份。山川相连,江河与共,这种地理上的亲缘必然带来频繁的文化交往。

公元前六世纪,崛起于青藏高原西南部的波斯帝国,其疆土与藏区的象雄王国接壤,其创立的国教——琐罗亚斯德教(我国称其为拜火教),对东西方都曾产生过重大影响,特别在中亚广泛流传。该教认为火即光明、清净、创造、诞生之善端;火是光明、善的代表。有专门宗教仪式来礼拜“圣火”。其理论体系较完整,且有较强的说服力、穿透力,具有一套完整的观念形态。作为波斯帝国的近邻,藏区不能不受到这一宗教的强烈感染和影响。

不仅仅是中亚南亚崇拜火,在人类发展的整个漫长过程中,随着火对人类进化的巨大贡献,以及人类对火的广泛运用和全面的认识,火崇拜在全球也油然产生,并成为人类自然崇拜的重要内容。青藏高原也无不如此!火的发明,使食物链高营养化、熟食化;食品结构由单纯植物性走向动植物食品结构,促进了人体的发育和成熟,提高了人的智商和技能掌握能力;火的多种功能使人的生存环境和人的精神世界,以及生产领域中发生了巨大的变化。如取暖驱寒,减少了能量消耗；焚烧污垢，净化了环境；熔化矿石，能生产制作利器；带来了光明，消除了黑暗，除却了恐惧心理；光明和热量又帮助雪域先人抵御猛兽袭击，也有了征服其它生物的法宝，同时也为青铜器发明使用创造了基础，使高原文明大大迈进了一步。

火的多种功能，对藏人来说，除了认为是上苍的特殊恩泽和无比威力，亲身感受更是十分强烈，运用更是广泛。至今，在很多民俗中仍保留有火崇拜的遗风。如用点着的香柏烟薰屋中人与物，以驱秽气邪气晦气霉气；生小孩坐月子或家有病人，在门口烧一堆牛粪火，防止邪气侵袭淫掠；从远方返家的人，不让马上进屋，而须在门口烧起的火堆上跨过几次，把外面带来的不净之气焚化驱净；不少农区婚嫁娶新娘，亲朋好友沿途设灶敬茶，并烧起火堆，新娘要从火堆上跨过；到了丈夫家门，新娘要下马绕门前火堆转三圈才能跨进屋；在佛事活动中，点酥油长明灯供佛，点火堆煨桑祭祀等等，都是火崇拜的直观表现。

对火的禁忌也很多，烤火时忌讳脚伸向火塘，或蹬在灶上；忌讳在火塘上烤靴子和袜子；忌讳烧肉，或将不洁之物扔入火堆中，更不准随意从火堆上跨过等等。这一切，都从远古传到今天，折射了藏人祖先对火的崇拜。

上述遗风说明从远古起藏族人就认为火给人带来幸福，把火视作力量、威严、光明、吉祥的象征。而在生活生产领域，藏人更是能动地全面地发挥火的威力，并延伸到丧葬领域。他们通过火来出殡亲人，表达对亡灵的尊重，考古发现的火葬就佐证了这一意识。佛教传入后，火葬被注进新的意义，被赋予能使肉体“顿灭无涂”，使灵魂随着无形烟火离去，干净彻底地离开人间，早日进入新世界的神奇功能。

青海省黄南藏族自治州隆务河谷的藏族农村，在元朝国师八思巴传播藏传佛教萨迦学派之前，葬仪有天葬、土葬、水葬等等。后遵萨迦派隆务寺主持的开导，仿照萨迦地区的葬仪，整个改成了火葬。从隆务河畔的殡葬改革缘由，我们分析在西藏后藏地区，特别是萨迦一带，很早就有火葬的习俗。

在青海省湟水流域，即藏传佛教格鲁派世祖宗喀巴的故乡，曾于九至十一世纪建有角厮啰王朝的宗喀地方，也盛行火葬，至今如此。考证其历史渊源，宗喀地方的卓仓七沟藏族百姓，原本是拉萨附近澎波、党木隆·洛扎等地的部落。当吐蕃东进拓土时，他们作为野战军的一部分，全部落推进到湟河流域，后来成边屯兵安居在此，成为安多一部。但在语言上、服饰上、歌舞上、习俗上、他仍保留有自己独特的文化痕迹。火葬就是他们区别于周边民族和藏族部落的一种文化特征。

在藏区，实行火葬的地区相对集中于不少林区。在山区或河谷农业区，世世代代栖居本地的居民，而且居住分散、人烟稀少、交通闭塞、联系不便。他们受宗教影响很微弱，外来文化的冲击更是微乎其微。他们的生活来源不单是农业收入，因为河谷林区适于种植的土地面积太狭小，他们不得不把农牧、农林、农猎作为索取物质财富的主要生产方式延续至今。在藏区，像白龙江流域的迭部县、舟曲县；四川川西北及甘孜州两州的林区、部分山区。还有云南、青海、西藏局部林区，他们祖祖辈辈都实行火葬。说到底是对火的崇拜及火的功能的认识之结果。而这种认识恐怕不单单是一种外来文化意识的影响所致，而是与他们依存的生存环境、生产方式、生活方式，以及由此产生的审美情趣有着不可分割的紧密关系。说穿了，火葬的土壤是本土地理条件，特殊的地理环境。正是这些条件使它顺理成章地选择火葬，酿造了藏区的火葬文化。

人类的任何行为，都无法离开他的生存环境，存在决定意识，存在决定行为模式，这一铁的法则谁也无法逾越。在林区，缺乏平坦之地是可想而知的，向阳缓坡之处是稀有之宝地。如何利用这种稀有之地，作为物质的人类，自然首先得把维持和延续生命作为最高砝码来思考，必然是把活人的利益放在最前面，把生存放在最迫切的位置去考虑。因此，生活在山高坡陡、崖坎林立、沟涧纵横的林区的原始人总是把那些稀少的平坎坦地、向阳缓坡开垦成农田来耕耘，播种成粮食来收获，首先满足生存的需要，维持子孙的繁衍，达到延续香火、传宗接代的理念要求。

在严峻的利益面前，权衡利弊，活着的人只能让亡人委屈一下，把他们的去处搁在次要位置上。但亡人毕竟是自己的血肉亲情，或是恩重如山的父母，或是手足之情的兄妹，或是相依为命的妻子（丈夫），或是……在感情天秤上，还得寻找平衡点，寻找寄托处。

把亡人葬在何处好呢？有限的可耕种的土地是无法腾挪给亡人的，因为生存利害搁在那儿。而阴山陡坡呢？阴山光照差，荆棘密布林木繁杂。且不说尸体容易受潮腐烂，山高林密也很难找到合适地点。同时，林区溪水密集，洪流不断，亲人的尸首难保不被冲涮暴晒，或被冲散肢解七零八落。另外，莽莽野林中不乏猛兽恶禽，他们成群结伙嗅味而来，一旦亲人尸骨被发现扒出来，其结果便会是一顿撕咬吞嚼，乱扯胡拽。狼籍遍野，惨不忍睹！于是，在总结了各种葬法的优劣，观察了各种葬法的后果后，这些地区的先民们便自然把目光聚焦在万能的火上。

构成世界的四大元素是土、水、火、风，而人又是物质的，是变化消长的。让肉体快速、干净、毫无牵挂地脱离灵魂，使灵魂能顺利地转移，这是亡人亲属发自肺腑的、共同一致的衷心愿望。而唯有火化才能实现这一愿望。对火的由来已久的崇拜，火本身带来的效益，使林区山寨的藏人情有独钟地选择了火葬。

林区、河谷地区、山区选择火葬，还因其具备了火葬的基础条件——火化的燃料。这些地区火化用的木柴或植物油方便且充足。在农区和林区，有着树木、油料生物成长的良好气候；适度的地温，湿润的雨水，不愁没有烧化尸骨的柴火，也不愁催助火势的植物油料匮乏。这样，火葬在这些地区就很自然地生根开花，世世代代延续下来，成为当地独特的葬俗。

综上剖析，我们可以认定这一点，在藏区局部地区很早就普遍存在的火葬葬俗，首先是因为其外在具有火葬的燃料条件，其次才是观念信仰上对火的崇拜，对火葬的神往。正是基于这内外两种因素的有机揉合，藏区局部地区从远古便有火葬葬俗。它组成藏民族和雪域地区殡葬习俗的又一色调。

活佛、高僧、上层人士风尚火葬

上述局部地区的平民实行火葬，是由于自然环境的特殊性不能不选择火葬，当然也有观念指导作用。但剃度出家的藏传佛教僧人们圆寂后，也普遍风尚火葬。这种风尚与佛教传入藏区，大批藏族子弟出家为僧有着直接的关系。但这是后来发展衍变的，火葬习俗在藏区先于佛教传入，是本土丧葬习俗。佛门弟子只不过推波助澜，扩大了火葬的规模，补充完善了火葬的仪轨罢了。

众所周知，佛教的发源地是南亚的印度大陆。早在佛教问世之前，印度大陆的丧葬形式就以火葬为主。这种葬俗，可能与古波斯创主的琐罗亚斯德教在印度大陆的传播有直接关系，与印度大陆崇拜火之风尚有直接关系。释迦牟尼创立佛教，佛教教义中吸收了很多拜火教的内容。佛教受到大多数人的信仰，作为文化形态的火葬自然随之受到推崇。释迦牟尼死后实行火葬，并在教规中要求僧侣进行这一葬俗，认为火是“善”和“光明”的象征，把火葬推举为一种吉祥和高尚的葬法。因此，火葬深深地烙在所有信佛者的骨髓之中，上千年来，成为出家人最崇尚的葬仪，成了佛门弟子生活及理想的组成部分，成了他们人生归宿的唯一途径。举凡出家为僧的，不管他走到了什么地方，受到异域多大的礼遇，得到多少信徒的拥戴，在他观念深处，仍然坚持火葬是灵肉分离的最好形式，是他脱胎转世的最好、最纯净、最便捷的途径。因此，在涅槃之际，都不言而喻、豪不犹豫地选择了火葬。信徒们自然尊崇其意愿，火葬也就约定俗成地成了佛门普通弟子唯一的葬俗。

藏区的佛教来源于印度。印度与青藏高原毗连为邻，文化交往频繁，影响也是很明显的。当佛教在印度次大陆受到冲击后，相当一部分高僧，便翻越喜马拉雅雪山，来到青藏高原弘扬佛法。而松赞干布，赤松德赞、热巴巾三位笃信佛教的吐蕃法王，又派去了大批的贵族子弟和平民僧侣前去印度学习佛教文化，在雪域高原刮起了一阵阵“印度风”。

接受佛教文化的同时，藏区信佛的王公贵族，特别是佛家弟子也接受了印度习俗中的价值观，把火葬作为自己圆寂转世、灵肉分离的最理想形式。渐渐成为整个藏传佛教僧侣的风尚，作为僧人唯一的葬俗。

在实行火葬的人中，僧侣们是整体地投入阶层。

藏区其他阶层中，还有一类人也把火葬作为自己的归宿。他们是各地掌握统治大权的“土王”、“酋长”、“土司”、“头人”等。是属于藏民族中的上层人士。

在葬俗上，他们为什么要脱离自己的属民独树一帜呢？迄今为止，任何传说和史料都未曾说明其中原由，但冷静而仔细的思考，历史而辩证地论证，恐怕是他们的虚荣心导致他们有意把自己神化的功利目的在作祟。

佛教原本是否认血统高低贵贱的。它认为一切生命都生来平等。但佛教又认定，人在世界上的命运是有差异、有等级的。不同的命运来源于前世人的修行结果；来源于前世善与恶的积累。积善积德则前途光明，会转世成居住上天的神、佛、或者人上人。而恶贯满盈的则死后会坠入地狱，变成饿死鬼、畜生、受尽痛苦与熬煎。

这种学说，客观上还是给凡夫俗子们描绘了未来等级社会的场景，造成了“命好”、“命坏”与自己血统有联系的认识偏差。

作为不平等社会的直接根源，王公贵族、酋长、头人、土司等，少数人掌握了全社会的生产资料，垄断了社会财富的绝大部分。他们不劳而获，作威作福，欺压平民，榨取了不尽的血汗，也积淀了无法消除的对立情绪和仇恨火种。

正由于阶级对立，造成了不平等社会现象，又需给这种社会沟壑盖上平整的苫板为自己心理找到平衡；为不道德行径寻找一种理论依据作掩饰；给被压迫者精神上居高临下的压力，他们只有在“血统”、“命运”上做文章，把自己搁在与积善积德的佛门弟子同等地位上，把自己的特权和世袭地位看作是“君权神授”，把自己看作是“天使”。他们为达到这一政治企图，在葬俗上寻找到缝隙，有意通过葬礼等仪式来傍上佛门，以佛之灵光来提高自己的精神地位和权势地位，懵哄平民百姓的视线和感觉，表示自己在血统上区别于普通的农牧民和市民，生来有异于平民，是与活佛、高僧同属一个社会等级。

他们是功利驱动而选择了火葬。

而寺院及活佛、高僧，也因俗民中的豪门贵族是佛门的主要供养者，是以财富支持佛教弘扬，是寺院经费的主要来源、重点施主，对佛门功德巨大而认同他们的社会等级，认同他们选择的火葬葬俗。这种相互利益的需要，“相得益彰”的结果，是火葬成为高贵血统的专利。

由于僧侣和上层人士的推崇，火葬在藏人的殡葬礼仪中便成为仅次于塔葬的葬仪。既使在风行天葬的地区，火葬也是僧侣和上层人士专用的葬轨。

这样，藏族葬轨和其社会形态一样，出现了等级。不同社会阶层拥有了不同的殡葬形式。

火葬程序

佛教教义影响下的藏民族心态环境，是较宽松较自由的。在不违背教义的前提下，他允许信徒根据自己的条件，多方选择发展，而不是单一的、专制的、独裁的统管。这就给藏文化的多色彩、多侧面提供了温床。

以牧业为主体的生产方式，也给藏文化的形式创造了宽松、自在的环境。牧业生产方式的分散性、游动性、自给自足性，使藏文化只能漫流式地发展，而难成为河床性的、整齐划一的机械模式。

火葬也是如此。

在大前提之下，各地火葬程序也色彩迥异。

在东部湟水流域和川西北、甘肃南部地区，当家中老人进入花甲之年，家人便准备好了佛龛形的棺木盒子。佛龛形的棺盒似汉区两溜水脊房的楼房，正面有双页镂空窗，窗台下是板壁，窗台和板壁之间有两根柱子与人字梁衔叨，远远看去似是二层楼房的横剖面。它又似一架精工细作的轿子。有人译作龛棺，也有人译为灵轿。

龛棺正面一般不雕龙刻狮，没有特殊象征意义的饰物和彩绘重抹，两侧则可适当地抹些白颜色，但整个基调却必须保持朴素、淡雅、自然，体现人生来去赤裸裸，无牵又无挂的葬俗宗旨。

在木材缺乏的藏区腹地，一般都舍去了龛棺。按照天葬的程式，把遗体送到传统的火葬场地，或自家的火葬台去焚烧。火葬场地，有的地方有集中统一的火葬场，有的则各家有各家的火葬台，有的则是临时由活佛卜算的火葬台。

火葬台一般是两种，一是按曾经卜算过的地方提前砌好焚尸炉（坛）；二是只有架起的柴架。活佛、高僧、千百户、酋长、头人的尸体火化，大都必有焚尸炉。而一般百姓则根据地方火葬传统来操作，按自己家庭社会地位、财富权势、在家中所处的地位、子女亲属情感的亲疏来自行决定，没有统一的规定，社会舆论也无统一的标准。

火葬的日期选择，和天葬一样，是活佛和高僧根据死者的属相、年龄、去世时辰、去世原因等综合因素卜算卦定的。起葬的时辰不能超过正午。佛经认为，过了正午，整个宇宙空间的阴阳对比开始发生变化，表现为阴重阳轻，不利于阴魂的转移投胎，甚而阴魂不散，眷恋尘世，变成游魂的可能。因此，藏区任何葬俗，都必须在正午前进行，最好是朝阳抹红山头，大地阳气弥漫蓬勃之际。

东部藏区一带，起葬时，先用一条两米长的白布袋把遗体装进，然后从龛棺背面抽开板子，把遗体恭恭敬敬地抬进去，姿态取坐禅合掌样，再把板壁封死。两根长长的木杆作为抬杠绑在两侧，亲友（远亲）和村里年青人负责抬运到葬地。如果人手缺乏，或山路难行，也有一人背着龛棺走的。

在川西北，起葬那天，村里亲朋好友及附近有来往人家都来其家中送葬。女人焚香诵经送到大门口或村边上，男人们则几乎倾巢而动簇拥到火葬场。在送葬队伍的前后次序上，通常由一位僧人在前诵经开路，象征着佛门引导亡魂走向正确的归宿，同时意味佛法庇护亡魂不受鬼妖的诱惑和欺诈。其后是龛棺，再后才是送葬的人伙。

到了火葬场，遗体从龛棺中抬出，作为规范姿态的捆绳系数解开，连龛棺一起搁在已架好的柴堆上。尸与棺都得面向西方，表达了佛门信徒对佛的厚望和对西天极乐世界的向往。这一切停当后，便在遗体、棺木上浇浓浓的酥油汁，随之点燃了柴火。火化也算正式开始了。请来的诵经超度僧人要抬高嗓门放声诵经，送葬的人伙也要随自己懂得的超度经文高声念诵这一经文（不需要合拍）。一般都是各念各的，绝大多数都念的是“唵嘛呢叭咪吽”六字真经。巨大的声浪如松涛海浪遮住了松柏柴火的劈啪燃烧声，把祭祀亡灵的葬礼推向了高潮。

尸骨火化成发白程度，火葬便达到了目的。在整个火葬过程中，如果风顺火旺，一燃到底，尸体净尽，则视为吉兆；而如果火焰忽明忽暗，忽旺忽弱，火化时间拖得很长，便认为不吉，人们将怀疑死者生前业果恶多善少，视作报应反馈。

抬到火葬台的亡人服饰及抬杆，还有其他一应用具，也要当场焚烧一尽，免得亡灵牵挂，或是晦气带回家中，出现新的不安和天灾。火化后的骨灰由小字辈的至亲收起，或到高山顺风处抛撒，溶进大地林木之中，肥沃一方故土，表达报恩心情；或到江边、桥头抛洒河中，滋润两岸土地，作为大地养育之恩的回报；或装在罐子内埋在地下，让亡人骨灰和大地同存。

在大渡河上游的嘉哇戎松岗地区，尸体火化后，骨灰搁入龛棺之中，埋于家族或村庄的坟坡上，土堆前不立墓碑，只建起门厅似的“地炳”（用白石块或者泥佛像）房，无固定位置的则在坟旁插杆经幡。“地炳”房中有置酥油长明灯的小洞，送葬后的49天中，家人每天傍晚去供燃一盏酥油灯，直到七七四十九天中阴完毕。每年农历新年初一的早晨，举家还前去“地炳”前祭祀，带去丰盛的食品焚烧，一表怀念之情。

青海玉树藏族自治州，也实行火葬，通常采用的办法是：用松柏木柴架一高高的柴架。上涂溶化的酥油，然后将死者的遗体安放其上，身上再涂抹酥油汁，便点燃柴架燃烧焚化。操作者要冒着滚滚的浓烟，用长长的铁钩不停地翻动柴棒拨拉尸体，加速烧化。旁边的人要不时将松木柏棒投入火堆，不断浇上酥油汁，保持火焰的旺势。一般情况下，烧化一具尸体需数千斤木柴，得花两三个小时。

烧净的骨灰，当地人一般用酥油、炒面拌合。或悄悄地撒入江河，或洒在高山灌林之中，或撒在天葬台上，让脱离了灵魂的肉体有个欣慰的归宿。

活佛火葬的场面要比普通人壮观肃穆得多。寺院的大小僧侣都出来送殡到天葬台，聚集在焚尸炉周围诵经祈祷，举行隆重而繁琐的祭祀仪式。良辰一到，投尸浇油点火。届时钟鼓齐鸣，长号吹奏。附近老百姓面对寺院，仰望焚尸炉，不断叩头祈祷。尸体烧完后，佛邸管家等将骨灰和未烧化的骨头集中起来，装入专制的黄缎口袋，藏于特制的灵塔内，陈列在一定的佛殿里，供僧俗信众朝夕礼拜。有的则将活佛或高僧的骨灰与炒面、酥油及各种香料掺合在一起，择定吉日，在众僧的祈祷声中，或团成球状保留，或直接撒入江河。

在相当一部分火葬地区，骨灰的处置大多采用掺泥制作泥佛像"擦擦"的方式。即将骨灰拿回去后保存起来，在春秋两季，家人到有红泥的地方，把骨灰揉进红泥之中，用袖珍铜版印成各种泥佛。藏语俗称"擦擦"。"擦擦"泥佛一般以上千成万来计数。数万"擦擦"佛，堆砌成房盖脊搭檐叫"地炳"（十万泥佛）。或堆在路口、山坡供人叩头朝拜；或在寺院半坡砌房堆砌；或在自家厨房中修起"地炳"房。它既表达了亲属的尊重和怀念，也寄托了祈求佛祖早日让超度亡灵转世的愿望，是一种高尚、纯净、简便的祭祀方式。

火葬的渊源

作为人类葬礼中的一种先进形式，藏区是火葬发祥地之一。火葬在藏区有着十分悠久的历史，是藏民族本土文化的组成部分，也是对人类丧葬文化的贡献。火葬为什么能在藏区出现并形成一定的气候呢？

正如前面简单提到的，首先是对火的崇拜。

人类在启蒙阶段，都有过对火的崇拜，为什么藏族的火崇拜情结经久不衰，并把火崇拜引用到了葬俗上呢？这与藏民族生存的地理环境直接有关。

藏民族居住的青藏高原是一片高寒大地，平均海拔在3500米以上，几乎不存在绝对的无霜期。冬春漫长至八个月左右，气温大多在零下十几至二三十度。在这样一个严酷的生存环境中，人类对火的依赖性之强是可想而知的。唯有火，能帮助他们驱散寒冷，带来热力；唯有火，能帮助他们逐走漫长黑夜，带来光明和信心；也唯有火，能帮助他们吓走野狼恶兽，保护人体和牲畜的安全。火与藏人的生存紧密连在了一起，唇齿相依、生死与共，成了无法分割的生活整体。

藏人对火的体会最深，依赖最强。

藏人对火的威力也感受最深，观察最细。

当人类从蒙昧时期走进野蛮时期，进入史前文化阶段时，人类的认识能力也有了较大的发展，“万物有灵”观念占据了人们的头脑。居住在青藏高原上的先民们，在从事以畜牧业生产为主的活动中，对“万物有灵”的感性了解更是深刻具体。他们从草枯草荣，河涨河冻，动物冬眠复苏，牲畜冬瘦夏肥等等自然现象中感到“神”“形”关系的微妙。认为“神”是永久的，“形”是暂时的、变化的，从而引发出万物有灵的观念。“万物有灵”的观念引伸到人类自身，则灵魂是永存的，肉体是暂时的，死亡则标志着肉体的结束，灵魂将转移到其他肉体上去。

藏族的先民选择了神圣的火来完成这一历史使命，他们绝对相信火能彻底帮助自己圆满灵肉分离的夙愿。

火的确帮助藏人圆了这个梦。经过火的烧化，整个肉体消失了原来的形态，只剩下一堆无法辨认、没有形象的骨灰，达到了灵肉彻底分离的目的。

这是实施火葬的认识基础，也是其采取火葬的价值指导。

另外，火葬也是所居住的环境条件先天决定的。林区、林农区、河谷农业区，因土地少却具备火化需要的大量木柴而得以实行火葬，能够从远古持续到现在，成为当地唯一的葬俗形式。

在广袤而植被贫瘠的高山牧场，不仅生长不了高大的乔木，连低矮的灌木林也很难生长，要储备上千斤木柴用作火化燃料，简直难于上青天。既使能备齐如此数额的木柴，作为游牧的牧民，又用什么运输工具驮运这么多的木柴转场游牧呢？对牧人来说，这简直是天方夜谭般的故事，成了无法逾越的难题。火葬也就仅仅成为人们归宿的理想方式，而很难在草原上付诸兑现，扎根下来。

在草原上，燃料虽然不太缺乏，但充作燃料的只是牛粪、羊粪。而牛粪和羊粪其火力没有木柴强，其火势没有木柴旺，其持续性没有木柴久，无法形成持续不断的集中、猛烈的火焰，无法胜任焚化尸体的重任。而如果以酥油来催助火势，一般人又很难拿出数百斤酥油来当燃料。总不能扼住活人的脖子来打发死人，更不能倾家荡产送葬亡亲，这与藏民族传统的死亡价值观念相违悖，也与亡人的意愿相背离更与佛教的舍己牺牲精神相对立。因此，高原牧场的藏人只能摒弃火葬而实行天葬。实行天葬也是事物发展的必然。

随着藏传佛教的深入，天葬渐渐深入人心，形成风尚，火葬的功利观念由天葬胜任代替，火葬也就被牧人慢慢淡化。

火葬在全藏区有一定影响力的另一原因，则是藏传佛教高僧大德们仿效佛祖及印度火化的葬俗，纷纷执意火化，把火葬清高化、神密化，成为表现一种社会等级的葬俗。随之又有附庸风雅，自视高贵的王公贵族、土官头人大批加入火葬之列，有意无意地排斥了平民阶层，使火葬变成了统治阶层的葬俗，成为上层人士的“专利”，平民只能望而却步，不敢加入。在有的地方，平民若实行火葬，则受到社会的非议和打击。

火葬，就这样由“老天”和“人为”两种原因相互消长，受到限制迟滞，未能全面推广开去。

第十章　活佛塔葬

天葬第一，火葬第二，还有一种特殊的葬俗——塔葬在藏区也流行，它是佛的化身——活佛们推崇的葬礼，这就得首先说起塔。

塔、佛教建筑物·释迦牟尼的舍利塔·高僧大德弟子们纪念供奉的象征·藏区活佛高僧推崇的葬俗·肉身塔·特别独到的防腐术，还有金塑·一般均是骨灰塔，塔是活佛高僧的专利。

印度舶来的葬塔

塔葬是雪域藏区葬俗中又一独特的另一形式。为什么要塔葬，塔葬从何而来？

在信仰佛教的国家和地域中，人们能看到各式各样的塔式建筑，在藏区尤其如此。在村旁，在山腰，在庄中，在寺院周边或中心地带，都屹立有藏族建筑风格的白塔。而在大型寺院的经堂内侧，你能见高低不一、大小有异、精致华丽的灵塔，即活佛大德的骨灰塔、肉身塔。那么，这些塔是如何产生的？塔的作用又是什么？

塔的全名应叫佛塔。在古印度梵文中，称作堵波或浮图，最早是用作收藏佛的舍利，后来发展到珍藏佛经等。

但塔的雏形却要比这早得多。古印度的国王死后，都要筑一半圆形的坟墓。佛塔造型由此发展而来的。

那么，什么是舍利呢？在佛教词汇中，是指尸体或身骨。实际指佛祖或成佛大德者火化后的结晶物。最早的塔是这样来的：佛经中说：一位名叫给孤独的居士（居士，指不出家的佛教徒）来见释迦，说起他的心事和愿望："您经常到各国巡游，我不能常见到你，请您送我点纪念之物吧。"

释迦随手把自己的指甲和头发送给他，说："送你这爪发供养好了。"

于是，给孤独居士便建成塔来供养释迦的爪发。这便是佛塔来源的最早说法。释迦牟尼遗体火化后，骨灰结晶成细粒珠状物。弟子们把这些珠状骨灰分成八份，分别在有纪念意义的八地建造塔，将骨灰（舍利）珍藏其中，以作纪念让信徒朝拜供奉，称其为舍利塔。

舍利据说有三种颜色，白色骨舍利，黑色发舍利，赤色肉舍利。又有全身舍利，"碎身舍利"、以及"生身舍利"、"法身舍利"（指佛教大小乘全部经卷）之区别。完整意义上的塔就是这样产生的。佛塔完全是印度文化的结晶。藏区的塔，可以说是从印度移植进来的，是活佛和高僧的专利品，普通藏人无缘染指，更没有资格享用。可以明确地说，藏族最早的塔葬受印度佛教"八王分舍利"建塔供养释迦牟尼遗骨影响而成。释迦牟尼的遗骨、佛发等是生身舍利；经书、佛像、法器等为法身舍利。佛教徒甚至把药材、珍珠、玛瑙乃至清净物都视为舍利，以建塔收藏。

随着佛教在雪域高原渐成气候，一统天下，佛塔的内涵也随之延伸。从收藏活佛或高僧圆寂后火化的骨灰，发展到收藏他们的指甲、头发、衣冠。还有专门供养经卷、佛像、珍宝等的塔。佛塔成为佛教徒日常供奉朝拜的场地，也是佛的象征物，是藏传佛教又一风景线。

最早问世的塔只有八个，即释迦牟尼的八大灵塔。它是佛祖的舍利八塔，也是象征释迦牟尼诞生、得道、降魔等八大历程的纪念碑，是八相成道的标志。

这八大灵塔分别建于古印度各地：

一、迦毗罗的兰毗尼园（诞生处，称"堆莲"塔）。

二、摩揭院的尼连河（得道处，称"大菩提"塔）。

三、波罗奈城的鹿野苑（首次说法处，称"吉祥门"塔）。

四、舍卫国的宰祇陀园（释迦牟尼成佛后的安居处，称作败外道塔或示现大神变塔)。

五、桑迦尸国曲女城(从忉利天下处,称作“三十三无神塔”或“神降塔”)。

六、王舍城(化度分别僧处,称“分合塔”)。

七、毗耶离城(将入涅槃,“加持”塔或“殊胜”塔)。

八、拘尸那城(涅槃处,称“涅槃”塔)。

在理论上,佛塔这八种类型,分别代表着释迦牟尼一生的八个不同的历史阶段,或者可以说是释迦牟尼的八个不同层次的精神境界线。通过八塔为一组,反映佛祖一生的八大功德。我们在各地见到的一溜八个佛塔,便是对释迦牟尼一生及功德的纪念与赞颂。八塔从东往西的顺序是:莲聚塔—纪念释迦牟尼降生时行走七步,每步开一莲花;菩提塔——纪念释迦牟尼修行成正觉;四谛塔——纪念释迦牟尼初转四谛法轮;神变塔——纪念佛祖降伏外道时的种种奇迹;降凡塔(或在降塔)——纪念释迦牟尼从天堂重返人间;息诤塔——纪念释迦牟尼劝息诸比丘的争端;胜利塔——纪念释迦牟尼战胜一切魔鬼;涅槃塔——纪念释迦牟尼入涅槃,不生不灭。

纪念佛祖的八塔,通常以三种形制出现:第一种是菩提塔,第二种是天降塔,第三种是多门塔。

在中国,从佛教传入东晋南北朝起,就已经出现了以收藏舍利为主的佛塔。佛牙塔便是最典型的一例。原北京西山八大处的第二处——灵光寺旧址便是珍藏释迦牟尼佛牙舍利的地方。据佛教史籍传说,释迦牟尼遗体火化后,其他肉体都烧化成球状骨灰舍利,唯独两颗牙齿完整无损留在了人间,一颗后来传到了狮子国(今斯里兰卡),一颗传到乌苌国(约在今印度北部苏瓦特河流域),后由乌苌传到于阗(今新疆和田)。东晋僧人法显西游于阗,把它带到京都建康(今南京市),后辗转到北京,珍藏于灵光寺中,建抬仙塔专门安置其内。

在藏传佛教的密宗中,又把塔作为大日如来佛的标志,即“大光明”(或称作光明遍照一切之地的大日佛)佛。如五塔(仿照佛经曼荼描绘的坛场图景建的佛塔。塔座为拱门方形高台,上砌有五个方形小塔,塔表雕刻梵文图像、七珍八宝图案。金刚座后,北墙南面嵌雕有:

西为六道轮回图，中为须弥山分布图，东为天文图）。

随着印度佛教的传入，塔葬开始风靡藏区，成为有经济势力、有政教大权的寺院活佛和高僧大德们归宿追求的象征。他们纷纷抛弃土葬，舍去火葬，举行塔葬。

藏区最早的塔葬出现在公元九到十一世纪。最早的塔葬是从印度迎请而来、在藏地圆寂的高僧寂护大师（有译为静命的，藏族称其为喜瓦措）开始的。他于公元8世纪晚期（760年）在吐蕃去世，他的弟子们为了纪念他在藏区弘扬佛教所做的贡献，按照印度佛门的传统葬俗，修建了灵塔，像供奉佛祖舍利一样，把他的遗骸安放于佛塔之中，供后人瞻仰和膜拜。

这座建于西藏山南桑耶寺旁哈布山的寂护大师舍利灵塔，是有史料记载的藏区第一座佛灵塔，距今已有1300多年的历史。

紧接着，吐蕃时期的三大译师也举行了塔葬。塔葬渐衍化为新风俗。著名的佛教高僧也纷纷举行塔葬，塔葬终成高僧大德和活佛的葬仪。

俗人中举行塔葬的要首推西藏阿里古格王朝出家国王益希沃。19世纪上半叶，中亚的伊斯兰教与佛教在今新疆的于阗进行了一场宗教战争，意希沃率兵救援，不幸兵败被俘，后来遇害，遗体被当地佛教徒运回西藏。为了纪念他宏扬佛教抵挡外道的功绩，佛教弟子们对其进行了隆重的塔葬。意希沃灵塔建筑的方法、风格、藏物、葬姿经史料传播，成为藏传佛教塔葬的规范礼仪，也为全面塔葬的制度化奠定了基础。

从上面几类现象中我们不难看出，藏传佛教界已经把塔葬作为对死者善后的最高丧仪，作为表达他们对亡人生前弘扬佛教的纪念和歌颂。因此，才出现了如阿里古格国王益希沃的遗体灵塔；噶当派祖师阿底峡死后，其弟子仲敦巴将其骸骨存放聂塘度母寺宝瓶内；宗喀巴的遗体安放在达孜甘丹寺灵塔内。

但塔这种建筑形式在藏区的出现却要比灵塔早得多。在藏传佛教密宗大师莲花生的设计建造下，历时12年，于公元779年建成的吐蕃第一大寺桑耶寺就修建有四色佛塔，并与主寺同时竣工。四塔颜色为白、红、黑、绿四种。塔身有四方多角形、方形、半方、半圆等，有的如复钵、复盔、复钟。基本以砖、石为材料堆砌成。在桑耶寺主殿四角建的这红、绿、黑、白四塔，象征镇伏四方一切凶神邪魔，防止天灾人祸发生。为了增强震慑力，又在塔的周围遍架金刚杵，形成108座小塔。每根杵下置一舍利，象征佛法不可摧。而主殿四塔又分别包涵各自的象征："又建白塔即大菩提塔，此塔以狮装饰，遂建成声闻之风格……红塔系长寿菩萨之风格，其上饰以莲花……，黑塔以如来佛之遗骨为饰物，其形制系独觉佛风格……绿塔乃法轮如来风格，以十六门为饰物。"

高大雄伟、形制各一、独具风格的四塔建成后，吐蕃君主赤松德赞曾引吭高歌，唱颂佛塔道：

我那座白色佛塔，
如同右旋之海螺；
那座红色佛塔，
犹如火焰冲天；
那座绿色佛塔，
好似矗立着的玉柱；
那座黑色佛塔，
宛若铁钉钉在地上，
我之佛塔实属罕见。

从以上颂词，我们可以看出，随着吐蕃的兴旺发达，佛塔渐与藏民族的精神生活、信仰追求完全融合一体了。

学习印度的佛塔纪念形式，桑耶寺为例建造的多以舍利佛塔形式，这就鼓励着藏传佛教的活佛和高僧大德向印度"师父"看齐，仿效他们，以获取更大的功德。藏区最早的塔葬问世，究其根源，社会外在氛围环境影响为副，内在功利追求为主，两者吻合到一处了。

肉身法体防腐术

藏传佛教五大教派中，注重戒律的格鲁派后来居上，一统天下，居于统治地位。他的最大特点是它有一套严格的戒律管理僧侣队伍。这支职业宗教队伍在形式上与外界俗世隔离，而且他有着众多的、坚实的弘扬佛教的基地——大大小小的寺院。

寺院的住持活佛，在相当一部分地区是政教合一的最高领袖。尤其是五世达赖在蒙古汗王固始汗的扶持下，建立起政教合一的“甘丹颇章”地方政权后，政教权势集于一身，经济基础雄厚，政教影响深远，德高望重，斐声中外。其葬礼，自然不能和一般佛位的活佛等同相待。格鲁派为他首先创立了法体肉身塔，也称作灵塔。

在各个寺院供奉的金、银、铜、木、泥五种灵塔中，达赖和班禅的灵塔为金制灵塔，是最高规格。有能力的活佛、高僧都以塔葬为荣，或肉身塔或骨灰塔，成为一边倒的葬俗。每座寺院都有一个或数个活佛圆寂后经火化，将骨灰收藏塔中（一般是将骨灰收藏在黄缎袋中，然后造葬塔。塔建好后，举行隆重的仪式来搁放骨灰）。

一般说来，让僧俗信徒供奉朝拜的骨灰塔，大多是某一寺院的创建者，或某一教派中心寺院的大活佛，或者在经学方面有特殊的建树者。但塔葬供奉的活佛各寺不一，如有的寺院只塔葬第一世活佛；有的寺院则历世活佛皆实行塔葬；有的寺院若有三个活佛系统，则只塔葬一个系统的历世活佛。其中原由错综复杂，有历史的，也有势力背景的，难能一概而论。塔葬的内容也比较多样，除塔葬本寺历世活佛的法体肉身和骨灰外，有的灵塔内还供奉衣帽；有的则供奉胸围骨饰和头饰；也有供奉死者生前所用的各种法器的。但肉身塔则是塔葬中最尊崇、最高级的规格。

肉身的处理是一项复杂精巧的工程，要做肉身塔得先对死者的遗体进行特殊的、独到的防腐处理。

保存肉身谈何容易，它需要有高超的科技知识和实践经验。

塔葬是印度舶来的，但肉身塔却是藏族的塔葬形式也是对塔葬的创造性发展。肉身防腐术更是藏族医药学的独创，是藏文化的瑰宝之一，也是对祖国医学的贡献。

对防腐术的研究，藏人历史悠久。早在公元七世纪就初步掌握了处理肉体的科技知识。据藏文史书记载：松赞干布逝世后，尸体经过药物处理，然后用绸缎、药物和土制成赞普像，涂以黄金，穿上衣服，置于银制“嘎乌”(金属制的佛龛式盒子)内再下葬的。

藏传佛教寺院处理和保存遗体的方法很多。普遍用藏红花、麝香、檀香料等名贵香料和盐巴浸泡的香水，对遗体内外反复擦洗，然后缠裹上绸缎，定期进行更换，以迅速有效地吸出体内水份。

也有的先取出内脏，然后按其“坐化”姿势安放于一精致的木箱内，再在腹腔及其遗体周围填满炒熟的盐巴和各种香料，一直掩埋到头顶。这样做只为一个目的，即吸出体内水份，同时也用于防腐。

还有一种是不用盐巴处理，而是多用盐水、香料和黄土和成的泥巴，将遗体内外糊上一层，如此反复进行更换，直至体内水分被泥巴吸收，盐分大部浸入体内为止。

第十世班禅的法体肉身是这样脱水处理的。负责法体脱水的寺中老僧们，把藏红花、檀香料、盐巴等多种名贵的药水精心泡制，擦洗法体，再用绸缎密密裹紧，以吸出法体水分。他们按期更换绸缎，沐浴药水，使法体的水分完全吸尽，又不损伤体肤，保证了法体能长年保存。在长达四个月的处理中，用于法体的药物和脱水的名贵药品达500多公斤，其中有5公斤藏红花，还有帕苦玛粉、白檀香粉、高级冰片和“六种良药粉”等。

当僧众确认活佛的遗体能长期保存，万无一失时，便开始第二道工序，即金塑。

为什么进行金塑？这是因为经过上述防腐脱水处理后的遗体，与原形有了较大差距。因此得请泥塑方面具有高深造诣的僧人，按其原貌重新进行塑造，也就是金塑。重塑金身之前，僧众不但要进行花灯供养，而且还要举行隆重的祈祷仪式。法体前的香桌上不仅要有鲜花，还要供有圣水、供果，多盏昼夜不息的酥油长明供灯。显宗学院僧侣们日夜倒班在法体前诵念《破土经》、《消灾经》，还有大藏经《甘珠尔》的部分篇章。在高僧(法台)的主持下，进行百种供果和平火祭等佛事活动。

金塑时，在遗体腹部重新缝合之前，通常要在腹腔内装上经文，填满各种名贵的香料和珠宝。按佛教原旨要求，重塑金身之物，据说要用印度恒河等世间“四大神河”之水，珠穆朗玛等世间“六大名山”之土，然后与珍珠、玛瑙、翡翠、珊瑚、象牙、松耳石等珠宝的细粉，各种名贵香料拌合而成“神泥”。但这种“四水”、“六山”之水土雪域高原是难以弄到、弄齐，所以，通常的做法是在神山上先取洁净的黄土和泉水，经僧众诵经祈祷后，与一些珠宝和香料细泥搅拌而成，算是“神泥”了。

金塑之前，艺人得首先把萎缩的遗体拉展，并固定成“坐化”姿势。然后，再用泥巴一点一点地修复塌陷或变皱的部分，基本上从头到脚要全部泥塑一遍，使修复出来的遗体达到形神兼备，和活人原貌一致后，才开始涂金粉，或以金箔贴身。再予以描眉、画眼、涂唇，最后穿上袈裟，戴上僧帽，让其完全复原成生前的“佛像”。

金塑好的活佛遗体，标准姿态应是“趺坐”姿势，双手合掌膜拜，有的手上还捧一条哈达，活灵活现，维妙维肖，活脱脱的真佛现身。

金塑完成后，遗体的处理也宣告圆满结束，在隆重的仪式之中，把遗体供奉于事先制作好的灵塔或者祀殿中的巨型灵塔内。

灵塔装饰

灵塔分为两类：肉身塔、骨灰塔。一般都装饰得华丽堂皇，珍宝堆砌。不但镂刻有各种花纹图案，而且大都镶嵌有珍珠、玛瑙、珊瑚、松耳石等。以藏传佛教灵塔之最——布达拉红宫中五世达赖灵塔为例，塔高 14.85 米，塔身为金皮包裹、珠玉镶嵌。仅包金就耗费黄金近 11 万余两。十三世达赖喇嘛的灵塔高 14.85 米，塔身用 590 公斤的纯金皮包裹，镶嵌大量钻石、珍珠、珊瑚、松耳石、玛瑙等名贵珠宝，各种宝石相当黄金价的 10 倍以上。

为五世达赖修建的灵塔殿规模壮观宏大，气派雄伟。殿的宽度有 24 柱(每柱面积约 25 平方米)。其中主柱有四根，每柱是六尺两肘(一尺等于 1.74 米，一肘等于 46 厘米)。灵殿有三层楼高，中央修筑有五世达赖包金的灵塔。塔身上镶嵌有各种宝石。据《五世达赖喇嘛灵塔移交清册》记载：灵塔上的宝石种类有各种珍珠、玛瑙、绿松石、金刚钻、蓝宝石、绿宝石、红宝石、帝青宝、珊瑚、水晶、彩色镜、宝不帽、右旋海螺等等，其中特别值得一提的是塔瓶下方嵌有一串海泥沙制朝珠，是清顺治皇帝赠给五世达赖的珍宝。这颗珍珠比两个大拇指还大，长在大象脑壳内，是稀世之宝。

其他镶嵌的宝石计有杏核、蚕豆大小的各种珍珠4322颗；各种绿松石129颗，内地及其他地域所产红宝石562颗；各种珊瑚7232颗；各种玛瑙和羊脂玉盘700个，青金石3935颗，各种松耳石和彩色镜360个；各种禽兽形态晶石183个，真是极尽豪华，富丽之极。

在灵塔殿里，还有艺术价值极高，史料价值也难得的壁画艺术和围幔艺术，它们使灵塔锦上添花，显得更加庄重神圣。

藏传佛教六大宗主寺的拉卜楞寺内，历世嘉木样的骨灰塔也陈列于大经堂内侧的祀殿内。其规模虽不及达赖、班禅的灵塔，但也华丽精巧，最高的达三米多，用银皮包裹，上面捶雕各种花纹图案，镶嵌有各种珍贵宝石，技巧别具匠心。

灵塔的规范

灵塔的制作有严格的制式。

塔葬是政教合一统治集团主要人物的葬俗，具备塔葬条件不仅仅是经济势力，显赫权势、社会地位，最根本的是他必须是佛的化身，这个化身还必须具有很大的影响，“德高望重”，功德圆满，且有权力、财力。因此，可以明白地说，塔葬是集政教一身的寺院主持活佛的葬礼。

既然塔葬是藏传佛教的最高丧仪规格，那它对灵塔的规范设计就必然有严格的要求，格式是统一的。

首先灵塔要反映佛教理论中关于生命学说的“五大”基因，即“火、风、水、土、空”，尤其世界四种元素风、火、水、土。灵塔的构成正是象征地集中了这四种元素。《时轮金刚》指出，佛塔的塔座、塔瓶、塔颈，以及十三法轮、佛幢等正是风、火、水、土四元素的象征。佛学学者解释说：灵塔的塔座表示坚固的“地基”，其上的塔瓶表示“水球”，再上的十三法轮表示“火锥”，最上的塔顶表示“气托”和波动的精神，或脱离物质世界的灵气，每一元素皆由“趣悟阶路”而登达。

佛教将“四界”土、水、火、风集于灵塔之一身，使这四种元素的属性不仅能从功能上感受它们的存在，而且使其表现为有形有质，让人们通过物质实体看得到、摸得着。

灵塔的制作独到匠心、别出心裁，是艺术象征主义的精美微缩。

它由四大部分组成，分别是塔座、塔瓶、塔刹及塔顶。

各大部分又分解为不少细部。

1.塔座包括有：塔座、座阶、塔面（狮子座）、境端、墙檐、塔宫、十美。

塔座：灵塔最下部的方形基座，代表人生世间，象征所缘或所依，即僧和僧众。

座阶：基座与塔面之间的连接阶梯。

塔面：雕刻着守护智慧之宝（佛法）的狮子，它象征着佛陀。

其上为境端或端垫。

端垫之上为女墙檐。和境端一样，象征着“趣悟阶路”。

其上是塔宫、殿宇。

十美：十美是人类物质生活环境追求的理想十种优美条件：远近牧草美、田宅土质美、饮灌水性美、础磨石质美、屋薪木材美等等，象征吸收了一切美好的生存条件。

佛塔阶层。以阶梯状象征心灵发展的四个阶段。

平面和矩形部分的瓶座，代表着五大（五行）之一的“土”。

供有一尊佛像的神龛。

2.塔瓶。

塔瓶之门。塔瓶中间开个小龛，叫眼光门。

塔瓶，圆形部分，代表着五大之一的“水”。

斗拱基座。

拱垫、拱基或斗座。

斗拱或塔拱。

支撑华盖莲花盘。

3.塔刹。

十三法轮。象征十沃,呈圆锥形状,象征五大之一的“精进之火”,法轮代表佛所说法。

阴法轮。

阳法轮。

伞状缨络。

总持慈悲经论。象征宏扬佛法。

伞状月盘,表示佛幢。和伞状缨络部分共同象征五大之一的“风”。

4.塔顶。

月亮。

太阳。日和月象征精神或灵。

树叶状或“小爪”状部分的塔尖,象征五大之一的“空”或“神空”。

灵塔的这种象征主义结构方式,折射了佛教界的良苦用心。把活佛和高僧大德的肉身(或骨灰)保存于直观体现佛教“四界”思想的灵塔之中,则意味肉体复归“四界”,能再度“转世”而来;象征出一条轮回的轨迹:出生——生活——死亡——精神——出生——生活——死亡——精神……永无止境的生命轮回的过程。

灵塔的组成是上述四大部分,而灵塔的结构比例又有着严格的、科学的规范。

藏传佛教不少著名大师、高僧都有过规范性论述,从理论和实践上逐渐形成了一套较为统一的模式。到17世纪中叶,著名学者第巴桑结嘉措在前人的基础上,对灵塔的具体格式进行了修改和补充,成为完整的制式体系。

在比例上,如果塔座高1米,长宽则各应7米;座阶有三层,每层高0.3米,长宽则分别为5.7米、5.3米和5米;塔面或狮子座高2米,则长宽应为4.3米;境端、墙檐高各为0.3米,境端长和宽为4.7米,墙檐长和宽为5米;塔宫则若高1米、长与宽分为5.3米;十美高0.3米,长宽则各为4.7米。

塔瓶、塔刹、塔尖也有相应的尺度比例。

灵塔是一种建筑载体，除了肉身或骨灰，内中还要装藏很多“宝物”和“珍奇”，这样才名副其实地成为供众信徒膜拜敬仰的灵塔，才能成为价值连城的佛教文物。

以五世达赖为例，其灵塔内的装藏物都是经过精心挑选的传世之宝。

第一件稀世之宝是吐蕃帝王松赞干布从印度玛呷达城迎来的迦叶佛的舍利子。第二件是元朝世祖皇帝忽必烈第一次听八思巴讲经时所赐的一颗百灵鸟蛋大小的释迦牟尼舍利子。它是历经风雨、辗转东西、流入中原王朝的传世宝物。灵塔内还有一个稀世文物，即释迦牟尼的舍利大拇指骨一个。另外，灵塔中有一座藏有二十二颗释迦牟尼舍利子的佛塔一尊，是高僧竹多乌金巴用重金从印度王比达斯纳手中买来，供奉给布达拉宫的。另一颗佛陀舍利子，是莲花生大师的弟子比茹查纳来藏时从印度带来的，阿底峡大师的上师比娃巴像唐卡一幅，阿底峡的法帽、宗喀巴大师用过的碟子也装藏其中。

灵塔内还装入大量的佛经论典。

五世达赖灵塔内的经书主要有：松赞干布的遗令一文；贝叶经《时轮注疏》一部；莲花生及其妃益西措杰和赤松德赞三人用鼻血写成的《十万颂般若经》一部；首部手抄本《五部箴言》；金汁缮写的《甘珠尔》大藏经 105 函；优质藏纸缮写的《甘珠尔》经 114 函，银汁缮写的《丹珠尔》大藏经一套；金汁缮写的宗喀巴大师经典著作 38 函；金汁缮写的一世、二世、三世达赖的著述经典分别为五函、2 部和 1 部，以及五世达赖所著经典 31 函。

还有其他至宝，全装进一个嵌金边的玻璃箱内装藏塔内。

为活佛、高僧遗体刻意专制的肉身塔、骨灰塔，有纯铜质的，有纯银质的，也有铜质鎏金的，还有金皮包裹的。镶嵌的珍珠宝石等次数量都不等，塔身高低差异也不一样。这些，都取决于塔葬活佛的等级、声望；教区地域的大小、教民的众寡，经济发展的水平，还有外界影响的广泛与否。最主要的是其政教权势，而不是其学识水准。这从一个侧面说明了藏传佛教入俗的程度。

至于在空旷之地修建的的佛塔，其建筑风格已经富有藏式特色，且有象征内涵。在公元十四世纪格鲁派兴起后，藏式佛塔最上部有月盘和日盘，下有伞盖，塔颈部分是螺纹式的十三层，称为十三天。塔身呈复钵形表示宝瓶，中间开有一个小龛，叫眼光门。最下层是塔基。有的佛塔在十三天两旁布有一朵垂直样的塔耳。

对塔的各部分，藏传佛教有自己的说法，各部各自代表地、水、火、空、风五大要素。

佛教对葬塔的解释，道出了塔葬发明者最初的意愿，也表达了其内涵的象征意义，更是提示了灵塔的实质内容。它完全体现和表达了活佛、高僧大德者内心最真实的情绪向往——即灵魂不灭，法身永在，佛无处不在。

第十一章　其他葬俗

世界罕见、成因复杂且有偏见的水葬·远离村落、傍近江河、三岔口的葬地·或装罐、或肢解、喂食鱼龙以身报恩的混合葬俗·由来已久的土葬，曾盛行一时·模糊标记的墓地·棺、龛俱有、躺、坐兼俱的下葬·也是传染病、暴亡者的归宿·四川庙顶藏族奇特葬俗、古老遗风一览。

水葬，随感觉走

在世界各种葬俗中，水葬恐怕是很为罕见、代表性很小的葬俗。在人口稠密、气候湿润温热，傍着大江大河聚集村落城镇的国家和地域，谁要实行、或者推行水葬，谁就会以破坏水源、污染环境之罪受到口诛笔伐，遭到最猛烈的谴责鞭挞。

但在世界屋脊的雪域高原，在地广人稀的藏区某些地方，却实实在在地存在着这一奇特稀罕的葬俗——水葬。

藏人为什么要水葬？为什么能实行水葬？我们暂且不论其褒贬含义，只说藏人对水的认识，对江河的看法。

藏人认为水是生命之源。是神圣的、功德无量的。所以，为尊重起见，藏人很少玩水、玩雪的。在不缺水的青藏高原，人们把江河湖海分为不同层次，归为不同用途。在所有水质中，认定泉水是最纯净的。按传统观念来说，泉水又是地龙王的肚脐眼，是上苍恩惠给芸芸众生作为饮用的。而河水较之泉水则显得不净不纯，容易引起杂病传染。因此，在有泉水和小溪的地方，哪怕需要多走一截路，人们也要去泉眼盛水，决不会跑到河畔背水。泉水成为专饮水源,不允许在泉中洗头、洗脚、洗濯衣物,更不允许洗澡、洗涤牛羊五脏六腑等任何带有污垢的物质。而河水,则视作洗涤不净衣物和菜蔬肉食的场地,成为冲涮污垢的动力工具。这是长期实践观察中,藏人发现并掌握的河水净污能力。由于高原地广人稀,牧业经济为主,排出的生活污水、生产污物很少,形不成对环境的污染。相反,排入江河中,还能有助于人类净化生存空间。这样,靠近大江大河牧区或谷地的藏人便创造了水葬形式,成为一种特殊的葬俗。这是水葬得以产生的物质因素,也是观念形态下的群众基础。

实行水葬,还与藏人对世界形成四大元素有关。水为四元素之一,水葬,既就是回归自然,也是肉体消失的好方式、好方法。

藏人唯物意识的浓重,也是水葬的思想基础。但最根本的还是生存地理条件和物质条件所决定的。居住高山深峡的,无法实施天葬;傍河草原牧民,又缺少天葬、火葬的条件的,他们只得实施水葬,最早的水葬就是这样产生的。

在康区大多地区,只对患传染病者和夭亡的儿童实行水葬。在某些地方,一般农牧民死后也有水葬的。

在青海省兴海县牧区,水葬的对象是患传染病死亡的,不正常死亡的,以及夭折的小孩等三种人。出葬以后,死者身上的遗物、生前用过的马具等,全部送给念经的僧人作为布施。

在西藏,大多数人认为水葬者多系穷困潦倒,死后难以喂秃鹫来涤罪者,只有去河中喂鱼,算是供施,还其一生行善之愿。还有一种观点是死于武器之下的不能天葬,只能水葬。而卫藏大部分地区对地位卑贱的乞丐、疯人、赤贫或患传染者实行水葬。但阿坝的卓克基一带,儿童死后一律水葬,普通僧人也有水葬的。甘孜州的不少地方把水葬作为一种好葬俗看待,隆重严肃,认为是利他施舍、灵肉分离、获得新生的好方式。

西藏日喀则地区的拉孜县,是否水葬决定于死者死亡时期是否在夏天。如果夏天死亡的,则必须实行水葬。水葬时把死人切开,身上捆上重石,投入河里。而在其他季节,则一律实行天葬。

山南地区人们的观念中,视水葬为一种不理想的葬俗。水葬方式简单，抛入河中了之。

在西藏藏北，水葬是非正常死亡人的葬法。而东部个别地方对正常死亡的人也实行水葬，水葬时一般将人砍碎扔到水里则算完葬。

但青海腹地的玉树境内，实行水葬却较普遍，不存在社会的非议，是一种正常的、普遍的葬俗。这或许它地处长江、澜沧江、黄河上游一带，村落牧区大都靠近三江的缘故。在玉树，实行天葬和土葬的地方，水葬主要是夭折的婴幼儿和那些无亲无故的人，其水葬的方法也有差异区别。藏区东部的安多区域，观念却与西部、卫藏大相径庭，严禁将传染病人实行水葬，认为会污染水质，贻害众生。这可能与东部较之西部人烟稠密、农业发达、病源较多有直接的关系。

在西藏史书《王统世系明鉴》中记载说，萨南赤南等八位赞普被称为“地德八王”。“地德八王之陵建在河之中央，犹如雪山落在湖面之上”。这是一种非常接近水葬，介乎土葬与水葬之间的葬俗（或许是对水葬的神秘说法）。

二千多年前的雅隆王朝，也曾有过水葬。八世赞普止贡赞普被部下罗昂杀死篡权后，罗昂把止贡赞普的遗骸装在铜箧中，抛入了藏布大江中。这说明当时已经有水葬的葬俗。

藏区有句俗语：“一条沟一种乡俗”。这句话也应在水葬上。

在康区，不少地方除了地理条件限制普及天葬外，在观念上，由于山高沟深而保留远古苯教的很多观点，把尸体喂鱼当作以身祭祀神灵的实践。是否实行水葬看金木水火土相生相克的测算。根据死者的属相、年龄、家里妻儿的属相进行推算。男性以顺时针方向顺推，女性以反时针方向逆推，测算结果如果是水葬便实行水葬，没有一刀切的做法。这种水葬仪式与天葬基本一致，只不过一个是喂秃鹫，一个喂鱼而已，实际上殊途同归，都是舍己利他，为了积累功德。

水葬概貌

在盛行水葬的地方，出殡通常是天亮之前，由职业水葬师背至河边，进行水葬。

水葬时将尸体坠以石块，投入洪流之中。也有的将尸体节节肢解，投入江河。这些地方的水葬场比较固定，多在水势呈海螺纹漩状的河段进行，其中既含有右旋海螺的吉祥象征，又有实用价值（这种河段水深流急，很快吞没尸体于底层）。水葬完结后，肢解用的砍刀连同带来的物品、捆尸体的腰带等，都得一并抛入水葬场的河中，不允许带回家，也不能馈赠给别人。水葬多见于儿童。在玉树，水葬时除了襁褓婴儿不再人为地使“坐化”，死后即葬外，其他幼儿死后，尸体要像大人一样，捆绑固定成“坐化”姿态。停尸时间也按僧人卜算而定。同时，家人还要在孩子的眉心、手掌和脚掌上，用红色颜料画出三个红点、圆圈、日月等图案。尤其对不满周岁的孩子，普遍要举行这种仪式。之所以要用这种仪式，可能是藏族审美情趣在起作用。按古老的说法，红色代表火焰，表示威严和悍凶，可起到禳灾避邪的作用，也有利于庇护亡魂不受干扰地走向中阴，早日投胎转世。这就使父母在死亡子女头上点红点，表达这种愿望。

出葬这天，由亲人将其抱到河边，按照僧人卜算的葬地，在河边浅水处清理出一片地方，经僧人诵经超度后，去掉裹尸布，把尸体放进水里，然后选取洁净的小石块，将尸体严严实实地垒砌起来。尸体垒砌好了后，由僧人或死者亲戚中的一位长辈，在一根反搓的白羊毛绳两端，各绑一白色石块，一端固定在死者的头顶部位，然后拉起另一端，缓缓地逆流而上。

这条白羊毛绳，通常有十多米长。拉绳的人一边往上游拉，一边将绳子逐渐淹没于水中，淹到绳子末端，人即弃绳出水。水葬仪式也就到此结束了。

为了表示悼念，也为了作标记，有的还在水葬地对准的一河两岸，各竖一木杆，将一条白羊毛绳固定在上，使其高悬在河面。

为孩儿举行水葬的全过程中，孩子的家人都得自行回避，在附近隐蔽躲起来，或在远距离煨桑点火，默默诵经祈祷。

对夭亡的儿童大多实行水葬，按民间传统的说法，孩子们生性脆弱胆小，害怕火焰和猛禽恶兽，喜欢绵柔光滑的流水，平时喜欢玩水。

通过水路可使其不受惊恐地走进轮回之路。而用白毛绳逆水拽拉，是为了探索顺畅的水路，不致使孩童玩水而迷失方向，故用白毛绳牵引水路方向。

对那些没有亲人的鳏寡孤独或流浪漂泊者，如乞丐、打短工、江湖艺人等，水葬仪式则简单得多，仅仅是作为一种善业而已。

对这些人，村落里的人通常只将死者的衣服脱光，抛入河中便算了事。当然也有好心肠且勤于善业的农牧民，如果由他们操作，则将死者固定成"坐化"姿势，举行一番祭奠超度，然后抬到河水交汇的三岔口一带，选个高耸峭立的河岸悬崖，给死者身上绑一块重三四十斤的石头，从悬崖上抛入河中。经观察未见尸体浮上河面，便可以离开。一些心地善良的老妇，在男人们离开现场后，还会来到水葬河岸，手摇嘛呢经轮，口诵超度经文，为死者祈祷半天，表表自己的心意。

为死者绑上石头，并不是一种惩罚行为，更不是贬低，而是不让尸体漂浮上岸，为野兽所食，也不致污染整个河流。藏人的仁慈怜悯和利他意识在水葬中也表现得淋漓尽致。

在其他地区，如四川省阿坝藏族羌族自治州内，实行水葬的主要是居住在江河边的农牧民。其他地区水葬的则是除儿童外，主要是一些乞丐及地位十分低下者。

阿坝州的水葬程序大致是这样：水葬时，将尸体曲膝圈身"坐化"后装入"灵轿"（或叫龛棺），抬到两河交汇急流之处，打碎龛棺将尸体投进河流中。有的将尸体节节肢解，再投入洪流中。还有的用白布裹尸，把整尸抛进江中。水葬完毕，送葬者要在岸上插一杆印有经文的幡旗，表示对死者的祭奠，祈盼早日灵肉分离，生命轮回。

在甘孜州的部分地区，水葬较普遍且有各自的特色。如甘孜州雅江县的日依一带，当人死后，马上要在死者的腰脊上砍一刀，然后头脚相选捆好，头脚朝上地放入背兜之中，口上挂一块黑布，当天被人背去丢入河中。死者家属在大门口挂个嘛呢旗，葬仪就这样简单明了地结束了。

巴塘县的中咱、波密、亚日贡、昌波等地，人死后则捆成胎儿状，再用衣服裹尸，或用白布裹尸，然后把尸体搁在背兜里背到河边，埋在浅水处。有的连同背兜埋在浅水处，并用石块压好，再围以刺芭，以防野兽啃尸。

出殡的时间也有差异。

有的地方上午死下午葬。有的则停尸三日，请僧人诵经超度。出殡时辰晚上天大黑或者清晨天未亮。去出殡的人数也不一样。有的是由死者两位亲友或亲人，把装有尸体的尖底背兜背至河边水葬。而有的地方，则是由十多个小伙子轮换将死者背到几十里山路外，水葬于金沙江中。

金沙江沿岸的水葬葬俗有着自己的浓厚乡土气息。有一种葬法是将尸体捆在一块长条石上，数人举起投入河流中。还有一种是先在河中的大石头下掏一个大洞，再将捆成一团的尸体塞进石洞之中，用大石堵住洞口。上述两种葬法的区别在于年岁。前者用于年轻死者，后者多用于老年死者。

肢解尸体时，个别地区还有这样的习俗：肢解尸体时不能沾铁器，得用加工后的木刀，或者石斧。有的肢解为五大块，有的弄成碎块，便于河中鱼虾吞食。

在藏人的观念中，认为水葬的成年人不仅可以洗去身上的晦气、邪气，还有着以身施舍"鱼獭"、赎罪去孽等功德。

江河湖边打渔捱日的渔夫水葬，则表达着死者报偿鱼类，以身还德的用意。

水葬场地的选择是严格的，也是基本趋于一致的。藏人对环境的保护意识很强烈，体现出利他舍己的博大胸怀和慈悲终生的思想观念。场地一定要请活佛和高僧卜算卦定。而活佛和高僧根据有关佛经风水原理，实地勘探后才会卜定。一般原则是远离居民饮水水源；远离生活用水区域；远离居民村落和视野内。在水流湍急、两河交汇、水深拐弯、鱼类众多之处。抛尸时，还要捆上石头让其固定在河底不变位置，一来使鱼类吞食方便，二来不让尸体漂浮，免得污染下游。

在地广人稀的青藏高原，在逐水草而居，又以泉水为饮用水源的藏区，特殊的生存环境孕育了特殊的水葬习俗。水葬体现了藏民族在一定历史发展阶段的社会文明和道德意识。客观上起到了维持生态平衡，保护生态环境的作用。

由来已久的土葬

在藏区东部不少地区，有着土葬的传统。即使火葬后，骨灰仍将土葬，堆起土墓，如马尔康的松岗地区，青海东部的角苍农区等。

土葬在藏区由来已久。近些年青藏高原考古开掘的许多墓葬都证明了这一点。我们可以推断，藏人在漫长的历史进程，曾经为自己设计了好几种“归宿”方法，土葬便是其中一个。

但在某些地区，土葬又视为一种低贱的葬俗而受到贬低，如西藏山南地区，人们视土葬为最坏的一种葬俗。土葬的对象一般是患有恶性传染病的人，如麻疯、梅毒、炭疽病患者。还有夏季死亡的人。在当地人看来，对他们实行土葬，一来是为了防止恶病流传；二来怕违犯“夏季公约”，得罪神灵。山南地区土葬的阶层是贫困人家。

好些地方都认为：患了麻疯病、鼠疫等恶行传染病而死亡的人，如果实行天葬或水葬，则容易把病源传播开去。如果火葬，则秽气四散熏天，会冲撞神灵，因此只能土葬把尸体埋入地下，与社会隔绝。这样做对死者生者都有好处。这是一种舍己利他，恩泽众生的做法，折射了藏人精神境界中闪光流彩之点。

意大利藏学教授杜齐先生廿世纪初于西藏阿里，发现了以巨石排列堆砌为象征的陵墓。这些具有内涵意义的巨大石堆都位于山上和山口上，众多立石很有规律，上面还覆盖有板石及鹅卵石。藏学家们认为：这种设计可能是一种通过石头来划分保护的圣地或者是墓地。圆圈中央成堆耸立的石头可能是墓地的标记，标明墓穴的位置以便周期性地举行葬礼仪式。

另外，在西藏西部的冈底斯山一带，杜齐教授还发现了用石头环绕成的椭圆形墓葬。而法国早期藏学家弗兰克在拉达克的列城发现了“它们以石板为盖”，“墓的内部用未加工的石头砌成墙”的墓地。每一座墓中都出土了许多头盖骨，3 至 20 个不等。

廿世纪四十年代，意大利人奥夫施莱特和法国人哈雷，在拉萨以东5英里的辛多山嘴发现16座墓葬地。辛多山嘴位于济曲（拉萨河）河一岸，附近有一条通往藏东和藏北的大道。

墓地由石墙和石塘组成。墙长15英尺，石塘长20英尺，都是用3英寸大小、未经修饰的石头砌的。出土的文物有人骨和陶片。另外，他们还发现了一座洞穴墓，是在风化的花岗岩中开凿的。穴呈横穴状，入口处掩有两块石板。穴内出土了人骨架两具。

16座墓中，还有竖穴墓。墓具是用石板或砾石筑成的棺。此外还发现一具瓮棺，内有小孩骨架一具。

辛多山嘴的墓葬葬式有屈肢葬、二次葬、双人合葬。陪葬品有动物、石器、木器、陶器和铁器等。

从上面考古开掘，我们可以认定，藏区社会在新石器时代，葬俗以土葬为主，形式上则是石棺葬。1986年在位于昌都镇西约4公里的昂曲河（澜沧江主要河流之一）北岸第一阶地面小恩达村附近开掘出的墓地里，发现的石棺葬法，初步测定距今约有4000年。

到了封建农奴制初期的吐蕃社会，土葬风气愈加普遍，上至国王赞普，下至平民百姓，从边境僻壤到政治文化中心，都崇尚或推行土葬。在西藏山南穷结县城对面的木惹山上，就有着一个从公元七世纪到九世纪历代吐蕃赞普的墓葬群。在山南朗县东嘎村附近的列山上发现一个墓地，规模十分宏大，总面积约81.5万平方米，共有封土墓184座墓。在西藏各地，都发现了不少吐蕃时期的墓地，相当部分是石棺葬。石棺略呈梯形。

廿世纪八十年代，青海省考古工作者在青海境内发现了吐蕃时期的墓地两处，一个在都兰县热水，一个在化隆县上半主洼。大型墓都有巨大的梯形封土，祭祀坑等。而小型墓墓坑则以石块垒砌，梯形墓穴，随葬品较少。

从考古发现的遗址、墓地，我们可以得出充足的结论：即土葬在藏区由来已久，具有很漫长的历史。至于土葬何时衰落，天葬又如何成为风尚，而到赞普时代的中期，土葬却风靡一时，我们可以从历史中找到答案。

第八世赞普止贡赞普在与大臣洛昂达孜比武中中箭身亡，洛昂达孜篡位。止贡赞普的尸体被装入铜边的棺木，抛进雅鲁藏布江中（或许在这之前，藏区对暴卒、凶杀等非正常死亡的人就实施水葬，以冲邪气）。止贡赞普由于在大庭广众中当场死亡，从而使“攀援天绳，逝归天界”的神话难圆其说了，只能说天绳已断，以后的赞普无法再走前王的归宿之路了。

以后数年，止贡赞普的遗腹子茹拉杰杀死洛昂达孜，找回父王尸体，但由于天绳已断，其父无法回归天界，其子只好修建王陵埋葬父尸。《汉藏史集》中称这是“吐蕃最早修建的陵墓”。藏人正式的土葬很可能是从这开始的，时间大约在公元前2000年左右。当然，在这之前，据考古发现，青藏高原就有土葬的葬俗，但赞普的土葬，使这一葬俗规范化、风尚化，形成了规模，揉合进了人为的文化属性。

吐蕃王国在“天赤七王”之后，又经过了中勒六王（阿雪勒、德雪勒、提雪勒、古茹勒、仲谢勒）、地德八王（萨南僧德、德楚南雄、塞诺南德、塞诺布德、德诺南、德诺布、德结布、德珍赞）、下赞三王（结多日隆赞、赤赞南、赤扎帮赞）等，人们对自然界又有了新的认识，“万物有灵”观已经远远解释不了自然和社会现象，神的意识开始滋生、蔓延，占据了人们的头脑。但王权的发展，在葬俗形式上压倒了神权，遂使土葬进入全新阶段。

王权至上、土葬盛行

藏人的先民们发现万物有灵，但各种“灵”却不统一，是分散的，各管各的，谁也管不了谁。冥冥之中人们总觉得有一种超过灵魂的东西统管一切，它能给人带来健康的躯体，收获的喜悦，也能使你生病遭灾，家破人亡；它能让大地雷鸣电闪昏天黑地，飞沙走石，雨倾雪盖，也能使世界阳光灿烂，风和日丽，鲜花姹紫，草木翠绿，一派祥和生机。是什么神奇的力量驾驭着大自然，主宰着这个世界的所有生灵呢？人们苦思冥想，终于给它起名为神——神灵。

有位哲人在谈到神时曾说道：神是根据人的需要塑造的，神是完美的人格。

神源于精灵，高于精灵。是在万物有灵观念的心理支配下，人类自己创造出来的能影响人类生活的力量。人们创造神，本意就在于寻求力量和希望，以弥补自身力量的不足。膜拜神灵，是为了从神灵那里得到保护和赐予，给人类予恩泽。

人类创造了神，也就催育了原始宗教。

藏区最早的本土原始宗教是苯教。这是建立在“万物有灵”多神崇拜上的古老宗教，它不同于萨满，它有着自己完整的理论体系（教义），有着完整的仪轨，也有着专业的队伍。

神论出现后，藏人认定吐蕃初期的君主都是上天派下来管理他们的神，死后又回到天上去了。而八世止贡赞普因为意外伤亡，导致天绳断了，故埋于王陵，实行了土葬的。既然“天子”可以埋入地中，那臣民们也该仿效“天子”，死后埋入地下。出于这种追求，在多神崇拜观念驱动下，土葬很快成为苯教推崇的葬俗而得到普及。这从近年开掘的吐蕃墓群中已得到印证。

西藏山南地区的琼结藏王墓群，是公元前后藏区盛行土葬的见证。

山南琼结一带，是吐蕃政权发祥的风水宝地。王族中重要成员去世后都希望从这风水宝地走向“安宁、幸福的天国”，因此，纷纷在此建陵墓，而且葬地都较集中。现存的藏王墓现都在琼结县城对面的木惹山上。

琼结的藏王墓群，经过上千年的风雨吹涮，至今规模依然壮观。目前基型保存完整的还有九座（据有关史书记载，埋葬在这里的“赞普”总共不下十四五个，还不包括那些王子、王后、王妃等，但由于战争频繁、政权交替，风雨沧桑，只留下这有数的九座）。而在这九座中，松赞干布的陵墓雄浑壮观，颇具王气。

藏王墓的外形，规范似埃及金子塔，但规模比不上金子塔宏伟，可风格鲜明突出，特别是墓地以平顶峙立而不是尖顶耸天。

藏王墓的风格在松赞干布的陵墓上特别突出。在梯形平顶和方形平顶两类顶型藏王墓中，松赞干布陵墓首开方形平顶形式，使王陵显得宽广、浑厚、凝重、宏伟、大方，内部空间大大得到拓宽扩大。松赞干布墓还以殉葬品华贵众多而声名显赫。史书《王统记》中追述说："内罗网用珍宝满，殉葬华贵名声著"。据有关传说，松赞干布墓内，藏有大量的珍珠、金银、玛瑙等，还埋葬有赞普出征穿的金盔甲一副、纯金做成的骑士和战马，一尊长八肘、珊瑚作成的佛尊光明神等等。

松赞干布的方形王陵东西长达140米，墓前蹲着一对石狮，雕刻得庄严威武，高约1.5米，宽约60厘米，象征王权神圣不可侵犯。

松赞干布的四方形陵墓，《王统世系明镜》史书中这样记载道：陵墓建在穷波地方，其规模大小大约有一由旬。四方墓室内又分成九格……墓室方格装满财宝，陵墓名称叫作"内饰陵"，墓内共有5个神殿，建造四方墓室始自于此。

在松赞干布的墓文中写道：外形呈四方，内分九格，五室为佛殿，中央立一切长有珊瑚为长明灯，四角殿堂储珍宝。墓壁以方石砌成，其外筑以厚土之墙，基门西开。墓外覆以褐石碎土，形成土丘。每边宽百余步，高六丈余。墓顶修有小庙祀殿。

有关史料对松赞干布出殡仪式也有所记录。说殡葬非常隆重，不仅有王室成员，臣子百姓，各地土王，还有邻国前来吊唁的使臣，连"十方如来及声闻，菩萨守誓护法众，皆集会此为陵墓，作吉祥开光事。王孙芒松芒赞等，侍臣眷属及属民，以诸无量供品物，携至此处顶礼供。"到赞普都松芒布杰时，又为先祖松赞干布在拉萨创立了"逝世祭祀"，十二世纪又在其墓顶建了"钟王赞拉库"，以供人凭吊。

从上面的记述和展示中，我们可以看到在君主专制统治时期，人们的宇宙观已开始从朴素的唯物史观转到了神灵崇拜上，但神灵崇拜和万物有灵又未发生冲突。这是因为藏族先民关于人类起源的物质学说先于"神学"，对人类进化论的认识也先于神灵的问世。而且这种科学的、正确的物质进化意识已经深深渗进了藏人的观念形态中。藏人的观念中不存在"神创造人"的意识。不管是人，还是神，都认定为可视形体死亡后，灵魂却依然存在。

在吐蕃政权上升时期，王权统治了一切，也凌驾了一切。赞普是

“王权神授”。王权与神权紧紧结合在一起，而以王权形式出现。既然神的“代表”实行土葬，平民百姓自然认为土葬是一个值得仿效的葬俗，成为时尚。

如此追根，我们就不难理解藏族农业区，土葬习俗得到大发展的原故。城镇，政治经济文化较集中地域的土葬风俗，是从吐蕃王室开始的遗风。

从吐蕃王室举行的土葬葬礼，我们还窥斑到了藏区早期社会，也就是王权至上时期，青藏高原葬俗的全貌，以及经济、文化、工艺的发展。

真正追溯土葬的由来，还得从吐蕃时代上溯三千多年，即新石器时代。除了杜齐先生的发现，近年青藏高原的考古已经说明了这一点，考古出的墓葬主要是石棺葬和土墓葬两类。

石棺墓是用石板、石块拼砌建造棺室的墓葬。这种石棺葬在西藏山南地区的隆子、错那以及中部的乃东等县境内，以及西藏东部，横断山脉金沙江流域等地都有出现。尤其开掘出的拉萨市郊曲贡村，日喀则仁布县让君村，昌都小恩达、林芝都普、云南迪庆都出土了新石器的石棺墓。而土墓葬也在这一时期很普遍，仅西藏乃东、札囊、琼结三县就有4000多座墓葬分布于40多处，形成不同规模的墓葬群。

藏区的石棺墓具有自己的特色。有的采取整块的石板砌筑成棺，每壁是完整的一块石板，墓室没有底板石，直接建在坚硬的沙石上。墓口以上封盖数量不等的盖板石。

在葬式上，有屈肢葬和二次葬，还有随葬器物。

另外，石丘墓也是一类。堆砌的石丘墓多呈圆形，高约1米，直径2米左右。内以石板和石块砌成墓框，以自然地表为墓底。葬俗有屈肢葬、也有二次葬。还出现了男女二人合葬和母子二人合葬的形式。

苯教设计的土葬仪轨

“王权至上”的藏族社会，意识形态并不是处于自生自灭的状态，王室中掌握意识形态的专职宗教官员，即钵阐布。钵阐布作为吐蕃掌管思想文化的大官，在丧葬礼仪上负责赞普与天神沟通、传达神意等种种事务。在土葬仪轨上，吐蕃社会初期已经有了一套完整的、系统的程式，有了固定的框架。

主持丧葬礼仪的是苯教祭司。所以，吐蕃上层人士的丧葬礼仪也是苯教规范了的礼仪。

敦煌古藏文文书中有不少写卷是有关苯教丧葬仪轨的，大体可划分成如下的阶段。

第一阶段是围绕"尸魂相合"仪式展开的一系列丧葬活动；

第二阶段则是围绕向死者供献牺牲和招魂仪式所展开的一系列丧祭活动；

第三阶段主要是围绕墓地的杀牲以及墓中的"墓穴厌胜"法术展开的一系列丧祭活动。

在各个不同的阶段中，都要使用不同的丧事器物。其中有的可以随葬入墓；有的则作为入葬之前的供祭之物，不一定随葬入墓。

第一阶段的丧葬仪式，大量的丧葬活动主要在"坟场"或者在王府内所设的"丧宴之地"举行。其中所使用的供祭物品种类繁多，如供祭给死者的金、玉、白陶土、冰珠石、朱砂、麝香等药物，以及酒、粮食、动物等祭品。此外还有在"尸魂相合"仪式中所使用的明器。明器主要指有如"灵魂象征物"，即死者的肖像、供食袋、魂像、尸像等物品。

上述祭品大都就地处理。如在王府内丧宴之地举行的仪式上"献最后一瓢酒时供上各种供食……此后秘密地用钉耙埋藏谷物。"而专为丧仪所制作的明器则要迁移到墓地上，在下一步的丧葬仪式中继续使用。如丧仪中"灵魂归附尸体的仪式"举行之前，除了由专门的丧葬师"辛"(苯教司祭师)，将各种具有特殊意义的动物牵到指定的地点外，还要由小供祭司将尸体、尸像和供食搬到墓室门口，然后才举行仪式。这种"魂尸相合"的仪式由葬仪中的"断火巫师"和"大力巫师"共同主持。其中使用的供食、尸像、魂像等都是从王府内所设的丧宴之地迁置于墓室之中的。敦煌写卷上记载说："哭丧后御用辛和鞠本波在宝马等牲口上盖几层纸，此后到墓室去。其次序是：王家御用辛和两个供献本波共三人领头，其后是彩结线，其后是内府乳品桶，其后是食物(?)，其后是左右两边的供食袋，其后是(死者)塑像，其后是魂像，其后是尸像，……到墓室后，由侍者依次致礼，然后供上酒碗，不能搞乱”。

进入墓室之后，魂像、尸像之类的明器都要覆盖在尸体之上。

从写卷记载来看，第二阶段的丧仪首先是在墓室内进行。使用的供祭品与第一阶段无几区别，也是向死者献上供酒、药物、点心、粮食、动物之类。同时，又要“秘密地用钉杷埋藏粮食”，以后再“向棺材致礼”。举行仪式的第一天晚上，要在丧宴之地再次“秘密地用钉杷埋藏粮食”，其后再向棺材致礼，由专职的“医药本波”供上药品，“供献本波”献上胎血，再献上粮食和酒。

其次是挖掘墓室，以及准备为死者“招魂仪式”时的供祭牺牲。

“招魂仪式”结束以后，由专门的“厌胜术士”施行“消除魔罗”法术，在墓穴中供置一批用具。其种类有：衣服、糕饼、各式武器、出行物品、卧具、炊具、食物饮料等。“各种用具全部置于墓穴中”，并由御用辛供献本波等人对供置的这些物品“一一作除鬼法事”。可以肯定，这些物品是有意识地为死者在冥府中准备的日常生活起居用品，在最后的丧仪结束之后随同死者一起葬入墓中。

第三阶段才是正式的葬礼，在此之前的一切，主要是入葬前的丧事序幕。

正式的葬礼是整个丧葬活动的高潮。送葬队伍进入墓地之前，要杀祭动物陈列于墓地。日出之时，送葬仪式便拉开序幕。送葬队伍由“辛”和死者的亲朋好友抬举着物品，依次有序地鱼贯前行。他们分别持有食物、死者塑像、供食袋、供食盘、魂像、尸像以及为死者所备下的祭牲、“诸侯列邦”所供的财物等。

这列物品，一部分葬入墓穴，如写卷中记载的：“其后到墓穴口，将魂像全部置于墓室门顶上。……献供的食物置入食袋内，将尸肉、遮庇物，盛朱砂的升也都放到墓穴里”。成为随葬物品或者具有特殊意义的“镇墓之物”也要葬入墓中；而另一部分供祭物品都放置在陵墓区内专门的祭祀场所：“在举行葬礼的第十一、十三、十七、十九个夜晚，在繁星密布的时刻，嫡幼子驾临，将形形色色的供品置于陵墓顶上。”

从以上文献记载，我们看到吐蕃王室丧葬礼仪制度中，随葬器物已成为定规。不仅品种繁多，门类也齐全，归纳起来大约有这样几大类：

1. 粮食：如小麦、青稞、荞麦；

2. 酒类：如青稞酒、小麦酒、葡萄酒、蜜酒、米酒；

3. 食品：如乳品、糕饼、饮料、酥油、面糊糊；

4. 药物：如朱砂、麝香、药草、冰珠石、寒冰石；

5. 用器：如棋子、乐器、卧具、武器、出行物品、毡子、炊器等；

6. 供器：如死者塑像、魂像、尸像、供食袋、供食盘、仪轨飘帘、神馐制作用品等。

这些随葬器物在王室丧葬礼仪中，还与隆重而繁琐的丧葬程序互相配合，揉合成一套完整的、系统的、神秘的器物随葬制度。

早期的藏区社会，与世界各地的历史进程一样，随着奴隶制社会、封建社会初期的出现，“神权”的至高无上，人们把死者的灵魂托付给“神”保护，同时也知道死者的前途由“神”来决定，“神”的意志便是死者的命运归宿，神全权负责把死者送进另一世界。为了死者在另一世界安逸、幸福、健康，活着的亲人便准备了大量的物品随葬，一来表达对“神的崇高敬意和虔诚的供奉；二来也为亡去的亲人在另一世界准备下富裕的财富，使自己的心灵得到安慰，期冀有望实现。

这便是吐蕃时期土葬葬俗形成规模的认识基础。也是一套完整的土葬丧葬仪轨问世的思想基础，哲学基础。

根据考古发掘的吐蕃墓葬来看，平民和官吏的随葬器物数量虽不多，但还是有一定数额，可以从中窥见其随葬品的大致状况：

1. 生活用品：

生活用器随葬，尤其是用实物的生活用器随葬，是吐蕃时期墓葬的一个重要特点。墓葬中出土最多的，是陶制的炊、食器皿。其种类有陶罐、钵、碗、杯子、瓮以及骨制的匕首等。不少出土器物还有烟炱痕迹，表明其可能系死者生前曾经使用过的器物。

2. 粮食加工器物：

墓葬中还常出土的有粗糙的石磨盘和石杵。它们的用途在当时为谷物脱粒的工具。这种石磨盘和石杵在西藏史前时期的遗址中已有发掘出土,说明吐蕃时期仍在袭用。

3.粮食:

不少墓葬中均发现可能为粮食的遗迹,但由于年代久远,已腐朽碳化,但在个别墓穴中,仍能辨析出是属于青稞、荞麦一类的粮食作物。

4.药材:

这个时期的随葬品中还发现有药材之类的物品,有的在陶罐、陶碗内。出土有盛有植物的根茎,虽已碳化成黑色,但从形态上可观察为药草类植物。

5.兵器:

兵器是吐蕃墓葬中最为常见的随葬器物。一般有铁剑、铁镞、铁刀等,还有铁缳首刀与铁小刀并存,说明当时已有长兵器与短兵器的区分。

6.马饰与马具:

马饰与马具和兵器常在一墓之中。马饰的门类主要是泡饰、牌饰等,还有铁铆接片。马鞍普遍是完整的,内胎木质,外饰以皮革。

7.装饰品:

随葬的人体装饰品品类众多,主要有笄、手镯、饰珠、环饰、带扣以及挂饰之类的饰物。有的不是由死者佩系,而是搁在墓穴某个特殊的部位,如人头骨下枕着,制作也特殊。如昂仁县布马村墓地一号墓中发现的一件形制奇特的装饰品,是用百色滑石制成,形状如人耳,内有凹槽,槽内并有涂朱的遗痕,并且有孔可以穿系,可能是被作为具有某种神秘力量的象征物品葬入墓中的。

另外,在吐蕃墓葬中,还发现随葬有青藏高原独有的"龙眼珠"宝石,藏语叫"丝尔"的。"龙眼珠"宝石能防血栓病,对降低高血压,治疗脑溢血有特殊的功能,早期藏人肯定把其作为具有特殊神力及保护力的神物来尊崇。

8.俑类:

西藏古墓中出了不少俑类，其种类有俑人和动物两种。

……

从吐蕃墓葬概貌，我们看到当时阶级划分已经明显，贫富悬殊的社会现象已经出现。人们的宇宙观也开始发生变化，已经不是单纯的自然人，而是发展成了社会的人。人们把命运前途已寄托给神来安排，宿命论意识已经萌生胚胎。人们成为神的奴仆。神成了整个世界的统治者。人们更多地把未来期冀于神，而自己在神灵限定的范围内安排自己未来的生活。这便是墓葬和随葬品产生的功利驱动，是其思想根源和社会基础。

神对人的地位安排不一样，也导致了丧葬礼制风俗中的社会等级差异，这在吐蕃王室和一般平民之间特别突出。王室的随葬礼仪是种类繁多的专门供祭明器，而一般贵族或平民则以倾家的经济实力和传统的习俗来确定用什么物品随葬，殉葬品多是死者生前的实用器物而已。

作为生命的归宿，吐蕃时期已有了专职的司祭人员负责掌管种种器物，各司其职。引导灵魂的宗教职业者已初具规模，丧葬礼仪制度趋向成熟，有了一套完整的、严格分工的、程序化的礼仪。正如敦煌写卷中记载的，已出现各种“辛”和本波，有御用辛、殉葬本波、供献本波、鞠本波、治病本波、医药本波（注：本波为苯教祭司之名称）等，还有诸如大力巫师、断火巫师、大剖尸者、厌胜术士等各种专业人员。

从初具规模的土葬宗教司祭队伍，我们可以嗅出在吐蕃初兴阶段，意识形态方面的大权已经旁落在苯教人员手中，他们掌管着“舆论导向”大权，操纵了吐蕃近乎一半的命运前途。在丧葬礼仪上，已经把王权至上倾斜到了神权至上，具有强烈的宗教特点，让你看到一种围绕死者亡灵的去向而展开的器物随葬。吐蕃葬俗沿袭苯教规范的仪轨进行，也暗示了宗教力量必将漫卷整个世界屋脊，王权将被神权蚕食，使他们不得不在掌权的同时，俯身听命于神的代表“本波”，这也为以后的政教合一统治制度做好了舆论准备、思想准备。

什么样的宇宙观产生什么样的价值观、审美观，也产生什么样的丧葬礼仪。早期藏族社会，对世界的认识和了解处于从蒙昧期走向野蛮社会的阶段。理论上、观念上还是混沌的、肤浅的、片面的。

吐蕃墓葬的兴起，也是历史的必然，是藏人对宇宙世界进一步了解、并成为自己一种观念的折射；也是人本价值提高的表现。从早期墓葬，我们看到藏人已开始学会设计自己的未来，追求未来幸福生活。墓穴、随葬品便是明证。

现今仍存的平民土葬

藏族平民中仍不乏土葬者，而且分布区域也较广泛，尤其在汉藏交界之地，土葬遗风依然很浓。以阿坝藏族羌族自治州为例，在大多农区，藏族仍以土葬为主。只有患传染病死、小儿病死和非正常死亡的人，才实行火葬和水葬。其葬俗观念，和藏区腹心地带牧民、农民大相径庭，表现出另一种价值取向。这恐怕与藏传佛教在这块土地上控制薄弱，原始传统文化影响根深蒂固有直接的关系。

阿坝农区的土葬，按下述程序进行：土葬前，先将裹好的尸体放进棺材，装牢，防止摇晃。棺材有两种，一种是卧式长棺，一种是坐式龛棺。普遍是龛棺。人体在放入龛棺之前按“坐化”姿态捆绑固定。不少人家对龛棺装饰一番，贴上彩纸和浓墨绘抹。富裕殷实户还有请来能工巧匠彩绘或者镂刻吉祥福运图案的，甚至把剪好的各色金泊纸对称地贴在棺木两面。

起葬时犹如火葬一样，两根木杆拴在两边，四人抬行。抬到活佛或高僧卜卦指定的、已掘好墓穴的地点。除了直系亲属，村中男人和男性亲戚都要送葬到墓穴旁，群策群力埋进盖好。要用泥土堆成圆锥形土包，上插一杆印有经文的幡旗。将家里带来的各种供品，抛撒四周以示祭奠。完了，送殡人回到死者家中熏身、洗手，接受款待。

松潘县半农半牧区的藏人墓，一般都要用白色石块堆砌成方形，墓土不能露出。

康区玉树及昌都的部分农区也保持着土葬习俗。

亲人去世后，不仅要请僧人来家诵经超度，而且要请高僧或者经忏师勘定葬地和卜算出殡日期。宗教职业者们不仅亲自观察，给死人看相，而且要详细询问死者的年龄、身份、职业、属相及生辰八字等，然后进行综合推算。勘探葬地时，他们对附近的山、水、沟叉、草滩的走向、状貌、相互关联影响及趋势都予以仔细的研究，给家属有个全面的交代，使他们对选择的葬地心服口服。

藏人开掘的墓地并不深，一般一米多深。这是因为墓地的开掘有这样几条约定俗成的原则：一是死者消失于地表即可；二是野狼野狗刨不出来为准；三是不能触到地下水，以免污染水源；四是不用松木、柏木及其他新木（不易腐烂的木材），不准砍伐新木做瓮棺；五是不准墓地拱顶，占用耕田，能迅速化作肥料报答大地。基于这些原则，掘的墓穴剖面一般就在黑土层和地下水之间的砾石层。而位置通常在半山坡较干躁地。川滩地因地下水位高而不予考虑。

藏区葬墓绝大多数呈圆桶形，没有墓室。康区一带也不用棺木，仅以褐子或印有经文的粗布裹身，尸体通常停留三天。出葬这天，亲人及亲朋送葬到墓地，由请来的高僧诵经超度后，即将尸体按死时固定好的“坐化”姿势，安放于墓中，然后用土封埋。墓穴封好后，上堆一圆形土包，以作标记。有的还在墓包上堆放几块刻有六字真经的嘛呢石，或悬挂几条经布，一则用于避邪，同时也作为悼念之物。

墓前不竖碑文，但在墓包后面扯起一根一米至数米的反搓白羊毛绳，一头钉在一木橛上，一端压在墓包顶端。这便是藏地墓区别于内地墓的重要标志。按藏传佛教的解释法，羊毛绳是人与天界的联系绳，而将其绑在木橛上，则是为了不使阴魂游荡飘散开去，而是顺着反搓的白羊毛绳指引的方向，顺利地、尽快地走完“中阴”历程。

康区甘孜州的土葬，各地习俗也不尽相同，有不少差异。藏族学者仁真洛色甘孜州土葬习俗的调查报告中提到：

1. 雅江县普巴绒一带，葬地比较集中，葬坑约为1米深，圆坑。尸体下坑后，就脱掉衣服，解开捆绳，给裸尸盖一层柏枝，再用石板封口，上砌一小土坟，插二根嘛呢旗，压上一块石片经文，把脱下的衣绳之类烧掉或抛入河中，土葬即算结束。

2. 德格县县城一带，老年人葬高处，年龄越小葬得越低。尸体用布包裹，送葬时不避忌亲属，由一持轮回图的年青人开道，但出殡人数包括死者要成双数，还要成双数的返回(得后去一人顶死者的数子)。葬坑约为1.5米、圆锥形。坑底略撒五谷，尸呈面西坐式放入坑内，接着用土打紧填埋，不能起坟堆，与地面齐即可，上放一块刻有经文的嘛呢石，插上嘛呢旗即告结束。

3.白玉县河坡一带的土葬场基本是固定的，葬坑为圆柱形但不深，尸体无棺而面西，裸坐蹲于坑内，然后埋土，上面没有坟堆，但搁着几块白石垒的坟头，插着一块木牌子—“巴卡”(防鬼灵牌)。

4.道孚藏区普遍实行穴式土葬。不朝下挖坑，而是在土壁上横挖一坑。尸体用一小箱为棺。小木箱推入坑内后，外面用石块砌好洞口，用泥糊平整。有的画一牛或羊的头像，上面弄点白灰，插一根嘛呢旗。

在尸体处置上土葬和天葬几乎是一致的。土葬前都要请僧人诵经超度，指引灵魂走向中阴。村中死了人，家家户户门上都会挂上一把镰刀、一面镜子，防止亡魂冲门游荡，也阻止亡魂找不到自己的家门。实际上，插镰刀是远古藏人金属崇拜在丧葬上的反映，认为铁器能阻挡、劈开一切邪恶之气，能吓走妖魔鬼怪。

“十里不同俗”。在交通闭塞，山高沟深的康南地区，既使是土葬，也是各地形式不一，各有风姿。像丹巴县中路一带，死者内身要穿最好的衣服，外再缠上白布。死者双手要抱放肚前，然后使其成跪状放置于长形长棺之中停灵。一般停尸七天以上诵经超度，然后出殡到固定的葬地。下葬时要头朝下，竖放入坑，掩土。切忌压上石头，意味死后不能受压。坟堆为一圆锥形土坟，没有任何其他标记。

雅江一带的土葬更是别出心裁，独具匠心。他们用一整圆木作棺材，把树剖开，并挖空树心。然后将尸体平放树心，再封上原盖，成一截圆木筒，埋葬时尸体面朝西，坟堆是一窄长的土脊。

九龙县与凉山州木里交叉地区的藏族土葬，又是另一种情况。这儿葬人，有棺有坟，不请僧人诵经，但棺材抬到葬场下葬前，祭祀师必须到场，要主持举行仪式。仪式是将一巨幅白布图在棺材前展开。白布图上有许多山、僧人、场景、弯曲的小路等等，象征着死者家乡通往圣地拉萨的道路。它是指引亡魂前去拉萨的导游超度图。祭祀师边讲边跳，有声有色地导引亡魂走向拉萨圣地。仪式结束后才下坑掩埋。

康区重镇巴塘，大多城乡都是土葬。但它的土葬又显示出自己的乡土气息。那儿也是把尸体捆成胎儿状，象征着亲人祈愿亡人再次转世为人身。不用棺木，只用旧衣包裹，装入背兜或箱内埋入土中，但不垒坟堆，却必须在葬处压几块石头。如果死者是孕妇，则得剖腹取出胎儿，分别土葬，否则认为会对亲属带来灾难。对因天花、麻疯病死亡的，还有枪杀、刀杀、车祸致死者，都必须土葬，而且要深埋。其原由，我们已经在前面讲述过了。

巴塘的土葬有着一系列的仪式。人死后请高僧算卦，决定葬式和入殓、出殡时辰，然后给死者做灵牌，设灵位，布置灵堂，点上酥油灯，有的还烧柏枝或者纸钱，亲属守灵一至四天。请来的僧人日夜为死者念经超度。入殓时，需洗尸、理发、梳发、穿戴老衣等。枕头为三角形，一般用白布裹尸。少年夭折而家中上有老人者，则得黑衣裹之，表示死了也要尽孝。死者嘴里放入金银、珊瑚或珍珠、藏币、红糖等物，还要用酥油塞满死者眼、鼻、口等处，以使亡灵在财物、食肴等方面得到满足，安然离开家门到中阴世界去。棺材要外面涂黑里面刷白，棺底铺上灶灰，并压上碗印(碗印数与死者岁数相等，象征已经吃够了人间应得的饭食。告诫亡魂不要犹豫不要贪婪，一心一意离开人世，去中阴世界重新轮回)。给死者颈上得套 7 个线穿面饼，意为生者对第一个七天阴程送行的干粮。尸体入棺后还要洒些盐或者塞些松枝，以吸取尸体水份、驱除秽气。起棺时，家人以叩头形式向死者告别，并献上哈达。下葬时，棺材入坑后先由亲人为死者铲土，然后死者生前好友添土，接着由其他人搬石头、背水、和泥垒坟，最后再由亲人在坟前点香焚烧供品。

葬后，亲人连续三个傍晚得在坟前烧火守夜。到第三天，请几位僧人念经，再在屋内各处撒些炒熟的荞子，以防亡灵返回。七七四十九天的中阴阶段，逢七都要请僧人来念经超度。49 天后，便可撤下灵牌烧毁。

巴塘的土葬，有着鲜明的藏族丧葬特征，反映出藏人的宇宙观、生命观、价值观、道德观，也透射出汉族丧葬文化的影响，是两个民族文化相互渗透、相互影响的反映。说明了汉藏文化不可分割的亲缘性。

或许土葬葬俗不符合佛教对生命归宿的处理方法，有违佛教教义的解释，因此，对土葬的歧视在大部分藏区占了上风，在玉树康区也普遍存在。尤其牧区、半农半牧区，认为土葬是专为那些作恶多端而被处死者的一种葬法。

对这类人的土葬，不存在僧人卜卦勘定墓地等隆重仪式，而是选择地势险恶僻远的深沟、石崖下或乱石堆作墓穴。墓洞要挖深，从根本上压制邪恶之气冲撞世上众生社会。为了保险起见，葬后多在墓堆上压数块巨石，或者堆放刻有经文的嘛呢石，其用意则是要其灵魂永世不得转世，世世代代在地狱受罪。人们路过这些墓地，大多会绕弯回避，担心邪气缠身。

对夭亡的儿童实行土葬，也有一套特殊的“讲究”。头胎婴儿死亡，墓地多选在较为封闭的地方，这是为避免二胎再遭不测之祸。头胎葬地多选在类似瀑布的流水后面，后面得有山坡，四面不见阳光，让亡魂无处游荡干扰二胎的生命。若第二胎也夭亡，则墓地选在更为阴暗的山洞里，或人迹罕至的深山悬崖之下，用意和头胎一样。这是藏族人在特殊地理及自然环境下，生存繁衍艰难、企盼家族兴旺的心理折射和理想反映。

若孩子长到二三岁后不幸死亡，其土葬方法基本与成人相似，但要简单，不举行祭奠仪式。用一根反搓的白羊毛绳，将其固定成“坐化”姿势，然后安放于一陶罐内，再放入青稞和沙子，择吉日埋入地下，墓包上再压放一根白羊毛绳，葬仪便算完结。

其他葬俗

藏区经济文化落后，交通闭塞，社会发展进程缓慢，而传教思想的影响，又使人们可以对肉（尸）体进行因地制宜、因时制宜的宽松、变通仪轨来处理，所以也就出现了多种多样的葬俗。故很多古老的习俗仍有保存原始遗风的可窥斑。共和国成立之前，自然天葬在个别地区仍依稀可见。自然天葬是一种最古老的葬俗。在最早的原始社会，藏族先民们曾实行过自然天葬。他们认为人是上天赐与的，死后仍要回到天上去。于是，一旦活人咽了气，便抬到旷野荒滩或是高山上一抛了事，任其自然回归上天。这种自然天葬遗风在西藏藏北个别部落、个别人家至今仍存在。主要集中在申扎县、双湖，以及安多县、聂荣县的一些边远地区。

这些地方的自然天葬大体可分为两种：

第一种是易地葬。

即人死后，将尸体驮运到离家稍远的山坡上或山沟、草滩上，赤裸裸完整留下，任凭鸟兽吞食。过十天半月或一两个月后去看看是谁吃掉的。如果是鹫吃的，则认为是吉兆；如果是狼吃掉的，就认为兆头不好，以后家境不会发达，牲畜不会兴旺。如果骨头没被吃掉，家里人则要将残骨砸碎或采取其他方法加以处理，不让残骨久久暴露于野外。当然，也有少数人家把尸体留下后任其自然，不再回头观察和处理。

第二种是就地葬。

人死后将死者衣服脱光，把赤裸的尸体完整地留在死者临终时（帐篷内）的那个位置，家人则带着帐篷搬走。此后，要么就不管，好几年不回原地方扎帐；要么隔一段时间回去看看尸体结果，讨个兆头。

在藏区很偏远、很闭塞的个别乡寨，不远前的年代，还曾有过相当远古的葬俗遗风。有的将死者体内腑脏取出，将尸体保留下来，用盐腌干，永久不腐，随帐篷迁徙；

有的悬尸葬，将尸首用皮绳悬于树上，任禽鸟啄食；

有的将尸首立于墙壁之中，用土石砌之，称为壁葬；

还有的将尸首置于大木箱或大土罐中，放置家中屋顶，世代不埋实施此种葬仪的死者一般是家长或家庭支柱，为家庭带来名利权势。当地人以为若将亡人葬身郊野，则会使家庭走上衰败。而若将亡人留存屋中，则举家人财两旺，福运高照；

也有的地方将放置一年后的尸体，葬之高山湖泊，称为海葬，取其大海永不枯竭之意，祈祷家庭人丁长寿；

在西藏山南地区，还有一种土葬习俗，即头胎婴儿死了，葬于楼下墙壁中；

青海玉树个别农区，禁忌青稞开镰前安葬死者。认为青稞即将丰收，这是天地诸路神灵保佑的结果，是对老百姓的恩泽，在人神都皆大欢喜之时，如果葬埋死者，尤其土葬，则会触怒"山神"、"土地神"等必将遭雹灾、霜灾、洪涝干旱之灾的伤害。故青稞开镰前死了人，通常选一处比较阴凉干燥的沙滩，先将死者的尸体暂时掩埋，待收完青稞再按照当地固有的葬俗安葬；

属于楼葬的各地区，一般过几年或十几年，全村请高僧或活佛来村里念经，然后进行复葬。复葬的方式要根据卜卦结果来定，若卜卦需土葬，就土葬，需要水葬或者天葬的得按卦应办理。但不管如何，只有经过复葬，这个人的葬仪才算划上了句号。

崖葬又是一种奇特的葬俗。在尼泊尔与我国接壤的西藏吉隆、聂拉木一带，流行的是崖葬。如吉隆镇以南地区，海拔相对偏低，靠近喜马拉雅山南麓，雨水充沛、气候湿热，林木葱郁，当地藏族选择的葬地多在较高的山崖隐蔽处或天然洞穴，不能向阳。当地人认为：崖葬的地点越高越好。安葬死者的崖缝或洞穴中要放入死者生前喜爱的食物。通常一个葬穴只安葬一人。若葬地为山洞，则应用石头封住洞口，或用泥及石灰抹涂，洞外放些泥佛像"擦擦"。有的还要在洞口插上白色经幡。在葬法上，尸体得用无字的白色经幡包裹，再捆成屈肢状，再抹上酥油、菜油或盐巴。用酥油封塞五官，放些香料，起防腐作用。如棺葬则不需要捆绑肢体。对于8岁以下的死亡儿童，则以陶瓮为棺，以湿泥封口。

在康区个别地方，还有这样一种葬俗，荞子收割之前(11月左右)或收割期间，有人死了，不管是男女老少都要暂时埋在楼底一角，等荞子收获后再行其他葬式。

复葬也是一种，在甘孜州的部分地区，有专门的坟场，男女分别埋葬。卜卦后需要土葬的人，不用棺木直接入坑。若村里又有人死了，而前面埋入的还未火化，就得择吉日先把前面的尸体起出进行火化，然后把后者埋入此土坑土葬。火化后的骨灰，再由高僧卜卦，进行相应葬式。另在个别地方，人死后用石块砌一个高宽各1米的平台，把捆成胎儿状的尸体装入箱搁在平台上，再在木箱周围砌上石块，并用石块将木箱盖住，最后用泥将石块糊严。

还有一种特殊的葬俗在四川省凉山彝族自治州西部冕宁县雅砻江沿岸藏区流行。这个县藏族集中的庙顶地区海拔高度在3000—3800米之间。位于峻峭的锦屏山脉主峰，下临奔腾汹涌的雅砻江，山高路远，交通闭塞，在廿世纪四十年代还保留着古老的、特殊的葬俗——祖先崇拜。

陈明芳先生的论文《论冕宁县庙顶藏族的原始宗教》，在谈及该地区藏族原始宗教祖先崇拜祭祀时写有如下景观：

在庙顶藏族看来，人虽死了，但其魂魄与活人之间仍有千丝万缕的联系。祖先的魂魄具有保护本家族或本家庭成员的神秘力量，它既可以使牛、羊、猪、鸡等家畜家禽繁殖多产，又可保障各种农作物获得丰收，还可保佑子孙后代兴旺发达，和睦安康。然而魂魄又是十分神秘难解的力量，是举家惧怕的对象。因为魂魄是看不见摸不着，漂移性大，可塑性强，因此他们希望通过一定的宗教仪式来安抚死者，使魂魄达到幸福境地，不再扰乱人。庙顶藏族对祖先魂魄的祭祀特别虔诚，就是出于这样一种观念意识。

庙顶藏族祖先崇拜分三个阶段。

首先是人死后，直接祭祀死者。

按照原始宗教观念，死亡从来不是自然的，它永远包含着神秘的因素。死无非是将与社会集体之间的联系猝然中断，于是需要重新确立死者与这个集体之间的关系。

人们对刚死的人怀着尊敬、怜悯、恐惧等复杂的感情。这一切表现在祖先崇拜的第一个祭祀阶段。当老人病势严重，即将断气之时，他的后代或亲属须杀一只羊。从这时起就要请宗教祭司“黑叭”（注：藏传佛教最古老教派宁玛派僧人的名称）念经，为死者赎去生前的罪过，同时抽掉房顶上的一块瓦，称“开天门”，意即为死者阴魂出去开辟通道。宰羊以后，用羊的内脏与酒、蜂蜜、酥油、核桃等物相拌合，敬供在濒死者面前。

如果死者断气之前来不及杀羊，就在断气之后进行。仍是“黑叭”念经为死者赎罪。所有的孝男孝女皆戴白帽或包白布，跪在地上向死者磕头致哀。对死者来讲，意味着他与家人的分离是痛苦的，但由于他从今以后不再是社会集体中的成员，今后对接触他的人是危险的，因此请“黑叭”念经的目的，意在与死者阴魂直接交涉，安慰他、赞颂他生前的种种功德，希望他安心离去，到了阴间仍安分守己，保佑自己的子孙后代。

死者的亲戚接到报丧要立即赶来。各家视自己的经济条件，或牵牛、羊、猪、鸡，或背粮食，携带酒肉等到丧家吊唁。

为了安慰死者灵魂，同他依依惜别，让他高高兴兴去到另一世界生活，当晚，“黑叭”会又唱又跳。死者的儿孙和亲友们也跟着边哭、边唱、边跳，连续数次以后便喝酒休息。再接着唱、跳，如此反复，要哭、唱、跳整整一夜。当晚祭祀死者的场面非常热闹。

安灵仪式和祭灵牌，是祖先崇拜的第二个阶段。

人死后不久的一个时期内，人们想象死者的阴魂并未远去，可能还在自己住所附近游荡。此时人们对他的恐惧不是害怕亡魂要伤害家庭成员，而是害怕死者因感到孤独，寻找活人做它的伴侣。为了帮助死者的亡魂与集体建立巩固的联系，当死者被火葬或土葬之后，死者的亲属要请“黑叭”专门为死者做一个灵牌，安顿好死者的灵魂。制作灵牌的木料必须是特定的树枝，别的不能代替。庙顶藏族制作灵牌的木料是青杠树枝，长约 13—15 厘米，刻成人形，外面缠以红、白、黑三色线或布条。红色代表身上的血肉，白色代表骨骼，黑色表示身穿衣服。灵牌做好以后，点燃柏香，在灵牌前供上鸡蛋、酒肉等食物。“黑叭”口中念念有词，表示与阴魂交谈，希望死者亡魂保佑子孙后代和家庭安宁。并且对它许愿，待家里积攒一些钱财之后就给它“做帛”(即举行隆重宗教仪式超度亡魂)。念毕，向灵牌敬酒三次，每次都将酒点燃，表示死者已经享用。接着，死者的儿孙或亲属向灵牌磕头，号哭。安灵仪式在一定程度上保证了死者在阴间的巩固地位，同时也保证了活人的安宁。但是死者的阴魂仍继续保持着同活人的某些联系。

殷勤地对待亡魂，随时给它献上食物和祭品，尽力赢得它的好感，以使子孙后代得到他更多的佑护。安灵仪式结束后，亲属将死者的灵牌供在锅庄对面的屋角，在灵牌前摆上一只特制的木碗或石碗。每逢节庆先用这只碗盛上食物祭祀灵牌，然后家人才用餐。平常每餐装上饭菜，请死者灵魂享用。

祖先崇拜的第三阶段是超度亡魂，庙顶藏族称之为“做帛”。家境富裕者在死者火葬或土葬后不久进行。经济条件差的人家，在死者安葬若干年之后，积累了较多的钱财后再进行。有的家庭甚至延至几代人后才一起超度。

“做帛”是庙顶藏族祖先崇拜中最重大的宗教祭祀活动，被视为对死者的最大孝道，因此往往不惜倾家荡产。“做帛”一般为时五天五夜，富裕家庭甚至连续祭祀达十五天之久，场面颇为隆重。

“做帛”的时间一般选在农历十月或冬月，从十五日开始被认为大吉大利。当日子选定以后，须用新砍的竹子加工编制篱笆，在距村子不远的山坡上搭一个灵棚，作“做帛”期间供死者灵牌之用。

“做帛”必须请会念经书的“黑叭”主持、念经。本村寨的人在“做帛”期间须停止一切生产活动。住在外村的死者亲友也要牵牛、羊、猪等牲畜前来参加。所有参加“做帛”的人均着节日盛装，在此期间人们大量杀牲饮酒。

超度亡魂之前，“黑叭”要焚香“起灵”，即将灵牌从屋角取下。因庙顶藏族“做帛”大多为几家合做，所以“黑叭”与亡魂交涉时，口中喃喃念道：“几位尊敬的老人家，今年是一个吉利的大好日子，我们将杀牛宰羊，虔诚地送你们远去。家里的一切都安排好了，从今以后不要到家中搅扰，请放心地走吧！”

起灵的当晚直到冬月初一，主持“做帛”的“黑叭”和参加“做帛”的人们要喝酒、跳舞，时间和地点均无限制和规定，人们随心所欲，想跳就跳，无论跳到哪一家，这户人家都须拿出自酿的米酒供大家畅饮。

农历冬月初一清晨，开始将各家灵牌送到灵棚之内，供在台子上，这一天称为“送灵”。灵牌下点香油灯，烧柏香。一般请 2～3 个“黑叭”轮流念经，直念到送魂之日。这个期间，“黑叭”念经的内容是超度亡魂，亦即断绝死者与活人社会集体之间的联系。通过长时间的隆重超度，让死者的阴魂真正离家远去，并且不致于变成危害家人的恶鬼，而是成为子孙后代富贵兴旺的家庭保护神。送灵这天，“做帛”的人家要杀一头牦牛或几只羊，大宴宾客，其场面热闹非凡。

为死者送魂是“做帛”的高潮。送魂的日子一般安排在冬月十一或十三。送魂的目的是让死者阴魂到另一个世界，与以前死去的祖先和亲人团聚。因此这一仪式又称为“归灵”，即背死者的灵牌上山。届时，“黑叭”将灵牌分别放在马背上安置稳当，由死者的女婿牵马缓步前行。选死者舅家一成年男性背上平时祭祀死者用具，如木碗之类跟随其后，去到有一块小平地的山上。“黑叭”在此铺上送魂用的路票。路票由宽约30多厘米、长8米左右的白布或蓝布作成，事先经“黑叭”精心打磨、上浆、涂色，然后写上家族的送魂路线。每个家族一般均有一张路票，有的家族甚至多至几张。载着死者灵牌的马在平地上跑三圈后，“黑叭”便从马背上取下灵牌，置于地上。灵牌的位置按死者年龄安放，最年长者居于所有灵牌的正中，以示尊敬。接着念路票上每个家族的送魂路线。送魂路线写得十分详细，不仅有沿途必经的大小地名，而且连所经的小山包包、石头堆堆都交待得清清楚楚，以免亡魂迷路。送魂路线从庙顶藏族居住地开始，从东往西，大体上经过四川甘孜藏族自治州的九龙县、西藏的昌都地区、拉萨，再往西，到达祖先的发祥地和万物之神的居住地。

“黑叭”念完送魂路线以后，死者的男性亲属在平地上栽上尖尖的石桩。有几个灵牌便栽上几个，每一尖石桩即代表每家最古老的祖先。接着，每家人都杀两、三只羊，用煮熟的内脏等和酒祭献给尖石桩，请求老祖宗的灵魂接纳死者并保佑这些亡魂在冥冥世界中安居乐业。当以上仪式举行完毕，“黑叭”便将所有的灵牌烧掉，把以前祭祀死者的木碗、石碗打碎，扔到野外，从此以后不复祭祀。

通过“做帛”，人们表达出了自己尽心竭力满足死者的一切需要，让死者的灵魂及其亲属的精神均得到最大安慰之愿望。庙顶藏族深信，“做帛”后的亡魂将安心远去，住在另一个世界，他将和已故的长辈、亲属一起快乐地生活，自此阴阳两界及生死断然隔离，人们再也不必为死者的亡魂操心了。

庙顶藏族主持葬俗的宗教职业者称为“黑叭”，在其他藏区，“黑叭”叫“俄巴”，它是修持密宗为主的古老的藏传佛教宁玛派僧人。

庙顶藏族的宗教祭司“黑叭”，要经过专门训练。从小师承，习读藏文经书方能承担宗教祭祀。“黑叭”的主要职能是主持“做帛”这类重大的宗教祭祀活动，所用法器有钹、铜摇铃、转经筒、螺号和藏文经书等。独角兽的长角是“黑叭”世代相传的法器，也是“黑叭”身份的标志。除做帛等重大宗教祭祀外，“黑叭”也主持婚丧嫁娶、占卜吉凶、安屋镇邪、敬神求雨、画符咒驱鬼，其宗教职能比较广泛，但一般不驱鬼治病。

可以看出，“黑叭”这个角色身上更多的是藏区本土宗教苯教职业者的气息，他所承担、所从事的也是苯教祭司的业务。只不过他后来接受了佛教的教义、经文而已。因此，我们可以断定，我们看到的冕宁庙顶藏区系列化、规范化的丧葬仪轨是从古流传至今的原始苯教民间祭祀形式。

原始宗教的巫师称为“色巴”或“叭子”。在其他藏区，叫“拉巴”，即法师、跳神者。他们的主要职能是驱鬼治病，亦可占卜吉凶、预防冰雹、敬神求雨、主持敬山神等宗教活动。在举行宗教仪式中，由于他们常常手持小的羊皮鼓，呼喊、唱跳，因此又被称为“小鼓和尚”。“色巴”不能“做帛”，社会地位较“黑叭”为低。

“色巴”无须师承，他们大多是生病两三年后突然产生了某种幻觉，像精神病患者一样到处狂奔乱跑，最后声称自己从山上或树林中，或水中得到了某种奇异的东西，诸如“蛇角”或莫名其妙的珠子之类。于是请原始宗教的老“色巴”敬神，通过一定的宗教仪式后将得到的东西视为“神物”。与此同时，这个人还须到雅砻江背水回来洗澡净身，宰杀一只白色羊子和已经打鸣的一只白色公鸡，用白色羊皮作为鼓面，以红、黄、蓝、白、黑五彩布条相配，做一个小的羊皮鼓，再配置一个小的铜、木碗。然后把上述物品供到香案上，点燃柏香，顶礼膜拜，作为法器。从此，他便取得了“色巴”的资格，可以从事占卜、求神、驱鬼治病等宗教活动。

无论“黑叭”还是“色巴”，他们都必须学会捞油锅、抓开水、舔烧红的铁铧口等巫术和一些咒语。庙顶藏族认为，这些巫术和咒语在驱鬼治病和其他许多宗教活动中具有特殊功效，是神灵附身的体现。“黑叭”和“色巴”均不脱离社会生产劳动，平时他们从事农牧业生产。他们主持宗教祭祀活动以后，所得报酬并不丰厚。如“色巴”为人驱鬼治病，跳上半天或整整一夜，一般仅得一碗饭的酬谢，待病人痊愈后可另得些微报酬。即使社会地位较高的黑叭，为别人主持一次丧葬，也只能得到四五升玉米或荞子。

从庙顶藏族葬俗中，我们可以看到佛教初期传入藏区前后，在葬俗方面出现的佛苯两宗教之间，相互掺合相互影响的痕迹窥探到了藏区东部山地早期葬俗的斑貌。

多次葬也盛行康区局部地区。

二次或多次葬在世界不少地方也较普遍。学者们较一致的看法是这种葬俗是死者亲属让亡魂一步步割断尘缘、断绝死者与社会集体生活的联系。通过多次葬的终结仪式，使死亡完成，使它完全死去。

在甘孜州北面的丹巴县中路，普遍实行二次葬。即在火葬以后，将骨灰捡起用糌粑、酥油调和后喂鹫，当地人称其为天葬。在这一带，不管什么葬式，二次葬都必须经过火葬。

多次葬中，火葬占着突出的地位。有的地方，葬地是一堆大小不等的乱石块，尸体放置于石堆间，再就地捡石掩盖尸身。这是葬礼的初级阶段。过了一个夏季之后，家人再去葬地搬开石头，从基本腐烂的尸体中拣取骨物和残渣，就地架柴进行火化。火化时得请僧人念经度亡，这是中期葬仪。待骨灰完全冷却后，再连骨灰带烧土装满一背兜，背去丢进大河中（或埋入一个砌起的汉式坟墓中），这才算全部仪式最后的终结。这种葬俗，经过了石葬（实际是土葬）、火葬、水葬（或土葬）三个仪式，是典型的复合葬。

在康北炉霍拉沱一带，三次葬是此地又一独特风俗。

人一死，马上洗尸穿衣。死者是男人则右掌垫脸面，成释佛涅槃的“卧佛”样，女的也一样，只不过左手垫脸，方向不一样。尸体都得搁木板上。请来高僧念经占卜，全村人都来吊唁帮忙。停尸三天。第三天早上，用酒擦洗尸体除臭祛毒，然后用白布从颈缠到脚，面子上套一粗布衣。准备的棺材是长形方棺，要非常薄。尸体放进去后仍摆成“卧佛像”，四周填以柏枝再封棺。出殡时辰不在清晨而在太阳落山后的傍晚。墓地以家族划分为群落，直系亲属不送殡，妇女也不去送葬。送殡队伍中有一小伙举一面镜子在前面给亡灵引路，并不时撒一些食物于路边。棺木落坑，面西而卧。填土时将一碗粗的木杆插在棺尾，稍子冒出地面，坟上垒一土堆，往前再伸出一木杆，犹如一座炮塔，坟上还要放几块白石头作标记。来年三月后，家人拔去插坟的木杆，通气加速棺木的腐烂。根据己身经济状况，或一年，或三年不等，择冬日起尸火葬。火葬用的柴薪要选择没有虫蛀的干枯树或火烧树，锯成若干段架起，把骨灰及遗物搁于柴堆上，再点火焚之。明火完后，盖一层柏枝熏烟，留一人守夜，众人第二天清晨来坟地捡起骨灰。有的将骨灰捣成粉后调泥做 8 个“擦擦”；有的连土包在一起，倒进河中；有的带到佛教名山圣地放置。

巴塘南区先是土葬。尸装木箱内或竹筐中，天不亮送葬。葬地离家不远，是方形葬坑，用几块石片砌边，大石板封口。土葬六日后，由村里几位中年人和一僧人前去起尸火葬，骨渣捡起放入布袋抛进河中。而有的将尸体在柴房停放 49 天再葬。天葬完后，将骨头一烧，挖一小坑埋下，骨灰上建一小方墓。

这些间有火葬的多次葬，各地虽然表现形式不同，但都有个共同点，开春以后的死者不能火化，一则担心秽气薰了天神，神怒降雹灾等；二则正值生物繁衍之季，烧尸会多杀生，增加死者罪恶。因此，只能等到冬季百虫长眠之际。

第十二章　缅怀与超度

灵魂至上，灵魂是可以转移的，但灵魂又是永恒存在的，而肉体则只是载体，可以消除，可以更新。所以，灵魂的超度就摆上了最重要的位置，成为人们倾尽全力、全神贯注的事。超度中寄予了极大的缅怀。

一切为了灵肉分离・小心翼翼的中阴四十九天，诵经、施饭、守戒，给活佛供奉死人衣物・谢绝来客也不串门，从服饰装束标志有丧・不过节不歌舞，除了悲痛，更多的努力使其亡魂顺利转世・活佛的祭奠更广泛更隆重。

为了灵肉分离

祭奠缅怀的表达方式，是一个民族葬俗的组成部分。藏人缅怀之情的表达，与世上大多民族有所区别，这与他们的生死观有直接联系，也是他的世界观所决定。佛教渗入藏人的意识后，一切缅怀之情又深深打上了佛教的烙印。

在世界屋脊，人们对死亡并不十分悲痛，更不是绝望到末日来临。自从万物有灵，"灵魂永存"观念产生后，藏人就认为躯体不过是灵魂的一种载体，而真正永恒的则是灵魂。灵魂是不灭的。如此才有了日月星辰的循环，春秋夏冬的周转，病老生死的不息。人更是如此。血肉可以干枯或者暴死，而灵魂却永在，并不息地转移，从而使人类繁衍不衰。因此，死亡只不过是生命的一段里程碑，并不是灵魂的结束；也就是生命的主体，死亡则是灵魂的中转站，是旧载体的结束，也是新生命的起点。所以，他们认为不必要为死亡悲伤欲绝，恸哭不已。

人死后，灵魂是不是一成不变地转移，是不是没有沉浮升降？只不过换了一种形式，移了一个位置而已。最早的原始人对这个身关前途的问题开头是懵懵沌沌的，而佛教的传入却使他们眼睛一亮，得到了启迪。

佛教对上述疑问的回答是："不！"

佛教教义承认灵魂是永存的，但不是一成不变的。死亡并不意味着灵魂机械的转移，或者简单地掉换位置，而是对灵魂价值的重新评估，对灵魂载体的重新安排。

佛教认为：人的灵魂有六种归宿，即"六道轮回"，犹如车轮回旋不停。众生在三界六道的生死世界中循环不已，因此叫"轮回"。如果生前积善积德，死后灵魂则可到天界，或者再次转世投胎到人间，享受人间欢乐情趣。而如果你一生恶贯满盈，则你的灵魂就会进入地狱，或者变成供人驱役的牲畜，或者变成永远吃不饱的饿鬼。

天、非天、人"三善趣"；牲畜、饿鬼、地狱"三恶趣"，灵魂的六种不同落脚点说明了灵魂地位的可变性，灵魂价值的可塑性。

灵魂价值是如何裁定的呢？佛教教义说它是由两种因素所决定的：一是个人的修行！是行善积德还是作恶多端——"善有善报、恶有恶报"，这是灵魂价值取向的基础；二是佛的护佑引导。佛若宽宏大量，普度众生，精心引导，全面对待，则灵魂价值取向又有了新的砝码。

不管是进入"三善趣"，还是落入"三恶趣"，人死以后，首先是亡魂的转移问题。如何把亡魂正确地、顺利地引向中阴，而又能超度转世投胎到"三善趣"境地，这只能仰仗佛门，仰仗寺院诵经祈祷，仰仗活佛的"法力"指导。

上述两种因素中，亲人们把亡魂的超度看得最实在最重要。因为亡人的做为已经是过去的事了，不可挽转无法补救，而唯有未来才是最现实的，最至关重要的。因为它牵涉到根本利害关系，自然地人们把祭奠的重点放在了超度上。

超度的首要目的是灵肉分离，让亡灵早日上路中阴道。而亡灵离开肉体的条件，首先让其心满意足、无牵无挂地离开这个家。因此，当亲人咽气、遗体安放就绪后，家人便开始摆设供器和供物。主要摆放青稞、酥油、奶酪、干果等。帐篷内空间不允许的则不单设供桌，供器和供物全摆在平时供佛的地方，昼夜不断地烧藏香，点油灯，供净水，帮助和指引灵魂离开肉体。

祭奠期间，另一重要的事就是请活佛指引亡灵顺利度过中阴（藏语叫“巴多”，即死亡到转世前的 49 天时间），请僧人来家举行法事、诵经，祈求消去亡人的罪孽。佛家认为：人死之后，即呼气停止后一顿饭的时光，便显现出续发明光。这是因为灵力是依照死者善业或恶业因缘，流下右脉或左脉，而后经由任何一个穴窍逸出，接着便有一片澄明的心境出现。这种情况正是亡灵惊魂未定之际，他可以看到他的亲戚朋友，所见恍如生前。它甚至可以听到他们的哀号。经忏师针对这一状态，分别两种情况指示亡灵：对至达圆满阶段者，则三呼其名，反复重述关于入观明光的指示；对尚在现修阶段的，则向他读诵有关观想，其中护佑本尊引介正文，然后告诉说：尊贵的某某，观想你自己的守护本尊（诵者可在此处述及其本尊圣号），一心不乱，至诚理想你的护佑本尊，观想他有如水中月影，虽有其形而无实体。观想他有如一位具有色身至圣尊。经过上述读诵，使其印入亡灵心中。

如果死者为一未修任何法门的常人，经忏师便要对他说道：“观想大悲圣主吧。”为什么要如此读诵，且对象不一，念法也不一样呢？这是因为按佛教对死亡的理解和认识，他认为曾在上师指导下观修实相但功夫未纯熟的人，单凭自力无法明辨中阴境相。

给引魂活佛，要捐献亡人值钱的一应衣物，还要供奉不少钱财。对请来的僧人也要赠与丰厚的布施，表示感谢和鼓励。

祭奠期内，丧家还要印制经布，作为死者的布施，捐献奉送给所有教区内的寺院，至少要印这种经布一百来尺，多多亦善。除此布施，有的丧家还常把死者名下的牛羊及全部遗物也作为布施捐送寺院。这种布施有的是死者生前就有遗嘱，有的则是家人主动捐送的，目的则是最后一次为死者赎罪，表达忏悔心情，祈求佛保佑死者灵肉分离，灵魂早日安然升入“天界”。

关键是中阴 49 天

缅怀的焦点是让亡去的亲人有个好的归宿，这是情感世界的核心。要有个好的归宿，则要在超度上下功夫。佛教的超度把信教徒的缅怀情感紧紧凝聚到这一方向上了。

超度灵魂的主动权在佛僧一方。

为亡人禳灾祛难，洗涤罪孽，悔过自新，导引亡魂的诸事都是由活佛和僧人担负。因此，诵经是超度的主要内容，尤其中阴 49 天，诵经超度是最关键的。

中阴 49 天分为三个阶段，要举行的法事主要有中阴救度法，使中阴身（藏传佛教密宗称谓人死后尚未入轮回投身之前的灵魂）超脱轮回而成佛。

中阴超度的对象是未得到佛法成就之凡夫俗子。他们要想重新转世投胎得历经七七四十九天的中阴境相。在第一个七天中，须详细向他的灵魂说明必须面对的和需要克服的试炼及险难情形。

根据密宗大师，藏传佛教宁玛（古老）派创始人莲花生撰写的经文《度亡经》，送葬后的第一天（系从死者通常审知自己已死且欲复生人间之时，或从死者第三天半到四天之时）算起。

中阴七七四十九天中，如何超度亡灵，该读诵些什么？佛教是如何看待死亡的迹象？如何剖析死者的意识？如何认定“灵魂”活动的状态？如何引导“灵魂”走出污泥浊水，走向圣净之道呢？当亡人惊魂未定，不知举措时，佛门是如何抚慰的？当亡魂情绪动荡，坐立不安时，佛门又是如何使他心神意定，坚定信念的呢？

我们不妨从《度亡经》部分章节来窥斑探看读诵超度是怎么一回事的。

枕前活佛或经忏师要念的经文在头一个七天中分别是这样：

初七：第一至第七天·喜乐部圣尊现前

(1)初七、第一天

尊贵的某某，在这三天半时间当中，你一直处于昏迷状态之中。待你的神志一旦清醒之后，你会如此惊问：发生了什么事情?!

如此一来，你就会认清你的中阴境相。那时候，整个轮回的轮子即行转动；那时候，你将见的种种现象，将是种种光焰与诸部圣尊(比喻与象征的方式表现死后的心灵经验)。那时候，整个天空将呈现一片深蓝之色。

那时候，将有浑身白色，手执八福法轮，坐在狮子座上，有虚空佛母(佛教中表示“万法”种子播散)相抱的毗卢遮那佛世尊(世尊佛，意为拥有主权者或胜利者。指已经征服或已主宰生死轮回的人)，由名叫“种子播撒”(虚空王母)的中央区域，向你显现出来。

这是溶合而成本然状态的色蕴，其光蓝色。

有蓝色、透明、灿烂炫耀的法界智光，从身为父母的毗卢遮那佛心中向你放射而来，其光热烈异常，使你几乎难以逼视。

与此光同时并行的，有一道来自天道的模糊白光，亦朝着你的面前放射。

于此，由于业力的关系，你对晃耀的蓝色法界智光心怀畏惧而试图逃避，因而对来自天道的模糊白光生起喜爱之情。

当此之时，你对光明晃耀的神圣蓝光不可生起恐惧之心，更不可被它吓倒。那是名叫“法界智光”的如来威光。你要信赖此光，对它坚信不移，并向它祈求祷告，一心观想：它是来自薄伽梵毗卢遮那心中的恩光，是在你的中阴陷入危险的隘道之时来摄护你的恩光。此光是毗卢遮那世尊的慈光。

不要爱上天道的模糊白光；不要执着于它；不要怯弱。你一旦恋着于它，你就会飘入天宫之中，落入六道轮回的漩涡里面。那是一种阻碍，可以障蔽你的解脱之道。不要看它。你应以虔诚的心情瞻视明亮的蓝光。你应勤恳观想毗卢遮那世尊，并跟着我复诵这个祷告：

生死流转皆因愚痴无明而有

际此法界智光照亮暗路之时；

唯愿毗卢遮那世尊引导于前，

唯愿无上虚空佛母护佑于后；

唯愿使我安度可怖中阴险道，

唯愿使我安住一切圆满佛地。

(2)初七、第二天

虽有如上导示令其入观，但因亡者瞋心或无明业力关系，以致虽有祈祷求助，亦未能使其不畏佛光而逃避，或被幻境所慑，如此，则于第二天有金刚萨埵及其眷属诸尊，随同其所造地狱恶业同时出现，前来接引亡者。

当此之时，所作入观之法是：由诵读者直呼亡者之名而作如下之导示：

尊敬的某某，一心谛听，切勿散乱。在这第二天中，将有水大之净色作为一种白光发射而出。当此之时，深蓝色的东方妙乐佛土，将有身为蓝色、手执五股金刚杵、坐于象座之上，有玛嘛基佛母拥抱的金刚萨埵阿吾世尊，在地藏菩萨与弥勒菩萨及其眷属(持镜与持花)两位女菩萨陪伴之下，出现在你的面前。这六位智慧圣尊将出现在你的面前。

清净的识蕴(此即大圆镜智)，将以一种明亮、灿烂的白色，带着极其耀眼、使你几乎难以注视的光彩与透明，从身为父母的金刚萨埵心中，向你放射而来。而与此大圆镜智光平行的，则是一种来自地狱的烟雾色的暗光，亦跟着向你投射而来。

当此之时，由于瞋心业力所引，你对耀眼的白光将心生畏惧而意欲有所逃避，反而对来自地狱的烟雾的暗光，产生一种欣悦之情，当此之时，你要积极起来，使你不致骇怕明亮耀眼而又透明的白光。你要知道，那是智慧之光，你应虚心而又勤恳地加以信受。那是薄伽梵金刚萨埵的慈悲之光。你应以信心思维：‘我要在它里面求得庇护’；并至心祈求。

那是金刚萨埵世尊前来接引，使你脱离中阴的怖畏之境，你要相信它，因为它是金刚萨埵的慈光之钩，可以将你钩出中阴的险境。

不要爱上那烟雾色的地狱暗光；那是一条导向地狱的道路。否则的话，你将因累积的瞋怒恶业牵引而落入它的陷井，堕落地狱道中；你一旦落入其中，便得忍受难忍的痛苦，且没有确定的出离之期。那是一种障碍，可以障蔽你的解脱之路；因此，你千万不要妄自菲薄。你应信赖耀眼的明光白色，至于归敬金刚萨埵世尊，并作如下之祈愿：

生死流转皆因暴怒嗔业而有，

际此圆境智光照亮暗路之时：

唯愿金刚萨埵世尊引导于前，

唯愿圣玛嘛基佛母护佑于后；

唯愿使我安度可怖中阴险道，

唯愿使我安住一切圆满佛地。

如此热切虚心恳祷之后，你就可以在虹光轮中进入金刚萨埵世尊心里而证报身佛果，安住东方妙乐佛土。

(3)初七、第三天

尽管如上作观了，而且有慈光钩召，但有些人，由于恶业深重，且又贡高我慢，以致障蔽本心而不能认证，乃至逃而避之。遇到这种情形，则第三天将有宝生如来及其随从圣尊，与来自人道的黄色光线，同时前来摄受。

此时应再度令其作观，直呼其名而告之：

尊贵的某某，一心谛听。第三天将有水大本色发为黄光向你照射。与此同时，南方众宝庄严佛土，有全身黄色、手执妙宝、坐于马座之上，与佛眼佛母互相拥抱的宝生如来，亦来放光向你照射。

有虚空藏与普贤两位菩萨，偕同念珠与持香两位女菩萨——连同前述佛父佛母共计六位菩提之身，从一道虹光轮中前来向你放光。以本色形态出现的触蕴，作为黄色的平等性智之光放射出来，其光晃耀，夹以种种带有卫星光球的灿烂球体，极其明亮，几乎非肉眼所能逼视。而与此智光互相平行的，则是来自人道的模糊的暗蓝黄光，亦向你照射而来。

当此之时，由于我慢业力的牵引，你将因对耀目的黄光心生畏惧而欲有所逃避。但你对于来自人道的模糊的暗蓝黄光，却乐于接受它的吸引。

际此之时，你不但不应该畏惧明亮、耀眼、而又透明的黄色，而且要明白它是智慧之光；在那种情况下，你要心无旁顾，谦虚而又殷切地信赖它。只要你知道它是你自己的智性的光辉，只要你虔诚祈求，这个神圣佛体与光便与你融成一体而使你获证佛果。

设使你不能认证你自己的智性之光，不妨以信心如此观想："此光为宝生如来世尊慈恩之光；我要从中求得庇护；"于是向其祈求加被。它是宝生如来世尊的慈光之钩，系为接引你而来，因此你当深信。

不要爱上那来自人道的模糊暗蓝黄光。那是你的贡高我慢累积而成的习性之光，系为诱惑你而来。你一旦受它诱惑，就得复生人道，重受生、老、病、死之苦，失去出离尘世泥沼的机会。那是一种障碍，可以障蔽你的解脱之道。因此之故，你不但不要顾盼它，而且要摒除我慢习气；不要枉自菲薄，不要受它吸引。你当振作起来，信赖那明亮的耀眼之光。你应一心观想宝生如来世尊，并作如下之祈告：

生死流转皆因我慢恶业而有，
际此平等智光照亮暗路之时：
唯愿宝生如来世尊引导于前，
唯愿神圣佛眼佛母护佑于后；
唯愿使我安度可怖中阴险道，
唯愿使我安住一切圆满佛境。

如此深切信心至诚祈祷之后，你将在虹光轮中进入身为清净父母的宝生如来世尊心海而证报身佛果，安住南方众宝庄严佛土。

(4)初七、第四天

依照上述方式入观，无论怎样微弱的心智，也该得到解脱了。但有些人，由于所造恶业太多，或因违背誓愿和戒律，或因生不逢时，未能善为修持，以致如今虽然频频作观，仍然未能悟入；由于贪婪和吝啬所起的无明和罪业形成了可怖的音响和光焰，使他们惊骇逃避。死者倘属此类之人，则于死后第四天，有阿弥陀佛世尊，偕同其眷属诸尊，前来放光接引，但有由于吝贪执著而起的饿鬼道，亦同时放光来引诱。

其作观之法，仍是如前呼唤死者之名而作如下之开示：

尊贵的某某，静心谛听。今逢第四天，将有水大本色之红光，前来照射。当此之时，西方极乐世界，将有全身红色、手持妙宝莲花、坐于孔雀宝座上，且有白衣佛母互相拥抱的阿弥陀佛世尊，携同观音菩萨与文殊菩萨及其眷属持琴与持灯两位女菩萨——共计六位菩提之身，从一虹光轮中放光照临你的面前。

此种作为妙观察智光的受蕴本色，出自神圣父母阿弥陀佛的心中，直照你心，其光红色，闪亮透明，且有种种光球及其卫星光球照耀其间，极其夺目，使你几乎难以正视，但是你不必畏惧。

与此智慧之光互相平行，且同时俱来的，是出自饿鬼道的一种模糊红光，亦在此时向你照射。但你不仅不要爱上此光，而且要摒弃执著和柔弱心肠。

当此之时，由于受到坚固执著的影响，你对那耀目红光将会变得惊骇畏惧而意欲逃避。同时，你对来自饿鬼道的那种暗淡红色，却生出一种不当的欣喜之情。

当此之时，你对那光耀夺目而又透明的红光，不但不要畏惧，而且要证之为智慧之光；你只要心无所著，即可与它打成一片而证佛果。

设使你不能证入，那你就作这样的观想：'它是阿弥陀佛世尊的慈悲之光，我要从中求得庇护'，作此思维后，立即虔诚信入，祈求进入其中。那是阿弥陀佛的慈悲钩光，为了钩召救度而来，你应虚心信入，不必逃避。纵然你逃，它也会追随着你，与你难分难舍，你可不必害怕。千万不要被那来自饿鬼道的暗淡红色诱引而去。那是由你的坚固执著累积而成的业感之光，系为诱你落入轮回而来。倘你被它诱去，你就会落入饿鬼道中，饱受万般难忍的饥渴之苦，失却如今的解脱时机。那种暗淡的红光是一种障碍，可以障蔽你的解脱之道。你不但不要依恋着它，而且要摒弃贪吝的习气。振作起来，不要自暴自弃。信赖那耀眼的红光吧。一心顶礼信受身为父母的阿弥陀佛的世尊，并至诚恳祷，作如下述之祈愿：

生死流转皆因贪吝恶业而有，
际此妙观察智光照亮暗路时；
唯愿阿弥陀佛世尊引导于前，
唯愿神圣白衣佛母护佑于后；
唯愿使我安度可怖中阴险道，
唯愿使我安住一切圆满佛地。

你以如此深切信心恳祈之后，就可契入身在虹光轮里的神圣父母阿弥陀佛世尊心中，证得报身佛果，安住西方极乐世界佛土。

(5)初七、第五天

如上导示作观而不证入，无有是处。然而，有些有情众生，虽然如法作观了，但因久染恶习一时难舍，又因恶业与嫉妒所感，对于种种声响和光明(未能钩召你们的慈悲钩光)有所畏惧，以到辗转牵延而至第五天。设使死者属于此类有情众生，则有不空有就(全能的征服者)如来世尊及其助伴圣尊以其恩光前来摄受。与此同时，另有由嫉妒烦恼所感而成之光，亦从阿修罗道前来诱引。

此时的导示入观，则为呼唤死者之名而作如下之劝勉：

尊敬的某某，一心谛听。到此第五天，将有风大本色之绿光向你照射。当此之时，北方无上妙行成就佛土，有全身绿色、手执十字金刚杵、坐于角鹰座上、由贞信度母佛母与之相抱的不空成就如来世尊，率同其助伴金刚手菩萨、除盖障菩萨，及其眷属喷香与持糖两位女菩萨——共计六位菩提智身——从一虹光轮中向你照射。

此种行蕴本色，作为成所作智的绿光，以透明、辉煌而又可怖、饰以种种光球及其卫星光球，从神圣父母不空成就如来心中放出，照射你心，其光极为明亮，使你几乎难以正视。那是你的智性本有智慧之力。你不但不应畏惧，且要安住在那不偏不倚的大休息境界之中。

与此成所作智的绿光互相平行、且同时向你放射的，则是一道来自阿修罗道的暗绿色光，系由嫉妒恶业感而成。你应以不偏不倚，亦即不拒不迎的态度观照着它，不可爱上它；假如你的心智薄弱——那就不要恋着它。

当此之时，由于强烈的嫉妒心所感召，你对那耀目的绿光有所畏惧而想逃避，但对阿修罗的暗绿色光反生出一种喜爱之情。当此之时，你不但不应害怕那透明、光亮而又耀目的绿色，而且要认识它是智慧之光，并让你的心智安住在那个境界之中。或在心里想："它是不空成就如来世尊的慈悲钩召之光，是成所作智的智慧之光。"并以此加以信受，不予逃避。

纵使你逃避它，它也会追随着你，与你难分难舍。不必怕它。但你千万不要爱上阿修罗道的暗绿色光。那是由强烈的嫉妒恶业感召而来的诱惑之光。你一旦受它诱引，就会落入阿修罗道而从事于难以忍受的斗争之苦(阿修罗道的阿修罗的主要热情或苦恼。阿修罗指古印度神话中的一种恶神，常与天神作对争斗)。那是一种障碍，可以障蔽你的解脱之道。你不但不要被它所诱，而且要舍弃你的嫉妒习气，千万不可妄自菲薄。你应至诚信受那夺目的绿光，一心一意观想清净父母不空成就如来世尊，并作如下的祈愿：

生死流转皆因嫉妒恶业所感，
际此成所作智光照亮暗路时；
唯愿不空成就如来引导于前，
唯愿贞信度母佛母护佑于后；
唯愿使我安度可怖中阴险道，
唯愿使我安住一切成就佛土。

如此至诚恳祷后，你就可以进入身在虹光轮中的清净父母不空成就如来世尊的心海，证得报身佛果，安住北方无上妙行佛土。

(6)初七、第六天

如上于各个阶段频频作观之后，不论善缘多么微弱，也该观入其中一二了，而一旦观入其中任何一种之后，若不解脱，无有是处。然而，尽管如法频频作观了，但因其人久已狃于种种恶业习气，对于正智既不熟习，又乏喜乐之心，纵有如上连续导示，仍然不免被其本身邪恶倾向所引而遭退堕。其所以未能被诸佛之慈悲光钩住而往下退堕，在于死者对于此等慈悲光钩产生一种虚妄的畏惧之情。

到此时候，当有五方禅佛清净父母率其助伴同来放光，协力加持。但在此时，另有六道轮回之光，亦一同前来诱引。

尊贵的某某，迄至昨天为止，已有五方佛尊逐一向你放光摄受，而你也已一一入观，但因你自己的恶业所牵，对于诸佛圣尊生起畏惧之心，以至直到现在仍然滞留于此。

倘你了知五方佛智之光从你自己净识发出的话，那你早就契入任何一佛的虹光轮中而证报身佛果了。现在且系心注意。将有名为“四智(教理描述“四智”：①“现象与空性”；②“光明与空性”；③“极乐与空性”;④“意识与空性”。)契合之光”的五方佛光,前来照临于你。你当善为了知。

尊贵的某某,至今第六天,将有四大本境之四色,一齐前来放光。当此之时,中央播种佛土,有清净父母毗卢遮佛及其助伴,前来向你放光;上方最胜乐土,有清净父母金刚萨埵佛及其助伴,前来向你放光;南方众宝庄严佛土,有清净父母阿弥陀佛及其助伴,前来向你放光;北方无上成就妙行佛土,有清净父母不空成就及其助伴,在虹光轮中前来向你放光。

尊贵的某某,在此五位禅佛与佛母的外围,有四位守门忿怒圣尊:得胜利者、坏死主者、马颈王者、甘露瓶者,与四位女守门者:持刺棒者、持套索者、持锁锻者、以及持铃绎者;复有六道之佛:天道之佛无上威权、阿修罗道之佛坚固甲胄、人道之佛释迦牟尼狮子、畜生道之佛不可动摇狮子、饿鬼道之佛焰火之口者,以及地狱道之佛法王——偕同八位父母守门者、六位六道导师以及无敌圣尊——一起前来向你放光。

又有普贤佛父与普贤佛母;一切诸佛的伟大祖先普贤王如来(与普贤王佛母)——清净佛父与清净佛母,亦来向你放光。

如上所列四十二位全能圣尊——悉皆出自你的心中,悉皆生自你的慈爱之心——亦来向你放光照射,你应善加了知。

尊贵的某某,所有上述诸般佛境,并非来自你的心外——悉皆出自你心的四个部分,而此四部加上中央部分,即是五方佛土。它们悉皆出自你的内心,悉皆向你放光照射。而所述诸位圣尊亦非来自别处。他们打从无始以来就存在于你自己的智性功能之中了,因此,你应如是了知才是。

尊贵的某某,所有此等圣尊,其体非大非小,只是随感而应,似有大小而已。他们各有各的装饰,各有各的色彩,各有各的坐姿,各有各的宝座,各各皆有不同的标示。

此等圣尊,五对一组,每组各有五对,其外围以一道五重光圈,其中男身菩萨略似清净佛父,女身菩萨形同清净佛母。此等神圣密室,形成一个完全的大曼荼罗,一同前来向你放光照射。他们都是你自己的守护圣尊。你对他们应有这样的认识。

尊敬的某某，当此之时，有四智契合之光，极其清净美妙，犹如诸般细线一样，有如阳光一般，从五方佛土诸位清净父母心中放射而出，照临你心。

在此光明道上，将有法界体性智光，发出光焰四溢的种种蓝色光球，各各皆如倒置之玉杯；这些光球的周围，又有形体较小，但光亮、透明、而又光彩夺目的光球；此诸较小光球又因有五个更小的光球与类似的五个星点周匝围绕而显得更加光耀，使得此种蓝色光明之道皆因此等蓝色光球及其较小之卫星光球互相照耀而致里外中边，悉皆显得通体透彻。

有金刚萨埵，从其心中发出大圆境智光明之道，其光白色透明，灿烂夺目，令人敬畏，又因周围有种种较小光球围绕的种种透明光球，各各皆如覆置之明镜一般，互相照耀而显得更加明亮。

有宝生如来，从其心中发出平等性智光明之道，其光黄色，周围绕以种种黄色光球；此诸光球之外又有较小黄色光球围绕；而此较小光球之外，复有更小黄色光球环绕，各各皆如侧置之金杯，互相映彻，光彩异常。

有阿弥陀佛，从其心中放出妙观察智光明之道，其光红色透明，周围绕以种种红色光球，各各皆如覆置之珊瑚杯，各各皆发智慧之光，极其明亮耀目；此诸光球之外又有较小之红色光球环绕照耀，极其光亮；使得与此种红色光明之道悉因此等红色光球及其较小之卫星光球互相照耀而致里、外、中、边，悉皆显得通体透彻。

所有这些，悉皆一同前来照临你心。

尊贵的某某，所有这些，都是你自己的智能之光前来照射，并非来自任何别处。你对它们不可矜持，不可怯懦，不必畏惧；你只要安住在无念的静定之中，所有上述各种形相和光焰即可融入你的自性之中，而使你获证佛果。

成所作智的绿色光明之道，之所以不向你放光，乃因你自己的智慧尚未得到圆满的开发，故而尚无感应出现。

尊贵的某某，以上所述诸光，谓之四智契合之光，所谓金刚萨埵秘密之道，即系由此而来。

当此之时，你应忆起从你上师习学得的作观教导，只要忆起作观的要领，即可了知此等光焰原是你内心光明的反映，而当你一旦将它们视为好友之后，你就会信赖它们，了解它们，就像儿子了解母亲一般。

你只要信解清净而又神圣的“真理”，其情不变不异，你就会产生一种净念相续的三昧定力；而当你一旦融入了完全觉醒的智体之中，你就可以证得报身佛果，从此不复退堕。

尊贵的某某，与上述种种智慧光焰同来照射的，尚有不净的六道虚幻之光。如问“其光如何?”则为：来自天道者为暗淡的白光，来自阿修罗道者为暗淡的绿光，来自人道者为暗淡的黄光，来自畜生道者为暗淡的蓝光，来自饿鬼道者为暗淡的红光，来自地狱道者则为暗淡的烟雾色光。此等六道之光将与上述六种智慧光同来照射；当此这时，对于其中任何一种，既不畏缩，亦不趋迎，只需让你自己安住地无念(正念)境界之中就行。

设使你对清净的智慧光焰有所畏惧而被俗称的六道光线所诱，则你将因投生于六道中之任何一道而饱受轮回之苦，在生死海中随流浮沉，永无出离之期。

尊贵的某某，倘你尚未获得上师的要诀，你将骇怕智慧光以及诸位圣尊的清争光焰，而被引向不净的轮回漩涡。切记不可如此。你应信赖耀目的清净智慧光焰。应即刻正心诚意，作此思维：“五方善逝的慈悲智光已来摄护于我；我当从中求得庇护。”

生死流转皆因五毒(五毒即贪、嗔、痴、慢、嫉或疑，表示这五种犹如毒药，使人饱受束缚之苦而跳不出六道轮回的命运。)恶业所感，你不但不可顺从于六道幻光的渗引，而且要至诚一心放信五方诸佛清净父母，并作如是祈愿云：

际此四智契合照亮暗路之际；
唯愿五方征胜佛父引导于前；
唯愿五方清净佛母护佑于后；
唯愿使我脱离六道不净光道；
唯愿使我安度可怖中阴险道；

唯愿使我安住五方清净佛土。

如此恳祈之后，你将认证你的内在之光，与你的自性融合为一而证佛果：只要至诚信受，纵使是普通行人，亦可因了悟自性而得解脱；纵使是至极卑下之人，亦可借助清净祈祷之力，以使六道生门闭塞，而在体悟四智契合的真意当中，经由金刚萨埵真空之道证正觉。

经由如上详细指导入观之后，大凡该当得救之人，都可了悟（真理）故得解脱的人，非常之多。

至于恶业深重，对于正教毫无悦乐之心的人，以及违背誓愿的人，则因业幻牵引而不能证人，尽管面对真理，仍将不得要领迷失正道而堕落下去。

(7)初七、第七天

至此第七日，将有持明部诸尊，从圣乐土前来接近。同时，由无明愚痴所感之畜生道，亦来诱引。此时之观法，为呼死者之名而告之云：

尊贵的某某，一心谛听，将有种种习气净化而成的杂色光焰前来照射。与此同时，你有持明部诸尊，亦从神圣乐土前来摄受。

有无上持明莲花舞主尊，亦即成熟业果无上持明主尊，身放五色光焰、手执偃月宝刀及一贮满血液之人头盖骨，右手高举结降服手印，由红色空行天母抱着，于虹光焰中，从大圆相（或曼荼罗）之中央，一路舞蹈而来，放光向你照射。

又有圣尊名地居持明者，其身白色，面带微笑光焰，手执偃月宝刀以及满贮血液之人头盖骨，右手高举结降服手印，由白色达吉尼天母拥抱着，从大圆相之东方，一路舞蹈而来，放光照射。

又有持明圣尊名掌寿威权者，其身黄色，面带微笑光焰；手执偃月宝刀以及满贮血液之人头盖骨，右手高举结降服手印，由黄色空行天母拥抱着，从大圆相之南方，一路舞蹈而来，放光照射。

又有圣尊大手印持明圣尊者，其身红色，面带微笑光焰；手执偃月宝刀以及满贮血液之人头盖骨，右手高举结降服手印，由红色空行天母拥抱着，从大圆相之西方，一路舞蹈而来，放光照射。

又有圣尊名自我成就持明者，其身绿色，面带半笑半怒光焰；手执偃月宝刀以及满贮血液之人头盖骨，右手高举结降服手印，由绿色空行天母拥抱着，从大圆相之北方，一路舞蹈而来，放光照射。

在此大圆相的外圈，围绕着上述五大持明圣尊者，有无量无数的空行女班——八大荼毗场所的空行女，四大种姓或四大阶层的空行女，三大住所的空行女，三大圣地以及二十四个参拜处所的空行女——有无量无数勇健男，勇健女，天兵天将，以及男女护法尊神，各各佩以六种骨制装饰，持着大鼓，股骨号角，头骨小鼓，罗刹皮旗，人皮华盖，人皮小旗，人脂香膏，以及无量无数的种种乐器，共鸣齐奏，使得整个宇宙皆为如此巨声震荡激动，使人为之耳眩脑裂，且随种种曲调节拍作种种舞蹈，一路前来摄受正信之人，并惩治缺乏正信之人。

尊贵的某某，有习气净化而成之俱生智光，从五位持明主尊心中放出，向你的心中射来，其光五色，闪烁震动，犹如色丝，透明而又光耀，令人敬畏，且十分强烈，使你的眼睛难以忍受。

又，另有一种来自畜生道的暗蓝色光，亦在此时与上述俱生智光同来照射。当此之时，由于虚妄业识所牵，你对五色智光将有畏惧之感而欲逃避，对于来自畜生道的暗光，却生欣悦之情而心向往之。当此之时，你不但不应骇怕炽烈的五色智光，而且要明白那是你自己的智慧之光。

在此五色智光之中，将有法尔的实相之声，犹如千雷齐吼一般地排山倒海而来，使得整个宇宙回荡震颤不已，而在此种巨响之中，复有可怖的“杀呀！杀呀！”以及令人生畏的密咒之声交织其间。不要惊慌，不要畏惧，不必逃跑。要知这些声音只是你的内在光明的智性功能而已。

不要怯懦，不要枉自菲薄，不要被畜生道的暗淡蓝光所诱。你一旦被诱，即行堕落畜生道中，为无明愚痴所制，饱受奴役与暗钝之苦，且经不知多少劫数，始有出离的可能。千万不要受它吸引。你应至诚信受明亮耀目的五色光焰，一心一意转向那些圣尊，那些持明的征服者。你在心中如此祷念：“这些持明圣尊，这些勇健英雄，这些空行天母，特从神圣乐土前来接引于我；我要祈告他们：直到今日，已有三世五方诸佛前来放射慈悲之光，引度于我，而我一直未能得救！我愚钝若此，何其可悲！唯愿持明诸君勿再容我堕落下去，并以悲悯之钩摄受于我，将我带往神圣乐土。”

如上祷念之后，并作如下之祈愿：

持明诸尊请赐谛听度我出离，
请以大悲将我带上菩提正道；
当我因为虚妄业识落入轮回，
将我带上光明晃耀俱生智道。
唯愿勇健持明诸尊引导于前，
唯愿空行天母佛母护佑于后；
唯愿使我安度可怖中阴险道，
唯愿使我安住清净极乐佛土。

如上以深切而又至诚的信念祈愿之后，一定可在虹光之中融入持明诸尊心中往生清净的极乐世界。

所有一切的空谈阶段亦可在这个阶段得证而获解脱；纵使是恶习深重的人，亦可在这个时候得到解脱。

读诵到此，有关入观“实相中阴”喜乐部诸尊，与人观“临命终中阴”明光的部分，已经告一段落了。

第一个七天诵经完毕，稍稍歇上一两天、二七诵读又开始了。

在第一个七天中阴中，佛门派出来拯救亡灵的是喜乐部诸尊。采取的方式是开导、劝导、引导的方式。但佛门又认为，有的人恶业深重，仅仅靠“说服”、“开导”是无法拯救其灵魂的，因此，得用威慑方式来“牵引”其罪恶灵魂迷途返归，“回头是岸”。

在二七的七天中，即第八至十四天，依次有忿怒部诸尊出场对亡灵进行威慑、恐吓、逼其就范，回到光明世界来。

首先派出是三面六臂，三色（左红右白中间深棕色）脸盘的大光荣赫怒加佛。其次是金刚吓怒加世尊，第三天是宝赫怒加佛，第四天则是莲花赫怒加世尊，到了第五天，牵引亡灵的变成了羯摩赫怒加。第六天，佛门派出是八位凯莉玛，八位戴玛。二七最后一天，前来的有四位守门女神，还有二十八位大力女神，以及其他诸多女神，守门的瑜祇尼。与第一个七天出现的喜乐部诸尊外，二七还出现了五十八位饮血诸尊。这些佛一个个面目狰狞可怕，法力无边，掌管人间生死大权，对亡灵有震惊威慑。

在诵经《中阴得度》时，习惯上僧人们会第一七间歇一天，以后每七天分别返回死者家中，以六天、五天、四天、三天、二天、一天的递减程序诵读，整整读诵的日子只有三七二十一天。

从第一到第十四天，反复读诵的是《中阴得度》经中的临终中阴部分。而自十五天起始，则读“投生中阴”部分。穷苦人家，超度读诵过了第十四天即行停止；条件较好人家，此种仪式至少要到二十一天期满，有时要到四十九天期满才停止。在一七二七期间，各家视财力而请活佛和僧人，过了十四天，不论穷富，通常只请一位僧人诵读。

在四十九天中阴超脱中，僧人们读诵经文的内容有丧亡法事、中阴解脱、善德归缘因，还有祈求神灵帮助解脱的、自我洗涤垢孽供养的，等等。重点在中阴境相的解脱，其次根据自己的德行善恶积累，选择需要的经文重复读诵。

为什么要集中在这七七四十九天进行超度呢？

按佛教的解释是，人在人间世界体验到的现象或现象的感受，到了中阴世界将以另一种完全不同的情形受到体验。对于刚死之人而言，此种现象使他处于旋转之中，神志混乱漕沌，因此，有必要警告死者，他必须适应死后的情境，就似一个刚出生的婴儿必须适应人间世界是一个道理。正因为如此，人死后，需要上师和经忏师不断的诵念，使亡灵从混乱旋转中逐步清醒过来，通过教示，把一种又一种光焰接踵显现亡人面前，使它无法有刹那分心的时间，身不由已，情不自禁使心识变得全神贯注，灵魂集中行进在亲缘引导的轨迹上，前往与它的性情最为相投的环境中。

人刚刚去世时期，僧人要诵读的是“实相中阴”的观想大法。它可大力帮助死者获得解脱。

多样的超度

超度的最重要环节是中阴。

为了自己的亲人有个好的解脱，好的归宿，丧户中的大多数“不惜血本”，倾囊来操办中阴期的各种缅怀活动。哪怕倾家荡产也在所不惜。每七天，都得请“诵七活佛”诵经超度，直至七七四十九天。在青海果洛牧区，诵经时每位活佛带僧侣三五人至十数人不等，四十九天圆满之后，还要请作圆满法事的活佛诵经并焚化灵牌。

视家庭经济及其他条件，法事时限可长可短，参加法事的活佛和僧人数目数十人至数百人不等。富裕人家，在四十九天之中，请经忏师和居家帐篷僧侣多人，昼夜诵经办法事。有的人家还要请枕前活佛举行引魂送魂的各种法事。四十九天中，果洛地区死者家中每天要点酥油长明灯 108 盏，并在帐房周围献挂经幡成千上万幅。

在其他藏区，诵经超度也是最主要的祭奠仪式。邻里、村落观察这一家对亡人感情如何，不是看你的哭声、眼泪，而是看你如何超度亡魂，花费多少钱财，请多少僧人，念多少天的《度亡经》，看你的实际行动。当然，这也视家庭经济状况而言，没有人强迫，也不会有大的舆论压力，但能办到而不去办的，则会受到社会的鄙视和谴责。一般情况下，像玉树牧区，富裕人家死了人或部落头人去世，往往要请数十个活佛和僧人。而中等人家或贫穷户，则只请七个或三个僧人。诵经的天数亦不等，富裕人家要持续念够四十九天。经济条件较好的人家念七天或二十一天。而贫苦人家大多念三天或七天。

对请来诵经超度的活佛、僧人，供养是丰厚的，丧家会尽其力的。有的以货币付给报酬，有的则以牛羊及畜产品计算。给活佛的酬金通常要超出僧人的二至三倍，这是因为活佛在亡人超度中干系重大，所起的作用至关重要，普通僧人是无法替代的。由于家人迫切地、真诚地恳望死去的亲人安然超尘，所以在举行超度法事时，往往不惜代价，甚至化去家中的大部分财产牛羊。

中阴法事结束后，经济实力允许的人家，有给附近寺院或者大寺古刹全体僧人布施的；有举办道场专门给亡人诵经超度的，还有的远涉千山万水，去拉萨、日喀则等地，捐钱布施供饭，请甘丹寺、哲蚌寺、色拉寺、扎什伦布寺四大宗主寺为亡人超度诵经。有的还把亡人的骨灰带去，撒在这些寺的周边，祈请佛法护佑亲人早日转世，有个好的轮回。

除了诵经超度，还有其他“善业”超度。许多亡人亲属许愿为弘佛做“实事”，以帮助死去亲人积累“功德”。这种许愿一般有如下五种：

石刻或印刷经卷。

印制大批泥塑“擦擦”袖珍佛像。

“放生”牛羊，消灾祈福。

制作上千幅经幡，挂在神山神湖祭祀地。

给佛殿佛像供养上千盏酥油长明灯。

石刻经卷虽然工程浩繁，但在藏区却不少见，有的还成为风尚。如青海玉树、果洛、黄南等地区、四川甘孜石渠县等，都有石刻经文堆砌的经墙、经台。这些都是死者亲属为超度亡魂而兴建刻写的。而青海泽库县和尔乡的石板经墙则全藏闻名。

石板经墙在和尔乡妙乘吉祥寺院的背倚塬上。它是三道互不相接的石墙。最大最长的经板石墙长约 170 余米，宽有四点五米，高约二米，总体积达到 2065.5 立方米。墙东头又是一块正方形的石板经台，条边是 9 米，高 1.2 米，总体积是 97 立方米。

在这道石墙二十来米的东头，又耸立着一道石刻经墙，高度和宽度与前述石墙一模一样，唯有长度不如，只有二十米过点。

还有一道石墙，坐西面东，南北走向，宽、高一样，长度约为 28 米。三道石墙的总体积共约 2735.5 立方米。

三道石板经墙上垒迭的所有石板，都刻有整齐娟秀的藏文楷书，没有空白。整个经墙石板摞着石板，不留缝隙，严严实实，层层压实。而面向草原的墙壁檐楣上，嵌着、竖着规格不一的石板佛雕，有的是大写的六字真言。佛像和真言板中不少是彩涂上色的，庄重而艳美。大的雕板 60 多厘米，小的在 30 多厘米。在廿世纪五十年代，石刻佛雕达二千余幅，沿经墙檐台齐刷刷排列，每件石雕都有精致的龛盒镶嵌，并有木门遮阳挡雨。

和尔部落是在当地寺院主持活佛德尔敦、罗加仓活佛的倡导下，把丧事铺张操办改成刻制石板经文，以弘扬佛法来慰籍亡灵。谁家死了人，去寺院许愿，出资请寺僧刻制石板经文，由寺院决定刻制经文的名称、章节。这样一代一代传承下来，上千人口的部落刻制的经文有藏文大藏经《甘珠尔》二部、《丹珠尔》一部,《大般若经》、《贤劫经》及《怖畏金刚经》等若干部,共约 2 亿字。《甘珠尔》系的佛祖释迦牟尼言论和专著整理,共有 108 函,收进论著 1108 种。《丹珠尔》是佛学高僧们阐述解释《甘珠尔》的论著总汇,共收有 3461 种论著,要比《甘珠尔》庞大得多。如此浩大的工程得付出多少心血,多少财富,多少劳动是可想而知的,但为了亲人灵魂有个好的结局,什么辛劳什么牺牲家人都不在话下,都尽力承受。

出资刻印经板,印刷经卷,都是家人主动去寺院,向主持活佛承诺的。活佛根据许愿人提供的资金情况,经墙需添补的经卷提出自己的意见,征得对方同意,即可操作。

用压模印制泥佛"擦擦",按许愿凑够数额(一般以万为基数,有上十万的)。然后,根据自己的意愿,或在寺院附近高坡上修建堆放泥塑袖珍佛像的龛房,或在村落高处,路口修建泥佛为装藏的佛塔,或立在路边土墙石堆上供人朝奉,达到弘佛之目的。

"放生"则是将自家畜群中口龄较高的羊或者是牛,为其举行诵经、洒净水拴彩幡等宗教仪式后,放出畜群,任其自由游转于山间草原,不使役、不宰杀、不圈禁,任其老死。有"放生"标志(脖颈上拴有五色彩条)的牛羊,任何人不得加害,而且要亲近和备加爱护,因为这是奉献给"佛"和"神"的牛羊,是属于神界的牲畜,谁要伤害,就会受到惩罚。"放生"意味着不杀生、积善积德。

其他两种超度方式,不言而喻,既表达亲属们诵经超度、愿亡灵光明善业自在的愿望,又帮助亡灵积累了善业,博得了神佛的宽容和护佑,做到一举两得。

缅怀印在生活中

藏民族是一个十分重感情的民族,面对严酷的自然环境,人与人的关系显得更是亲近。因为在大自然里面,只有同胞抱成群体,相互关心,共同拼搏,才能生存下去。尤其在民主改革前,农牧区医疗卫生条件差，生活水平低下，婴儿成活率不高，更显得人丁的珍贵。所以亲人去世，活着的人悲恸哀戚之情是不言而喻的。他们把对亲人的缅怀溶于整体生活之中表达。经过漫长岁月，形成了一套完整的、约定俗成的服丧规则。

人死那一时刻起，家中男女老幼都要换掉华丽的衣袍，去掉身上的各种首饰物。牧区在发辫中夹续白羊毛或白牦牛尾。未留辫子的男子，多将帽子翻戴在头上。在农区，有的将腰带结头弄在身前，有的发辫垂松，或间续白毛线标志戴孝有丧。

服丧不仅仅是直系亲属或"老屋"家的事，同辈亲属或下辈大多也要服孝。旁系中来往较密切的亲戚也大多守孝。同时，吉庆节日不欢庆，不穿新衣，不参加欢乐集会。

在整个服孝期间（一般为周年），禁忌唱歌、跳舞，参加欢乐吉庆的集会。通常闭门谢客，也不随便去乡邻亲友家串门。有的还不骑马佩刀，也不洗脸修面，更不能戴首饰，穿新衣，进行任何形式的梳妆打扮。至于周年内举办婚礼，娶妻赘婿，给儿女过周年庆宴，请客饮酒欢歌笑语等，则是绝对不允许的。谁要反其道而行之，将成为千古笑话世世代代受到谴责和鄙视，甚至作为最大的伤风败俗事例逐出村落。在悼念亲人这一点上，藏人的感情是神圣的、纯净的，不容亵渎和玩弄，反映出民族素质中固有的真诚、朴实、人道等闪光品德。

对死者个人的所属财产，一般要处理净光，不留尾巴。普遍认为死者的私财应随着灵魂出走，这样，亡魂才不会牵挂生活过的家屋；才不会留恋人世的荣华富贵；才能安心地走进中阴世界，有个好的转世。正是鉴于这种考虑，死者的主要遗物，也就是值钱的贵重衣物，要捐赠给枕前活佛，捐赠给自己所属寺院。剩下的一般衣物，则馈赠给死者生前好友中较贫穷人家为布施。较笨重物件，则出售后将钱款全部用作亡灵超度的资金。

在安多牧区的大部地区，亡人之家一年之内不得在家门前宰杀牲畜，以不杀生来悼念亲人，并帮助积累"善业"。有的家庭在一定的时间或数年之中，要禁绝罪过恶行，戒吸烟、戒吃当天所宰牲畜的肉，并放弃骑乘，去朝拜名寺圣地，以此安慰亡灵进行超度。而更有甚者，有的配偶亡故后，男的出家为僧，女的削发为尼，受戒修行。

对活佛的纪念活动更为隆重庄穆。教区的主持活佛去世了，全教区僧俗都得戴孝服丧。一年或三年内不过年，不戴首饰不穿新衣，不举行吉庆歌舞集会，不杀生宰牲，间三隔五诵经祈祷，企盼活佛早日转世。

为了让亡灵安然超度，全藏区都有一个规矩，禁止呼亡者的姓名，特别在亡者亲属面前或集会时，谁都不得冒犯。若有违规，则会认为是对亡人家族人格的轻蔑，对亡人的不尊重，甚至引起亡灵回首眷恋尘世，因而将引起纠纷，而社会则一边倒在亡人亲属一方。至于悬挂像、瞻仰遗容，更是不能允许的。其中原因只有一个，怕干扰了亡灵的超度。

相当地方的牧区，人死后亲属还戴“森斗”(也有叫“森科尔”)。“森斗”有两种，一种是活佛赐给的吉祥绸结，另一种是护身符“森科尔”。有布的，也有银锻的袖珍佛龛。总之，其意是护身符。在巴掌大的“森科尔”布包里，有活佛开光过的佛符，有活佛的发丝等佛物。“森斗”用带子系在胸口，目的是防止邪气、晦气、秽气伤害。在整个服丧期内，家人佩戴的“森斗”(吉祥金刚结)昼夜不离颈，甚至延续一年之久。中老年人为了延年益寿，尤其对“森斗”看得神圣，对其“避邪”的“神能”坚信不疑。即使在平时，他们将朝佛时活佛赐予的“森斗”常年戴于颈上不取。如逢丧事，还要请活佛另赐“森斗”戴上。有的脖颈上戴的“森斗”(吉祥结)五颜六色，有近十条。他们觉得有“森斗”在颈上避邪护佑，不愁不消灾祛难，平安无事的。

人们通过各种身体力行来悼念，追求的不外是死者灵魂的安然超脱，表达着一种真诚、良好的意愿，也反映着真挚的情意，深刻的缅怀。这种情感是实在的、具体的。人们在服丧期间最牵心挂肚的是死者灵魂的去向。好多人家在周年忌日后，要去寺院请僧人卜卦，询问死者灵魂的下落。如果卜算结果令人满意，说死者已经到天界或者三善趣，则家人放心庆喜。而卜算结果若是因前生罪孽，阴魂仍在遭受苦难，或沦为地狱之鬼，家人则要依据僧人建议，或点灯供佛，朝夕祈祷；或定期请僧人诵经；或向寺院捐送布施；或请人刻嘛呢石、印制经布悬挂神山神湖，为死去的亲人“赎罪”。直到二次卜卦，认定死者的灵魂已脱离了苦难，或转世为好人才肯罢止。

第十三章　天葬及其他葬俗的文化意义

当我们展示完雪域藏民族丧葬习俗的方方面面之后，一个疑窦就不由不跳到人们脑海中，雪域高原的天葬及其他葬俗到底有什么文化价值？文化范畴中有何意义？其地位如何？

丧葬的文化特征

人类的丧葬既是物质现象，也是意识反映。随着社会财富的增多，生产方式的进步，生活方式的丰富，阶级的产生，国家的形成，丧葬更成了一种深层次、多元化观念形态驱动下的行为模式，包涵了极其博大的文化内容。它既有理性的概念，情感的表达，又有着审美情趣、价值取向；既有着宗教的投影，阶级意识的自我表现，又有着共同的宇宙观、生命观、人生观。

人生四大事：生、老、病、死。即佛教所说的四大烦恼，无边的苦海。事实也是如此。人类无法选择并设计生的模式，但却可以选择死，并且能自主的创造设计死的仪轨，死的象征，死的价值，以及通过死的葬俗来表达人的意念、理想，憧憬未来的种种象征符号。

从这一角度出发，死的礼仪不就是人类整个生活方式总和的重要链结吗？它不是表达了人类过去和现在所创造的精神、物质上的一切事物整体的组成部分吗？通过对文化定义的全方位认识，人们明明白白地知道，葬俗中包括了一方地域、一方民众、一个阶级的思想观念、价值观念、经济状态、风俗习惯、宗教信仰、审美情趣等生活方式。既然如此，葬俗就一览无余地透射了浓郁的文化色彩！

对死亡以后的“去处”，以及如何兑现“去处”的手段，那道道琐细的工序就是人类社会生活自身设计的历史遗传。之所以葬俗能成为历史遗传，不仅仅因为葬俗中有着人的生物因素、自然心理，及其所处的生物环境，更主要、更起作用的还是人的社会心理及所处的社会环境。

人类的葬俗也是象征符号系统的体现。不论是亲人的悲泣，还是宗教职业者的诵经祈祷；不论是选择葬址，举行葬礼，还是祭奠悼念等活动，没有一样不是一种象征意义，表达了一定的理念。这种象征符号是这个民族、这个地域全体成员在心理上共同理解和接受，并得到广泛传播，成为模式的行为规范。

人类创造的葬俗象征符号，是最鲜明最集中最广泛的行为规范。它具有历史、民族、地域性行为模式之特点，它规则了人类死亡这一再发生的人类活动，及其物质布局和社会布局；它建造了人们的经验和知觉，规定了人们的行为，决定人们选择的知识和信仰的有组织的系统。葬俗是人类行为模式中最具典型性的活动。

人类的葬俗还体现了人类与大自然协调关系的愿望和能力。它不断协调人类生存环境中社会环境与自然环境之间的矛盾和冲突，使相互不断得到协调和谐，最终达到维持生态平衡的客观作用。无论是最早的野葬，还是归土为安的土葬，或者是火葬、塔葬、水葬等众多葬俗，其产生和演变，都历史地反映了人类社会与自然环境交互作用的过程。

作为人类的任何成员，都清楚地知道自己是物质的人，是离不开自然世界，离不开物质生活的，尤其临近死亡，更是感觉颇深。葬俗中有了与自然界产生平衡的能动力，努力寻求维持生态平衡的手段，使人类保有一个和谐的生存自然环境。

综上所述，我们可以看出并能得出这样的结论：

丧葬是人类创造性活动的结果之一；

丧葬也是人类社会交互作用的产物之一；

丧葬表达了人类的心理之结构；

丧葬还是人类精神财富生产方式之一；

丧葬更是反映了人类创造活力的本质。

弄清了丧葬折射的文化现象，透溢出的文化特质，我们就不难理解世界屋脊上的雪域藏族，其葬俗为何纷呈多样，独具特色；就不难理解这块神奇大地上葬俗演变的大幅度跳跃变化；就不难理解青藏高原展示的人类葬俗文化垂直面的博大性、深邃性、包涵性，其文化价值和对世界文化宝库的重大贡献。

雪域丧葬史剖析

藏区以天葬为主，但同时存在火葬、水葬、土葬、塔葬，多次葬中的火葬，土葬中的复合葬，以及二次葬等等。还有残存不多的楼葬、罐葬、壁葬、野葬等遗风，五花八门，纷呈多样，这在世界丧葬景观中堪称第一。藏民族的丧葬文化是世界文化史上值得书写的重要一页，有着极高的文化学价值。

这些不同类型的葬俗，分布区域各有侧重，既有单一型的，又有交叉型的，还有复合型的。

藏族历史上丧葬习俗跳跃幅度较大，变迁也明显，从土葬为主变为今天天葬为基调，变迁的内因是什么呢?

我们只能从文化的特征来解释。

文化首先具有地域性特点，离不开自然环境的制约。

马克思曾说过:“我们每个人都要更多地受环境的支配，而不是自己意志的支配。”在这里，马克思所说的“环境”，指的是自然环境。

自然环境包括地理、气候等诸多因素。而这些因素又支配着人们的生活方式、生产方式、行为模式等。在远古，青藏高原的居民们只能顺从地理环境，因势利导地利用地理条件设计自己的丧葬形式及仪轨。

世界屋脊错综复杂的地理，千差万别的地貌，严重的交通闭塞，游牧生活的松散组织，信息交流的迟缓困难，使各地最早的葬俗难以形成统一的模式，因而呈现多样形态。人们只能依赖所处自然条件来设计自己心中的丧葬形式，丧葬仪轨，而无法超越自然环境。在环境本身中，有些元素又有着特殊的意义，它能使一种传统固定下来，并使之地域化，这在葬俗文化中尤其突出。这也是雪域高原东南横断山脉地区的葬俗从古迄今以水葬、火葬为特色，卫藏腹心地带的葬俗曾盛行土葬，而高原北部广大牧区的葬俗却一直以天葬（野葬）为主，东部森林分布区的葬俗则火葬的缘故。

其次，藏区葬俗变迁幅度较大又是源于藏区历史的变迁。是不同社会发展阶段留下的时代烙印。这一点我们只能从文化的时代性来解释。

文化的时代性指的是文化的体现随着历史的发展而产生的新的内容和形式。它既表现了历史的连续过程，又反映着一个历史的发展阶段。在整个历史的链条中发生的关乎观念、生活方式、生产方式、宗教信仰、法规制度、风俗习惯、价值取向，审美情趣等大的变化，都必然影响上述内容的表现形式之一——丧葬。因此，吐蕃时期盛行的土（墓）葬后来消退，尤其在青藏高原腹心地带消声匿迹，只能从历史中探究其缘故。

雪域葬俗变迁，实质上反映了价值观念的变迁，不同时代价值观念不尽相同，甚至差异很大。吐蕃时代，“君权神授”，“君权至上”。而到了萨迦王朝以后，则“神权至上”。神权代替了君权，神的代理人直接管理并左右俗民社会，神的意志便是一切。这样，作为价值系统的丧葬文化，就不能不发生变迁。“神权”控制不太严厉的边缘地区，才得以保留并沿袭传统的葬俗。

第三点，天葬为什么会成为雪域藏区最基本的丧葬形式？这，恐怕得从文化的民族性来谈起。

文化的民族性特征，是区别于其他民族的文化内容和形式，是这一民族人格类型的基本结构。而内在上，则是说这个民族那些具有内聚力的典型文化元素所形成的、人人共有的核心精神。这种核心精神使得社会每个成员具有相同的心理特征和生活世界。这也就是说，每个藏人都有共同了解的基础，一套共有的理想、价值观和行为准则。

藏民族在公元十世纪后发生的文化变迁造成了新的核心精神。社会成员拥有的共同理想、价值取向和行为准则反映在丧葬上便是倾斜向天葬。这是因为“普度众生”、“因果报应”、“六道轮回”等佛教观念已经成为藏人的核心精神。“灵魂不灭”,“灵魂可以转移”,“肉体的消失无关紧要”等等意识已经深深扎根普通信徒心间。这样,人们选择天葬便是一种必然趋势。

文化表现在选择上,选择便是功利行为。

这是与藏民族特殊的心理世界,特殊的理想追求、价值取向、行为准则分不开的,它也是天葬的理论基础、实用基础、社会基础。

民族性功能机制的稳定性,又使天葬葬俗得以持续延袭,这也是葬俗作为信息系统作用于自身的原因。人的思想感情、精神面貌、思维方式、价值观念、审美情趣、行为习俗等,作为信息必然储入人体的储存库,形成了历史的积淀,也就成了传统文化。藏族以天葬为主体的葬俗作为历史积淀,一旦形成,则是随时随意地可以浮沉迁移变化的,它具有一定的超时代、超空间的普遍意义,天葬的民族性自然而然地鲜明突出,具备了浓郁的民族特征。

雪域藏区的丧葬形式缤纷多姿,仪轨丰富新奇,除了天葬、水葬,其他和印度及南亚地区很相近,这与文化的世界性特征有关。

藏区丧葬中的塔葬,便完全是舶来品。是从印度“拿过来”的;体现的是文化的世界性。

僧侣、俗民中的上流人士崇尚火葬,这与南亚地区葬俗有联系,是受其影响而渐成气候的。为什么雪域藏区能吸纳喜马拉雅南麓的葬俗,并有所发展地使其成为具有自己特色的葬俗,个中的原因很简单,即文化的世界性决定了的。

文化的世界性从概念上说,是说文化的世界综合倾向。这是因为,文化是人的文化,是社会的文化,是人组成社会网络,相互发生联系,从而构造出以全世界为半径的关系非常密切的整体。在这一整体中,每一种民族传统文化都有着(或多或少)面向世界,传播张扬的全球意识,有一种被世界“综合”的自然倾向和必然趋势。而这种被世界容易“综合”的趋势又表达出它的文化中反映有世界各民族在经济、政治、科技、艺术、社会等方面的共同发展元素。它反映了世界人类共同生活和共同意愿，也集中折射了世界所有民族的智慧和创造才能，因而，很容易流动向其他民族，并被他民族吸收消化，成为这一民族的文化遗产。

葬俗文化的世界性特征更是明显，它是由世世代代创造成果凝聚而成的。之所以是如此，是因为任何个人都不是独立存在的，他必须与部落集体紧密联系才能求得生存。而部落集体之间也必须发生纵向横向的联系才能求得发展。这种波纹型的向外辐射、延伸，自然造成任何文化现象都不可能独立存在，它们之间总是处在不断互动的状态。互动的结果，导致了文化的相互渗透、相互覆盖的辏合现象。辐辏现象在相邻的地区，尤其显出类似性，相近性。这就是藏区塔葬、火葬能扎根延续的根本原因。

藏区的葬俗还有着明显的等级性，如塔葬只能用于高中等级的活佛；火葬在局部地区是僧人和土官头人的专利；而水葬、土葬在大部地区又成为社会地位低贱的葬俗。这种现象在世界上也很少见到，而在雪域高原独独出现并持续至今。

在阶级社会中，生产关系或经济关系都要通过阶级关系来表现；在阶级社会，人是有阶级性的，作为一个阶级的成员生存于社会之中。而文化又是人的文化，在有阶级的文化活动中他的文化创造无不带有阶级的烙印。这就是文化的阶级性特征。

在藏区，阶级关系主要体现在神权统治上。建立在封建农奴制度上的政教合一统治，活佛是统治阶级的代表，它集中神权、政权于一身，在统治形式上是以“活佛”的面目出现，但在实质上，它却是藏区政教合一的最高统治者，是统治阶级的代言人，是世俗民众的政治领袖。他的这一阶级属性决定了他与普通老百姓在社会地位上的根本区别，而他的特殊身份又使他的一切蒙上了神秘无比、绝对权威的色彩。在葬俗上也创造出特殊的形式，体现出“神威永驻”，“佛光不灭”；出现了独有的肉身塔、骨灰塔等葬仪。

人们或许困惑，在雪域藏区，为什么同一地区同时存在着几种丧葬形式，是源于没有规则，自行其是，还是有着其他的涵义？

答案其实很简单，只要我们从文化结构的角度去剖析，疑案也就云消雾散了。

文化的时空结构是由文化丛、文化层、文化圈、文化区构成的。

文化丛是指在一定时间、空间中产生的功能上整合的文化特质。而文化层指的是一定历史阶段内文化成长过程中的文化积累，表示着文化从简单到复杂、从较复杂到最复杂的过程。

文化圈是指地理上文化关联的现象，即相同或相似的文化特质丛体在空间的连接。

文化区也是指一个地理区域。在文化区中有中心区、边缘区。两个文化区相邻时都有一种相互切割的渗透区。正是在边缘上的相互渗透区，播下了相互文化现象并存的重迭特征。

作为文化的特质，它的开放性大于保守性。在渗透的文化现象符合或适应这一地域居民的心理、美学、价值观、生存环境等情况下，它便有了条件扎根开花结果，成为这个文化区的组成部分，与当地原有的相近文化共存共荣，这便是雪域藏区某个地域几种葬俗并存不衰的原因。

藏区丧葬文化属世界上独特罕见的文化现象，若果我们不从文化理论上予以指导剖析，则容易进入猎奇的误区，以现象论现象，以讹传讹，陷入形而上学的泥潭，得出莫名其妙的结论，甚至错误的观点。结果伤害藏民族的感情，伤害藏文化的完整性、科学性。历史唯物论和辩证唯物论是我们整理雪域丧葬文化的“宝剑”和“金刚杵”。

第十四章　独树一帜的生命学说

天葬、火葬、塔葬及其他葬俗，都带有浓郁的雪域特色，鲜明的藏族气息，区别于其他地域和民族，他们为什么会是这样呢？究其根源，就是他源自独树一帜的生命学说，正是这种观念意识生产出了藏族独特的天葬等葬俗。在远古藏人的观念中，生命的内涵是什么？血肉之躯就是生命的全部？答案不单一・命根（魄）、寿命（躯体）、灵魂三位一体才是生命的整个涵义・气魄是活力是精气，灵魂是意识是精神舵盘，血肉骨骼为可视形体，是生命的载托・为守魂召魄而问世的苯教文化・苯教繁多的守魂召魄仪轨・生命学说给人类的贡献与启示。

命根子的提法

生命有无最要害的根基，血肉之躯能不能代表生命的全部，俗话所说的“魂飞魄散”意味着什么？如果说人有命根子，那命根子又是什么？对藏民族来说，生命十分珍贵的，雪域的自然条件使人的生命维存、繁衍十分艰难，因此，保护生命对藏人来说是最重要、最迫切的热点问题。藏人在青藏高原严酷的生存环境中，有过较厚实的感受提炼。虽然它是一种探索，一种感悟，但藏人创立的生命学说不能说无助于人类对生命较全面的、科学的、深刻的理解。最起码它是一种启示。或许它是全人类还未认识还未掌握的新学科领域。

命根子观点。可能在藏族史前文化阶段就已经形成。口头流传至今的民间文学，特别是反映藏族远古社会风貌的世界最长英雄史诗

《格萨尔王传》中，我们可以得到佐证。

《格萨尔王传》是藏族史前部落社会的写真，它折射了藏区原始社会末期，奴隶社会初期，部落联盟以及部落战争期间，政治、军事、文化、特别是观念意识的基本风貌。

在这部长达一百多部头、上百万诗行的英雄史诗里，到处都能听到命根子的说法，记录有命根子的场景。最早付诸成文字的版本——《格萨尔王传——贵德分章本》中，有专门的章节对人的命根子作了描述：

岭国国君格萨尔的爱妃梅萨被北方魔国魔王鲁赞抢走。鲁赞魔王体格巨大，力量无比，魔法无边，谁也奈何不得。格萨尔前去救梅萨。决定用计智取。他和梅萨碰头会面后，让梅萨诓出魔王的命根子在哪里藏匿，好有的放矢，斩草除根。

下面便是有关命根子的一段情节。

梅萨当天晚上对老魔说道："我方才睡觉作了一个梦，梦见一个姑娘把我右边头发剪了下来。老魔呀，我想你会有什么事故发生。你如果真的有个三长两短，我的亲人只有天和地了，怎么办呢?"

老魔说道："妃子，你不必这么多心。"

梅萨又说道："你身体永远平安，那我是谢天谢地了。如果岭国格萨尔大王变了一个什么来这里，谁知道！你的命根子海，命根子树，命根子野牛，要多加小心才是。"

老魔说道："妃子不要胡思乱想！我的命根子海……只有把我库房中那个头盖骨里装的毒药水倒进海里，才能弄干它。就是干了，也不会损害着我。我的命根子树，只有我库房里的那把金斧子砍三下，才能砍断，别的什么东西也砍不断它。我的命根子野牛，只有用我库房里的那个宝弓神箭，才能射死，别的东西是打不死它的。我的阿姐卓玛，她的命根子是一个神瓶里的松石蜂儿，弄死了这个蜂儿，她才能死。我的妹妹阿达拉毛，她的命根子是一条玉蛇，把这条蛇打死，她才能死。我呀，哪怕他百般兵器也杀不死，也砍不出伤痕来。即使砍出伤痕，也会立刻平复。我睡觉时，在额前有一条水晶小鱼儿闪闪发光，只有在这发光的时候，射上一箭，才能致命。……"

梅萨把情况如实报告给了格萨尔。格萨尔按魔王泄露的秘密，和梅萨一道偷出库房中的魔王兵器，一一弄掉了魔王的命根子海、命根子树、命根子野牛，又一箭射死了老魔额前闪闪发光的水晶小鱼儿，还把鲁赞姐姐卓玛藏在神瓶里的松石蜂儿命根子也弄死了，最终战胜了魔王。

类似这样的故事在《格萨尔》中屡见不鲜。不管是正方还是反方，不管是男人或是女人，都有命根子寄附于神山、神湖、神峰，以及野禽猛兽等中。

在其他古老的传说和民间故事中，也有命根子之说法。说得有声有色，令人如临其境。

听起来，这种观点既不科学又很荒唐，但历史的传说往往是一种社会观念意识的折射。我们从古人对生命的认识中发现，他们的生命理论已从物质性升华为精神性的“命根子”，成为看不见摸不着却实实在在存在的一种精神形态(完全不同于动物的“万物有灵”，动物只有生命，而无命根子)，说明远古藏人把生命的概念延伸到了物质与精神相结合的深度，提高到了可视形体与不可视形体兼而有之的高度。已经把人的生命与动物的生命严格地、彻底地区别开来。把有意识和无意识流动作为人与动物的最基本区别条件。人不同于动物的是，人有主宰身躯血肉的命根子，命根子是人的指挥中枢，是人生命的根本。

把生命从血肉之躯提高到灵肉结合，这是对人的生命认识之一大飞跃；把生命又从灵肉结合推进到精气、灵魂、血肉三体为一，这不能不是生命学说的又一升华，是藏族对生命学说独到的见解，是对人类学的贡献。

藏族生命学说中的生命主要指的是什么，魄(精气)、魂(灵魂)、躯(身躯)，具体包涵哪些具体内容呢?

藏族先民创立的生命学说三部分涵盖的分别是躯——人的形体包话：血、肉、骨骼；魂——灵魂，神识意识流动和凝聚，意念的反应和指导；魄——精气、气魄，元气、胆力、营养、寿命等。人在活着的时候，“魄”是支柱、是精气。

灵魂(也叫神识)又区别为八个方面的识魂。它们是眼识、耳识、鼻识、舌识、身识、意识、感觉污染之识，及基本识觉。另外，也有叫六识的，即佛经所指出的“六识界”（六根对于六境生起的见闻：嗅、味、触、思考等作用的）眼识、耳识、鼻识、舌识、身识、意识。

人的形体又分五体（也叫五轮）：右膝、左膝、右手、左手和头部。五根：眼、耳、鼻、舌、身，即视觉、听觉、嗅觉、味觉、触觉等五种感官器官。还有构成世界的四种元素为风、火、水、地。

这样细致分类，每类又有自己明确的分支，这在世界人体学、人类学中还很少提出。不管这一学说有何缺憾，也不管这种学说能否完全说服人们，但它总是一种积极的探索，是人类对自己较全面的认识和总结，是一种有益的、唯物的追求。

生命的发现

藏人总结并创立的这一生命学说，是人类对生命的全面、辩证、物质的认识。它对世界人类学的创新价值是不可低估的，它充满了科学性。是一个具有唯物意识、思辨水准的智慧民族对人类文化宝库的重大贡献。

对全球大多数人来说，生命的概念一般是指有血有肉的躯体，是纯粹的物质。而人生命中的精神、精气、魄力，往往被忽视或者遗忘。

人们形容一个人临近死亡，通常都会说他“元气大伤”，“精疲力竭”，“气数已尽”等等，这儿所说的“元气”、“精气”、“气数”，实际指生命的活力，维持人体意识蕴聚流动的“喇”（藏语中的命根子），它是形体健康运转的最基本“寿”三种的活性细胞，是人的体内暖气息和神经意识所依恃的主要根器。说得简单点，则是自身形体中酝酿涌动的自存活力以及呼吸气息。正是这种特殊的活力气息，使人类有了喜怒哀乐的反应，有了胆力和魄力，有了看不见却表现得淋漓尽致的气质，有了可计算长短强弱的寿数。

根据藏人的观察和经验，人一旦失去了“喇”，血肉之躯便枯竭一干；神志便昏迷不醒，胡呓乱语；行为便混沌颠倒，没有准则和目的，胆力更是流失殆尽，虚弱无力；气息也由强到弱，由暖到凉，生命的所有征兆都逐渐失去，人成冬日草木。在藏人的观念中，“喇”是生命的象征，是活力的象征。

因此，以精气为象征的“喇”便是生命的神魂，是魂魄，是主帅、是基础、是根本，也是生命的精髓。人一旦失去了精气，也就丧失了生命的根子，从根基上彻底崩溃。所以，在保护生命时，藏族最注重的是保护魂魄不受伤害，保住生命的根本大器不受损失。这说明藏族保护生命的意识及系统理论在远古时期就已经形成，而且这种意识“一矢中的”，抓住了要害，抓住了根本，是深层次的、有重点的意识。

这样，也就顺理成章地、自然而然地出现了藏族史诗和神话中常有的寄托（存）魂魄与精气于神湖、神山、野牛、蛇等动物的反映。远古人所以认为应该把自己的魂魄寄存在那些地方或动物上，至少有两个以上的原因：一是认识到了自己在自然界中力量的软弱无力，认识到了自己在生物圈中的局限性，开始借用其他力量，利用其他物质，以把生命的维持和发展寄于技能上、形体上，生命力比自己强大、灵活的自然物身上，求得一种保护，一种持久的维系；二是远古藏人已经对宇宙万物的生存发展能力初步有了科学的认识，积累了一定的知识与经验，对其他生命的“能耐”有了基本的认识，天真地认为他们的精灵有能力保护人类的生命，从而为了自身的利益，产生了生物崇拜、自然崇拜。大自然从而成为人类维持生存的工具，人类建立起了保护自身魂魄的防御圈；另外，这种防范措施主要是企图通过借用自然力，挫败敌方伤害自己魂魄的种种阴谋。

除了把“喇”寄存在大自然众物之中，远古藏人基于对生命的基本认识，还采取了其他种种保护“喇”的措施。寻找人能与神、与自然万物沟通的途径。这样，巫师、卦士、司祭等宗教专业人员也应运而生。藏区本土的原始宗教苯教就是在这样一个生命观、生命学说的思想文化氛围中，在远古藏人这种功利意识下酝酿、胚胎、萌芽，渐渐一统天下，成为人神交流的专用桥梁，成为神在人间的代言人，也成为人类保护生命根器的专职队伍。

人类之所以选择祭司，并按苯教祭祀制定的种种仪轨去做，就是出于自己的魂魄、精气担心被鬼灵、邪气、秽气、晦气夺走；担心生命走向分崩离析、土崩瓦解而设计的。为了防止这样的下场，便通过司祭、巫师、设计了很多仪轨来保护魂魄，创造了一整套驱鬼禳灾的宗教仪轨，包括驱鬼、哄鬼、转移精气、乞求神灵帮助；祭祀神灵招魂、引魂的各种表达形式，即法事仪轨；还有长寿经咒，摄寿经（收摄神、仙器、情世间寿命精气、入于人身，使之延寿的仪轨）等是一种高于巫术，有着自己理论体系的苯教文化，就这样产生并适应世界屋脊主人们的生命需求、心理需求、生活生产需要而走进了藏人的社会生活中，成为藏族社会不可分割的组成部分。

苯教丧葬仪轨

生命的三大组成元素中，藏族人认定，挂帅的是“魄”（精气）。灵魂和肉体都是依附于它生存的。通常意义上，魄还涵盖着魂的总意识作用，它是中心。因此，人们常说的魂魄也主要指的是魄。如果魄失散了，人的生命好似屋架的顶梁柱倒了，抽去了支撑的脊梁。

这就向人们提出了一个问题，保护生命的千般举措，如何保护生命？

如何围绕“魄”的永恒附身去实施。

古代人讲究实效，讲究实干。苯教应世而生，仪轨、教义、法器都是按“招魄”、“守魄”来设计，并形成体系的。祭祀仪轨是苯教文化的象征，也是苯教文化的形象和具体内容。

苯教理论认定神能保佑人的寿命，而鬼（也称危害人的精灵）却能把人的魂魄带走，并可危害其家庭成员。因此，对神要祭祀，对鬼要驱逐消灭。祭祀的最效办法就是供奉神灵，用鲜血、鲜肉之动物躯体的精华来供奉讨取神的欢悦和庇护。苯教中的恰本和囊辛每年秋季要举行“公鹿独角”祭祀，要杀很多公鹿，用公鹿血肉祭祀；到了冬季又要举行“苯神血祭”，要杀大量雄性牦牛和公绵羊，献祭苯教神祇；还有不少数额的牦牛、绵羊、山羊等母畜用来血肉祭祀；春季又举行肢解无角母鹿的祭祀。另外，夏季还举行“苯教师长焚香祭”，以焚烧树枝和禾穗祭祀。苯教在人有病时要举行“赎命还魂祭”；人死后要举行“伏鬼”；祈求运气要举行“抬福”；为禳解不祥，需“投灵品”“放赎物”进行卜卦和圆光，要宰杀大量牲畜。祭祀之后，苯教才实施修法。苯教教义中有“无常”“业果”、“慈悲菩提心”、“六波罗蜜”等概念，通过修法，达到“大彻境地”。

苯教的使命就是解释宇宙，解释生命，守护生命，引导魂魄转移。在具体活动中，苯教通过祭祀、占卜、卦算来乞求神灵保佑，沟通人与神的联系，向神表达人的虔诚和愿望，达到禳灾避难，谋取和平幸福，以保护“魄”的安宁坚固。还通过丧葬仪轨，引导“魄”与“魂”向另一个美好世界跨进，得到新的更圆满的投胎转世。在所有的藏人之中，苯教首要服务对象是神权的代表——吐蕃君主。保护赞普“魂魄”的安全永恒，保护赞普魂魄的顺利转移，使赞普的生命永世不息。为赞普主持祭祀，帮助建立至高无上的权威，这是苯教日常仪轨的主要内容。

敦煌出土的藏文文献记载道：在向赞普盟誓时得反复奉献祭祀供品。这项礼仪由苯波司祭负责。吐蕃政权旧日有盟会制度，每年一小盟，每三年举行一次大盟。在盟会上，赞普和几家重要的贵族盟誓，要求他们“同心戮力，共保我家”，盟会后赞普赏赐大贵族们。确认并监督这种君臣、主仆关系的便是苯教徒的司祭人员。盟会时得祭祀犬和马，它们与牛、驴，甚至活人都被用来为赞普殉葬。但牦牛除外，只在为狩猎或节日举行仪轨的准备阶段才宰杀牦牛。

举行这类祭祀时，一般先斩断牛腿并摘除其内脏。要屠杀大量牲畜，其中甚至还有一些羚羊。这些祭祀由“苯波”（苯教专职人员）来主持。“苯波”的重要职责便是祭祀。“苯波”以祭司的身份掌有引导“魂”、“魄”走向何方的专利权。他们必须特别负责“赞普”的葬礼，以及在王陵上举行崇拜仪式。献祭动物的仪式必须由“苯波”和“辛”（苯教中宰牲者）来实施。而献祭动物又是苯教丧葬仪轨的关键内容，如七世纪上半叶，松赞干布就曾恩准给一忠臣在墓上献祭马一百匹。

大型祭祀通常得有九个苯教学者当场值日执行。他们站在祭祀场地的中央，在他们的左右两则，则有九名具有特大神奇力量的人就位。九位本波学者的面前站有祭祀的仆役，由他们来杀死祭祀的牲畜。除了上述阵营，还规定有一名“洗涤之本”主持祭祀，他应以一把长柄大勺使祭祀的牲畜接受仪轨性的洗礼。而召请神灵保护亡灵不致魂惊魄散的任务，则落到了修本的头上。

当祭祀仪式结束时，“辛本”从角上抓住牲畜以举行宰杀仪式。接着，由“息本”把祭祀牲畜切成碎块，由“色本”以严格细致的仪轨排列肉块。“帐本计算肉的分数”，并接着把血倒入杯中，将杯子放在动物皮上，其肉则陈列在其他皮上。仪轨活动在暄闹呼唤声中结束。

为什么丧葬需要大批牲畜来殉葬呢？苯教教义认为：人的身躯死亡之后面临两个世界：一是人和动物都可享用的、连续不断可过“安宁、富足生活”的世界；而另一个世界则是“黑暗，苦难的地域”（这应是“天堂”“地狱”意识的最早雏形）。人在人世周期结束时，那些曾在“安乐地界”生活的人们便会复活，重新来到人世生活。从人世到“安乐地界”的路是漫长而充满险阻的。为此，死者要靠活人葬礼供祭各类有用途的动物来帮助到达“安乐世界”。这些动物的任务就是除去路途所有险阻。除了为死者引路，充当死者险途的乘骑，还要用作企图伤害死者的精灵们的赎品，以防它们伤害死者。可以说，它们为死者干着替身的活儿。这些因祭祀而宰杀了的牲畜性、实际在“魂魄”转移中起着辅助，帮助性的作用，他们是助手，是开路者。

苯教教义还认为，死者到了“安乐地界”，仍需要人世所用的各类物品供其享用，所以，在送灵时要进行物祭，给死者提供来世所需的牛马群，另外还要献祭食物、衣物和珍宝。

至于七世纪前为赞普举行的“人祭”，苯教教义也是从保护死者的“魄”、“魂”不受精灵伤害来认识的，是通过其他人的殉葬来寻找替身的。

无论是物祭，牛马祭，还是人祭，苯教的基本出发点均是人死后灵肉分离、魂魄永在这个观念出发制定的系统仪轨。说到底，围绕“魂”、“魄”进行的各种苯教仪轨，为佛教灵魂转移，灵魂不灭，灵魂地位沉浮贵贱打下了社会基础、舆论基础和思想基础。“安乐地界”和“黑暗、苦难地域”的提法，又为佛教的“因果报应”，“六道轮回”铺设了道路。而众多的神灵又为藏传佛教提供了护法神的后备队伍，很多神摇身一变成了佛教的护法神。在本质上，苯教和佛教的教义都不存在对立与根本区别，它们是殊途同归，其宗旨和目的是一致的。它们之间的区别只在于苯教是直接的，实际的，而佛教则是间接的、玄奥的；苯教是粗糙的、教义不明晰，理论层次较肤浅；佛教是精细的，教义系统完整化，理论显得哲理化，深奥又神秘，更有说服力；在仪轨上，苯教仪轨更具形象地、直接了当地直面社会，而佛教仪轨却更具象征意义，更有模糊性，抽象笼统，泛泛而指，让人意会难以见到具体实在的东西。可以推断说，苯教是藏传佛教的基础，是初级阶段，它为藏传佛教各种仪轨设计了框架，使藏区本土独特的宗教在理论核心上是佛教的，而法事仪轨又多是苯教的，或者带着浓重的苯教痕迹。

苯教僧人以祭祀为中心的的宗教生活是有章程的，有规律的。

一般地说，“苯教”僧人们的宗教生活分两类。第一是教理学习和一年一度的一些节日（如敦巴·辛饶以及别的大喇嘛的诞辰和忌辰），这是僧人的活动，俗人不一定参加（甚至一般不参加）。第二类活动则是僧人为俗人家庭里的某人做法事。此类活动要花去很多时间。根据法事的性质，有些要在寺院主殿里举行，有些则到私人家里举行。通常有一间屋用作永久性的灵堂。丧葬仪式即属于后者。法事是受死者的亲属委托，通常由两三个僧人在自己家里的灵堂里举行。

魂魄如何转移

苯教设计的生命归宿仪轨是远古藏人对生命的理解和安排，现今看来它是幼稚的、偏颇的，甚至带有不少不科学的成份，但作为文化，今天的文化是从昨天走过来的，是延续中发生变异的。要了解并研究雪域藏民族的丧葬文化，我们不能不了解最早时期丧葬的含义，丧葬的表达方式。苯教设计的生命归宿仪轨是这样一个框架，丧葬仪式包括三个各自独立的部分。

（一）刚死（〔灵识〕转移）时由一个僧人来主持。这一仪式的目的是将死者的灵识转移到脱离世俗轮回的超凡入圣的国度去。因此要念诵(中阴救度经)一类的经文,从这类经里,死者可以得到导引和教示,以及“中阴界”中的静息神和威猛神的帮助。这样的念诵要持续三天三夜,僧人们在一定的间断处相互换班。这两项仪式中所念诵经文的基本思想与佛教观念非常相象。

(二)死后三天举行召灵。它的特点是,主祭要在叫做“降布”(灵牌、木主)的死者画像前展示一套仪式纸牌(扎里),死者灵识已被召唤到纸牌里。这种仪式叫“降布”,即“降布仪轨”。它要持续两小时。

转移、闻解和“降布”仪式的目的都在于使死者得到最后的解脱。按理说,只要举办其中的一项就够了。但是,由于几乎谁都觉得死是一个“危急关头”,并因此怀疑法事能否起作用,所以要举行多次法事,觉得它们(至少暗含这样的意思)是可以互相强化作用的。

(三)从次日清晨尸体火化开始。由于死者被认为得到了最后的解脱,所以火化以及随后的法事不是为他举行的,仅仅是表示虔诚的举动。主要是给所有活着的众生积功德。因而通过这种利他主义精神,请僧人来做法事的那些俗人也能受益。火化之后,要进行所谓(拓扩空界)的法事,要召唤来一千个佛陀。

下面,我们把上述这一法事在俗家举行的过程作一详细的、立体的记叙,也就是“降布仪式”。从中看苯教文化中“召魂”、“守魂”、“送魂”的整个仪轨,以及丧葬的全貌。

仪式要在死者的家中举行。一间小屋单独布置成了灵堂。尸体就放在角上,裹着一层棉布。住持和两个僧人主持仪式。他们念诵特定的经文时有鼓、单钹、螺号、和钹伴奏。

仪式是从供“赎品”开始的。一个小小的人形面团塑像,代表死者。住持抓起它献给害人的精灵,支使开精灵们,防止他们危及仪式的成功。

下面是诵词:

“奄!愿仙官(般的)色界里的一切有情借助众多善逝的加持力及我自己禅定、猛咒及手印之威力,能有幸遂其所欲,享尽一切所能想象的受用。

为净除沉缅于痴迷的有情的罪孽污浊，愿所有设置魔障、使人迷途的鬼怪领受此等赎品供物，这便是他们所要的酬报。愿每个鬼怪满意地回到各自的住处！”

于是便把赎品拿到屋外扔掉。一些较小的面团做成的供食也作同样处理。由于鬼怪不会自动离去，所以念诵还要继续：

“索！所有设置魔障使人迷途的鬼怪听着！为了净除一切有情之杂染并引其走上解脱之路，你们这些夺寿、断命的大红鬼，不要滞留于此，快各自回到你们自己的住处去！如果你们不离去，而是滞留于此，那么从绝对界的永恒虚空（本身——译者）（将涌现出）众善逝之主，（那些善逝都是）受用身，（而善逝主具）幻化身，为“诸忿怒明王之首，有令人恐惧之外相：面目青黑，九头，十八手臂像雨一般地投来各种武器。——他会将鬼怪碾成齑粉。”

然后召唤死者。按照严格的教义术语，受召唤的是组成一个“人”的五“蕴”中的“识蕴”。“召唤识蕴”同供献“赎品”一样，在藏区是一种常见的法术，在得重病时要用到，也可以称作“召魂”或“召寿”。病和死一样，特点都是“魂飞魄散”，因此需要补救术。经文说：

“不论它（指色蕴）在哪里滞留，从其自身被想象成敦巴·辛饶的光明心中，一个白色的‘啊’字放射光芒，并变成深红色的‘尼日’往下降。那个白色‘啊’字白得像辰星（下面还贴着一个象）络缨的‘扎”字。借助于对其自身的悲悯，带着它应融进“身体灵牌”的意念，它就像鸟羽一样在关隘上被滞住，无力去那里（即去中阴）”。

接下来的诵文以列举降布的各组成部分而结束。

“啊！哦，你现在已经死去，高贵家族的吉祥之子！先前受情欲的迷惑，你现在正在中阴界游荡，而且受尽无数苦难。现在听我说，心思不要散逸！现在由于佛陀慈悲，我成了你的导师，所以要听我，也就是你的师长，所要说的一切！死去的你连同你的不洁都已被从中阴界中召唤出来了，你将和不洁‘名牌’融为一体。没有融入不洁‘名牌’的（即肉眼所见的组成它的）是：

黄色‘金面’身之所依，

灰白色的‘名牌’，语之所依；

‘不洁’的衣服，体之所依，

‘有三道刻痕的竹杆’命之所依，明境，心之所依。”

接着便用净水给“降布”沐浴，即给死者身体沐浴。

“敬礼！正像通过沐洗佛陀之身、语、意而使身、语、意净洁，并已获得九种幻化而成的水和馥郁芬香的香草、薰烟；愿众生情欲杂染（也同样）得到净洁！

通过用五智之河水沐浴已经死去并已摈弃其（作为）恶浊（载体）的肉体，不洁五毒，情欲杂染都被清除——如此愿他亲见五大智明光和五神之五体面目！。’

接着，将两组“种字”写在降布上。第一组由六字组成，代表轮回中的六道众生，换言之，即仪式所要从中救度出死者的受难界。六字是：“吐”，代表地狱；“支”代表饿鬼；“苏”代表畜生；“那”代表人；“卡”代表阿修罗及“索”代表天。第二组由所谓“五勇字”组成，可以说他们代表救度六道生死轮回之苦的一剂良药：

“啊！哦，良家吉祥之子！写在你躯体上的六个种字的轮回六道（众生）的种子，所以你受六道轮回之苦。

（但是）在你头上，手上和脚上都有五勇字。作为五智的五勇字要调伏敌人，即不洁五毒。五勇字已披戴盔甲。五勇字会翦灭罪孽，而五毒随着五智增广而消其毒性。”

下面便是仪式的主要内容，即向死者献供。共有两类：第一类，真正的物品，是要满足死者所有的物质和精神的需求。后者是以“本”的形式，即教义形式供献的，最典型的是用书来表示；第二类是精神或心灵质的，它必须在死者身上得到激发或被导向自觉的感悟。供品画在仪式纸牌上，由住持拿着，一个一个地对灵牌展示；然后，纸牌放在降布前面，而降布则放在盖住尸体的棉布前面的地上。

苯教徒对“扎里”的使用非常广泛，不仅在这种仪式中用，而且在其他仪式中也用，特别是在一些包含引入某神或某些神这一内容的仪式中使用。

首先，要献上象征着死者合适的住处的“扎里”

“受大贤哲慈悲胸怀的怙持，

哦，吉祥天神之子现在，

你已被从中阴界中唤出，

你已要置于永恒不变的密界中

哦，现在要给你，

三千世间的一块领地、一个帐篷、一块土地。

（故而）可怕的燥热，寒冷之苦会消除。

由于献上供物礼品——一座巨大的宫殿！

脱离了生死轮回，

你被导向解脱之路。

愿自心证得佛果！”

“扎里”提供了沿用古代祭法的一个特别明显的例子。在石泰安研究过的一份敦煌出土的、年代上限为吐蕃王朝时期的卷子中，有六件佛教传入之前的丧葬仪式所用的物品。其中第一件（用我们处理第一个扎里同样的方法）是所谓“灵帐”。尽管这“灵帐”到底是什么还把握不准（人们还找到“灵堂”，可能是同义词），但它很可能是放置死者的画像或象征物的遮蔽设置或“帐篷”。

其次是一个代表“色受用”的纸牌：

“再者，大贤哲，兄弟姐妹、妻子、亲属以及深深爱你的人已经集聚起来，九件佳善物品、色受用已经呈上。这些无穷尽的色受用是代表你自己的受用而上供（指供神）下施（指施予众生）的。借助这些供施之力，愿二障尽除二资粮（福德资粮和智慧资粮）已积聚，并愿自心证得佛位！除上述两个纸牌外，还要献上象征着声、香、味、触、饰、“本”和“宝藏”等受用的纸牌。

下面六个“扎里”画了六种动物（牦牛、马、羊、大鹏、龙、狮），而且置于已经竖在降布旁边的纸牌旁边。

“献上了明智之王神圣牦牛，

在阿赖耶（意识）广阔地界

自证之王神圣牦牛在游荡。

它身上显出各种装饰、（而且）负载食物。

由于它已经踏上最后解脱之路，

它很快达到极乐世界，
而且已证得“本”身，
愿初佛果（也已证得）。
献上自生心性之公马，
在极乐世界阿赖耶界，
——为了心性要逐渐
循着“地”和“道”前进，
“心所生行”的公马
（带着）光音天的鞍座、后秋、马镫；
它套着谨慎的笼头和警觉的缰绳。
已被明智之王驯服，刹那间已到达天界
无上之果（即佛果）已经证得。
献上神圣、奇幻的智慧之羊。
在“阿赖耶”之绿色草场上
明智之神羊在徜徉。它的羊毛便是明光；（用它做成）
（用以捆紧）负荷的绳索，和忍耐的衣服。
由于穿上了（这些衣服），所有痴迷、
生死轮回之举止，以及障蔽都被克服，
并且在“本”界中，
三身之果已经获得。
献上（正）见这王大鹏。
明智大鹏在天空翱翔。
以其宽阔的翅膀斩断所有过失。
障蔽也自动消除
而原出佛果（也已证得）。
献上修炼之王青龙。
意趣大龙在中空翱翔。
它将生死轮回之深渊、三世间化作乌有。
生死轮回自动消失，
而且现证佛果（已经证得）。

献上所行之王大狮。

所行大狮高傲地站立在雪山上，

所有五毒黑暗消失后，

所有痛苦也消失，圆觉佛果(也证得)。”

第一组的三种动物(牛、马、羊)显得特别重要。因为它们在与“苯波”祭司相联系的古代宗教中扮演重要角色，即它们要在丧葬礼仪中将作为献祭。这些动物担负有以下这些作用：羊要沿着岩壁、穿过河流开辟一条通往死后之地的路；马要用作死者的坐骑；牦牛的任务或者是把鬼怪引开，或者是同他们作战。

这些动物中，马在苯教和佛教中的地位尤为重要。不仅英雄史诗《格萨尔》中的马被赋予众多的超自然力，而且在后世道歌所塑造的形象中马仍然象征着心。因此文献把它称作“心性公马”完全一样。米拉日巴收在他“传记”中的一首道歌中也唱到“心之公马”，有的文献中把骑马者变作是“明王”，在米拉日巴的歌中是“明童”。

“风马”宗教上的象征意义是非常明显的。它常常印在藏族寺院和村庄附近总挂着的表示祈祷的经幡上，也写在用来保障诸事顺遂、事业成功等仪式中随风扬去的纸片上。

第二组的三种动物是一类，它们是神话中的动物，组成了一个密不可分的三位一体。他们各自的地界(天上、空中和雪山〔即指地上〕)构成了妇孺皆知的藏人的宇宙框架。它们所代表的能力(“见”、“修”、“行”)组成佛教中著名的三位一体。明智可以替“见”，而“意趣”可以同“修习”互换。最后，“见”驱除“错误”；“修习”驱除生死轮回；“所行”驱除“五毒”。这三种动物本身并不起源于佛教，但也同佛教传入前的信仰和观念无关。

死者得到了各种物质需求的满足(他被说成已经“象个王”)，而且借助于仪式那些心灵素质已被激发起来，这是与诸神相见所不可缺少的。

还有四组神灵。每一位神都单独地画在一个“扎里”上，这些“扎里”和前面的一样要由住持拿着向降布展示一下，它们代表神灵而不是供品，所以不放在地上，而是一个一个地放在供台上。

前三组的三位神主宰生死轮回中的众生。三组中第一组是“六调伏辛”，它们与在六道轮回幻化的观音的六身相对应。苯教与之对应的神也包含在“六调伏辛”中。

有一段诗讲到“六调伏辛”，这其中讲述第一位辛的诗的全文是这样的：

“在放射出奇光异彩的无数莲花做成的美丽的座椅上，
在绚丽明媚的宫殿里，
坐着调伏地狱者桑瓦昂仁。
他的肤色呈蓝——红色，
他手持火——水旗幡，
他披戴着十三种具静息外相的饰品；
他进行着有力的导引活动，
结果地狱作为乌有，
他为无数勇识所簇拥，
这些勇识充满大慈大悲——
（应当）向他敬礼、向他施供、向他祈祷！”

第二组由“十三原初辛”组成。它们是画在一张纸牌上的，任务是救度中阴，即死后未投生的中间状态中的众生。前面一组神灵所主宰的六世间加上中阴，便是“欲界”。

“十三原始辛”同样也主宰勇识（下面讲仪式时还要提到），关于这一点，我们可将它们的名号连同它总是带有的一个标志物，列在下面：

（和天空有关的）：

1. 天空旗幡

（与鸟有关的）：

2. 大鹏旌麾

3. 鹰翅

4. “孔雀尾羽”

（与武器有关的）：

5. 手掌钉耙

6. 矛尖（一神）齿

7.(与乐器有关的):

8.雷鸣鼓

9.空中回响钹

10.螺号

(与服饰有关的):

11."鹫帽"

12."龙皮袄"

13."隼皮袄"

这类神灵的组合以及他们共同的特征有相当大的变异性。

第三组是极为重要的一组神灵,即"四大善逝"。他们是以下各神:

1.降玛,"慈母"

2.辛拉俄噶,"辛神,白光"

3.桑波绷赤,"纯洁者,十万,"

4.敦巴·辛饶,

降玛与佛教中的般若波罗蜜多相对应,她的颜色也常常是黄色的。同佛教中与之对应的神一样,降玛双手都持着莲茎;但其中一朵花中不是钩子,而是"啊"、"奄"、"让"、"牛"、"扎"这几个字,而另一朵花则支撑着一面镜子。

下面的诗段中讲到降玛:

"在一明媚富丽的神殿中
向着东方,在一白莲上
有黄色的大母萨止埃尔桑。
作为标志,他手持"五勇字"和一镜子。
她有圆满的"受用身"
饰有静息外相的美丽饰品。
她坐在由两头敏捷的狮子扶着的宝座上。

最后还有一个画着普贤仪式的纸牌。该神是"一切佛的性相",因而没画什么标志物;他呈裸体,肤色是白色。

这部分仪式以向所有的神供食物(糌粑、饼、茶)而告结束;供品放在一个铁盘中的一堆小木块上。小木块点燃后，燃烧着的盘子便被拿到屋外扔掉。

苯教认定死者现在已经走出了三界中“世俗界”的境界，就要进入解脱的超俗界了。正因为它超出了“俗世”，所以进行一系列的灌顶(直译是“权力”的意思，即指“授权”)。虽然有些人可能在现世已受过这些灌顶，但死后人人都受这一灌顶。

程序是：一个僧人手持降布，蹲在住持的座前。在各种灌顶逐个进行时，住持用一定的“扎里”碰一下降布。

1. 瓶

“外部——瓶灌顶，宫殿：啊！宝瓶是诸神的宫宇。这个瓶与其内容，即善逝栖息的处所是密不可分的，通过这种瓶的灌顶，愿能获得坛城圆满灌顶！”

2. 根本神祇——这一灌顶是再次面观那些已被介绍过的神灵。第一组都有各自的纸牌，实际上同上面描写过的纸牌是一样的。这里只译其中描写称作“四威猛阍者”的威猛神的段落：

“里面——根本神灌顶：啊！通过‘超渡’(清除)所有障碍和恶意的遮阻的四威猛阍者的灌顶，愿能获得息止所有障碍的灌顶，生、老、病、死之门被阻断！”随后便召唤六调伏辛、十三原初辛、勇识、“四大善逝”、及“普贤”。尽管在这仪式中并不明确一定如此，但为了明白起见，这些神灵似乎可以在下列坛城中这样排列：

3. 这一想象中的坛城，在下面“秘密”灌顶，即“施食”灌顶中还要再次出现。

这种灌顶仪式中使用的“扎里”和一个真的施食放在一起，还要用它去触一下降布。这时，一个僧人和一个俗人进屋来，便让他们手持降布，住持为他们祈福，而且还用施食和“扎里”去触一下他们的手。

4. 最后便是“极密”，这是“甘露丸”灌顶。

祭司认定现在死者在观念上已不再是世俗众生，不再卷入轮回之中，而是个“雍仲森巴”，意即“不变的勇识”，同佛教观念中的菩萨相当。现在他要循着依次相连的勇识向前迈进。共有十三地，每一地还专门有个具体的在那一地中达到彻底圆满的功德或一种超自然的能力作为特征。每一地都由一个辛来主宰，总数目十三也同前面我们讨论过的十三原始辛相一致。

各阶段以及它们相应的功德和能力，如下所列：

1. 极喜——布施

2. 离垢晶——守戒

3. 光焰——忍耐

4. 成手印——无畏

5. 本自身云——自性圆满

6. 福乐证悟——无著幻化

7. 如意成就——欢喜慈悲

8. 无贪纯净——祈愿

9. 字轮——慈悲、方便

10. 不变永恒——不变永恒(原文如此)

11. 普光——严密刹土

12. 大乐本性——大乐

13. 大不动——彻底大圆满

仪式进行时，第一地都由一个画着雍仲的“扎里”来代表。一排这样的纸牌放在地上，从尸体附近斜对供台排列过去。降布放在第一个纸牌上，每一地的特点念诵过后，就向前移一个纸牌。

在“扎里”的末端放置着画有普贤的纸牌。当死者和普贤相结合时，他便得到了最后的解脱。但是，结合之前，必须通过仪式来证明现在不可能再投胎于生死轮回的六道世间中。作法如下：住持左手持降布，并用点着的香柱将仪式开始就已写在上面的六字一个一个地点燃烧掉。当投生的每一道被消除后，住持便要弹一下手指。

这时候，苯教认为仪式达到了激动人心的高潮，即死者的灵识转生于最后解脱的境界中。住持用他的大氅蒙住头，进入禅定状态，这意味着他将死者的灵识与他自己的灵识合为一体，然后又将他自己的灵识(现在已同死者合二为一)与普贤合为一体。死者由此而得到解脱，仪式的目的亦已达到，几分钟后住持便结束禅定。

仪式快要结束了。不再含有死者的灵识(其实他的灵识作为一个独立体已不再存在)的降布要被毁掉,而画有死者像的纸片也将被烧掉。灰烬留下,和泥土掺拌在一起,将用来做几个“擦擦”。仪式结束,住持被招待吃午饭并得到一小笔用白哈达包着的酬金。

次日清晨,太阳升起之前,一个高级僧人并另外三个僧人和两三个俗人作助手,在屋子后面的地里举行火葬仪式。接着,在当日上午死者家里举行前面提到的“扩界”仪式。向千勇识奉献精心制作的供品。这些供品都是前一天准备好的,现在都排列在供台上。仪式要持续整整两天。

火化后要用一部分骨灰与泥土相拌,压制成小塔(擦擦),这些小塔放在“擦擦殿”里,即寺院后面的没有窗户的小屋子里。

从苯教延续生命,转移魂魄的仪轨,我们能看出,藏人对生命的态度是十分认真,十分严肃的,看得十分珍贵。虽然其仪轨迷朔复杂,但中心都是十分明确、十分突出的,就是调动了一种外在力量,保证生命之要害—魂魄顺利转移,使生命得到安全的延续。同时,在仪轨中,我们还能见到苯教与佛教在生命学说、实施生命延续上是并肩协作,共同努力的,目的也是一致的,这也是藏传佛教能在雪域高原孕育萌芽的基本思想基础。

生命学说的意义

游览了苯教这严格、严密又繁琐的丧葬全过程,我们对远古藏人的宇宙观、生死观、灵魂观就有了较全面的了解,就能发现苯教的种种仪轨首先渊源于“万物有灵”的认识论基础上。其次,建立于灵肉分离,灵魂永存的观念上。而支持生命的精髓是“喇”,即“精气”或“魄”(气)。进而,人的魂魄由神灵主宰。要想生命安宁幸福不受伤害,就得祭祀神灵,讨取神灵的欢娱,按神的旨意引导死者魂魄行进。这一切,都得通过一定的仪轨来表现、来反映。从而告诉人们:苯教文化最核心的内容就是帮助人类禳灾祛祸,乞求平安、健康、永世幸福。

为了远古藏人的永世幸福,为了不致“精气”失散殆尽,苯教还为世俗之人创立了许多名目繁多、难以说清的神灵崇拜仪式。如不分早晚昼夜的煨香柏(桑火);冲邪驱秽的薰香;点长明灯;供奉家神;臆造神山神湖;插箭煨桑供奉各种保护神;集体或个人祭祀;驱鬼的"朵玛"(糌粑捏制的象征模具);插在屋顶的五色魂魄旗(随个人生年五行而改变颜色的小旗)等等,还提出人的命根神就踞于人体的右肩头(因此藏人忌讳异族拍他的肩头,认为会伤害自己的生命神)等等说法。

在今天看来,苯教文化的理论和学说显得荒谬可笑,丧葬的仪轨更是莫名其妙,但是,按历史唯物主义的观点来看,苯教文化却有着极其可贵的思想火花。主要表现在人类发现了生命的"三元"结构,创立了生命学说,开始摆脱了愚昧的神灵统治。藏人的远祖寻找到了生命的基本点、支撑点,萌发了保护生命的意识。也就是说发现了自我,发现了人的自我价值,有了保护自我的自觉意识。

这是人类对自身有意义的开掘,对生命价值的科学认识,是生命保护意识的问世。它初步确立了以人为中心的人本观念。因此,不能不是人类社会发展史上的一个辉煌点,一块重要里程碑,是步入一个新历史阶段的标志。

生命学说的创立,不仅在人体学、解剖学、医学上有着积极的意义,而且对探讨人类的思维、意识、气质、胆力方面的形成也有着不可低估的作用。在当时,有着积极的科学意义,是朴素的唯物主义思想的结晶。

生命学说的创立,还能够帮助人们提高思辨能力。围绕生命的魂魄,推动了思维修养和情操的修持。即在保护身体中,为了"魂"、"魄"的健康长久,侧重情操道德的修养。进而创立了一套修练的基本功,如瑜珈功和藏传佛教的密宗修持。发展到如今,成了当代人类健身强体的宝贵文化遗产。

生命学说的创立,还为远古藏人提出了一个现实的问题:不灭的灵魂既然有两个绝对对立的去处,那么,是依据什么因素决定你去何处"世界"的?通过哪些努力可以走进"安宁、幸福的地域"?在什么境遇下你只能也必须去"黑暗、苦难的地域"?苯教总结归纳,认定人的命运由自己的业果来决定。"善有善报,恶有恶报"。积善行好的有

“安宁、幸福地域”的归宿；而作恶多端，多行不义的则要打进苦难、黑暗的地狱。今生受苦是前世造孽结果。今生享福是前世积善的必然。

为了走进“安宁幸福的天国”，避免坠进“苦难、黑暗的地狱”，藏人为自己的灵魂，行为框定了一系列规范“条约”，要求全社会遵守，也成为每个人修持自己道德的基本要求。如松赞干布时期颁布的十善法，充满了道德说教，弘扬了传统美德。要求饮酒勿过量，敬重尊长，孝顺父母，不杀生，不偷盗，不邪淫，不胡言乱语，不两面三刀挑拨离间等等。这样做的目的，使全社会形成健康、祥和、融洽、向上的道德氛围，净化了人们的灵魂，起到了缓和社会阶级矛盾，保护整体生态环境，润化藏族社会正常运转的良好效益。

生命学说指出了人体中“魂魄”的主体作用。魂魄的沉浮转移也就成了人生命的要害与关键。通过魂魄的不同结局，它向人们展示了美好的憧憬，指出人类通过自身努力可达到的幸福境界。正是这种朦胧的，虽有些虚幻理想化，却有望企及的未来远景，鼓起了藏人生活的勇气，振奋起了生命的自信力，帮助适应并征服严酷的青藏高原自然环境。通过不断创造，不断探索，为人类在世界屋脊的生存发展提供典范，为生命理论充实了新的内容。使藏人对生命禁区的挑战获得了胜利，也为人类生命史写下了辉煌的一页。

生命学说还起了间接的道德法庭的作用。通过因果报应，魂魄结局，约束了邪恶，推动了人类文明水准意识，扼制了兽性，扼制了贪欲，使人类的道德沿着全社会舆论公认的文明准则轨迹行进，达到了扬善惩恶的目的。如吐蕃政权初期，受到社会谴责的十恶行径便是：杀生；偷盗；邪淫；狂言妄语，吹牛；左右逢迎，拨弄是非；恶毒诅咒，侮辱人格；花言巧语，哗众取宠；贪人钱物，谋取不义之财；心胸狭小，暴戾恣睢；狂妄自大，占有欲望强烈等等。

道德法庭的权威，神的无上法力，使藏区社会的邪恶势力始终无法占据上风，它推动了社会精神文明的进程，净化了人们的心灵境界，促成了藏区心态的健康环境。

藏人生命学说的另一功绩是：启示我们正确认识精神与物质的辩证关系，不偏面、不绝对、不形而上学；坚持机械唯物论，以防止认识方法上的僵化；看到一定条件和环境下精神的主导作用、统帅地位；要充分认识精神对物质的巨大作用力；要把精神文明提到一定的高度认识；要以精神的中枢指导能量推动物质文明的发展，时刻不忘“魂魄”的统帅位置。

生命学说的另一贡献是对普遍的人体理论有所突破，对人体学提出了一个陌生而古老的研究课题；即“魄”（精气）是什么？是一种看得见的物质，还是一种无形的、神秘的巨大能量？人的结构学说应该是什么？藏人的生命学说为人体科学提出了新颖的研究方向。

藏族的丧葬文化就是建立在这一生命学说基点上的。生命学说孕育了藏族的丧葬文化，也构图了世界屋脊的又一人文风景线。

第十五章　雪域生死丧葬观的演变及价值

展示种种文化现象，是为了认识它、研究它，因势利导地推动人类自身的文明幸福，对雪域的天葬及其他葬俗进行轮廓性的纵深探讨，能给我们什么启示呢？起码让我们看到藏人是如何跨越野蛮走进文明社会，如何在复杂恶劣的自然环境中探索幸福之路？如何超越自己，与自然和谐相处，共同发展……。

从自然天葬到墓葬，从墓葬走进天葬与火葬，是社会的一种必然进步，其中佛教发出了“神功”——舍己利他和灵魂转世的功利·全社会的价值天秤由王权至上倾斜为神权至上，人成了神的奴仆·火葬、塔葬，不同阶层的价值取向，对来世的精心设计，是阶级社会等级的必然产物·水葬、土葬及其他葬俗，从朴素的物质意识走向社会价值领域，褒贬不一却难居大雅之堂·繁杂的祭祀，凝重深长的怀念，众多的超度，全起步于“来世幸福”的世俗功利·一种涌进骨髓、代代不衰的幸福观·利他归根结底利己，除了灵魂转世，舍己喂鹫也是保护众生，生命平等，生态平衡的法子·人生价值座标定在净化灵魂、普度众生上，有望可到达“社会稳定祥和、心态健康向上、众生安居乐业”的彼岸·前人为后人保留圣洁、宽广的生存空间，众生都有自由活动的环境·遵循物质转化的自然法则，坦然的生死观·人本意识下的人类白身对生命的评估、对未来的设计、对美好生活的企冀。

天葬为何能替代墓葬

当全世界绝大多数种族选择了墓葬，墓葬至今盛行不衰的大环境下，世界屋脊的雪域藏人却毫不迟疑地选择了天葬，抛弃了墓葬，而且千年执著不移。这是为什么，雪域藏人为什么要和地球绝大多数同胞分道扬镳呢？

从藏族社会剖析，首先墓葬制度阻滞了社会生产力的发展，压制了人本位，为阶级对立、财富悬殊提供了舞台，增加了劳动人民的负担，成为一种社会逆流，受到下层民众的唾弃。为什么这样说呢？

墓葬离不开陪葬器物、甚至有殉葬规定。

最初的随葬器物只是简单的陶器，生产生活用品及一些随身佩带的装饰品。但随着社会产品的丰富，藏区社会出现了以杀牲、殉人为标志的祭祀，在拉萨北郊的曲贡石棺墓葬中就有人头和骨架。曲贡遗址石丘墓地中发现祭祀石台，各个主墓都有各自的祭台，墓坑里出土的有被砍去头盖的人头、人骨架。东部昌都地区也发现随葬牲畜的习俗，墓葬中有马牙和马骨等。人祭的现象证实了《隋书》卷八三记载着的当时女国的葬俗："贵人死"岁初以人祭，或用猕猴。说明"人祭"习俗在西藏是流行的。

苯教推波助澜，使"人祭"习俗有所发展。在吐蕃赞普时代，杀牲祭祀十分风行，凡赞普豪门乃至平民遇葬，都依据或尽其财力宰杀牲畜，以数十乃至数千头(只)牲畜殉祭。苯教宣扬赞普为天之子，因而赞普死后，祭事如祭天，规模非凡。除了金、银、财宝、古玩，有时还伴之以"殉葬"。君主死，侍臣"皆自杀以殉"。敦煌古藏文写卷 P. T. 1042 记载有吐蕃实行人殉制度的情况：王室宗女的丧葬仪轨上"将一昏死过去的男人和一绵羊解剖，并缠成一团，让(他们)快乐地生活吧。"有的史书说："父王母后一同活着入墓"。"君死之日，其命人与皆日夜纵酒，葬者于脚下针血，血尽乃死，便以殉葬，又有亲信人，用刀当脑缝锯，亦有将四尺木大如指刺两肋下，死者十有四五，亦殉葬者焉。"

这种违犯人道的做法，这种野蛮残酷的行径，自然会遭到绝大多数藏人的深恶痛绝，自然会被历史淘汰，自然会被藏族社会抛弃。还有，大量杀牲祭祀之葬俗，也是一种极大的社会财富浪费，大多数家庭难以承受，对社会生产力是一种破坏，人们也是不满意的。

因此，当佛教教义深入天葬而以新面貌出现时，便受到藏人的竭诚欢迎，并迅速成为风尚。可以说，天葬是顺应了青藏高原历史潮流，顺应了广大平民阶层的根本利益，是一种积极的、进步的葬俗。

应肯定是佛教的传入改变了藏地的葬俗。

剖析墓葬现象，追根究底，藏区的墓葬发源于吐蕃社会“王权至上”的社会大气候。

吐蕃政权以松赞干布即位到赞普达磨被弑，历时二百余年。吐蕃是王权至上为特征的封建社会初期国家政权。虽然从松赞干布起，佛教已经传入藏区，并受到尊崇，但事实上，佛教并未完全占据统治地位，佛苯斗争非常激烈。吐蕃乃是世袭制的王权统治，佛教在思想意识上还未控制整个藏区，在基层属民中，苯教的影响很广很深。但不管是苯教还是佛教，当时都未能建立起神权政治。

吐蕃政权崩溃后，藏区进入诸侯林立、封建割据的混乱状态。虽然农奴起义气势汹涌，席卷雪域高原，但藏区社会却陷入一片混乱仇杀、极不稳定的局面。牧区牲畜减损，农田荒芜，城镇废墟满目，市场交流中断。无论是各种小王朝，还是农民起义政权，都未使劳动人民生活条件有所改善，社会生产力得到发展。相反，老百姓的日子越过越贫困，越来越难过，饥寒交迫，在生死线上挣扎煎熬。人民面对的依然是严酷的自然生存环境，面对的依然是低下、原始的生产能力，面对的依然是封建王朝残酷的压迫剥削，不能不失望，不得不把目光从王权、从苯教转移到佛教上，寄希望于倡导平等、和平的佛教上。

佛教较之王权，较之苯教，给雪域居民带来的是心理上的平衡，带来的是精神的欣慰，也带来了一定的人格和尊严。对社会的稳定、祥和起到了缓冲剂、润滑油的作用；对阶级矛盾和社会冲突也有着抑制效力。它扬善惩恶的道德法庭仲裁力量，越来越深入到社会生活之中。

佛教反对等级压迫，也反对人身依附；反对人为的阶级压迫，阶级剥削，提倡生命平等，人格平等。

佛教本身就是从反对等级森严的制度和印度婆罗门种姓的特权地位中孕育问世的。佛祖释迦牟尼代表了王权中国王和武士为代表的刹帝利种姓，还有中层的吠舍种姓和最低种姓首陀罗以及被打入最低层的“贱民”阶层。他宣扬众生平等，社会公平，鞭挞社会不平等不公正的种姓等级制度，赢得了大多数下层民众的信赖。他创立的教义成为大多数人信仰的信条；成为众生谋求和睦、社会稳定、人类团结的“灵丹妙药”，特别受到中下层黎民百姓的虔诚拥护。佛教使人们的尊严受到保护，人格有所张扬，在精神境界享受到了平等、自由的权利，把所有人的生命价值定在一个等同的砝码上。

佛教还为被压迫者、被剥削者树起了反抗专制，压迫、剥削、欺凌的舆论旗帜，把任何违犯人道的行为钉在了历史耻辱柱上，推上了道德法庭，使其受到全社会的谴责和唾弃，为弱小者提供了抵制邪恶的理论武器，使残暴者、剥削者成为社会的孤家寡人，受到鞭挞和孤立，客观上抑制了邪恶势力，发展了人性，推动了社会的文明。

佛教宣扬“天赋人权”，上苍赐与的财富人人有份，公平合理。谋求人与自然一体，人神一体，顺应大自然规律，顺应社会发展法则，反对暴力征服，使人类的社会环境保持平衡祥和，使大自然万物融洽共处，从而从思想意识上提供了精神武器，给雪域高原的藏人提供了良性发展的生态条件。让每个人在有限生态环境中自由竞争，尽可能与高原生物同步发展，拥有自己的天地。实际上，它是对奴隶主占有制的鲜明否定。

佛教最具吸引力之处是指出了人们对自己的命运前途有望可塑选择的权利。

在对生命价值的认识上，佛教把灵魂的根本作用突出到显要地位，提出了灵魂转世观、生命的阶段论。对人的善恶行为和灵魂的去向之关系予以辩证的论述，使人类对自己的道德水准的实际效应有所思考，客观上抑制了兽性，激发了人性，克服了感情主宰，增强了理性，提高了文明程度。

佛教认为人生是“苦海”，人生下来就有无尽的烦恼，一般说来有“八苦”：生苦（婴儿在出胎时苦）、老苦、病苦、死苦、爱别离苦（与所爱的分离），怨憎分离（与此怨憎的聚会），所求不得苦、五取蕴苦（五取蕴即五蕴，取就是烦恼，人的色、受、想、行、识以烦恼为因而生，又能生烦恼，所以叫取蕴。五蕴刹那迁流变动，为生老病死等苦所集，所以是苦）。

佛教对这些“苦谛”探究原因，结果是：人在世上生就七情六欲，贪爱追求享受，结果就产生烦恼（佛教称为惑）。烦恼种类很多，但主要有六根本烦恼，即贪欲、嗔恨、痴盲、傲慢、猜忌、偏见歧视。由于烦恼，造成了种种不道德的行为，包括语言、思想上的罪孽，从而使自己的未来衍化成天人，或为人，或为地狱、鬼、畜生的身心，又起烦恼，生死轮回没有休歇，整个生命都充满了苦味。

但人生又不是一成不变的，是可以改变的。但改变人生却有它自己的轨迹，这便是因果法则。对此轨迹，既使是三世佛（过去佛、现在佛、未来佛）也不能加以改变。宇宙一切现象，都是“无常”的，是此生彼生，此灭彼灭的互存关系，没有永恒不变的存在。人生三世（过去、现在、未来），都是按“三世因果”运转着。“三世因果”关系是：前世造因，今世受果；今世造因，来世受果。根据因果原理，出现了“六道轮回”，即随着自己善恶行为，或生天界为天人，或生人界而为人，或为阿修罗——一种凶神恶煞，或为畜生、或为饿鬼，或堕地狱。总之，一切众生都永远沉于天、人、阿修罗、地狱、饿鬼、畜生六道中，犹如车轮始终在不停地转动。

不管“因果论”和“六道轮回论”有无科学道理，但它却辩证地、全面地从理论的高度为世人指出了生命的价值取向；指出了人生的归宿结果，特别是生命的持续性，生命发展的两种皆然不同结局，以及结果的转化性、可塑性。

这是生命认识论上划时代的贡献。

一直困扰古人的人生归宿这一难题就这样由佛教给予了解释。而且解释出的原因归结到了人类自身。它的震慑力、渗透力、说服力是可想而知的。它首先消除了人类对死亡的恐惧、疑虑、猜忌，开始坦然地对待死亡。

人类从类人猿进化为人后，就本能地热爱生命，恐惧死亡，谁都希望生命永恒，与天地永存。

在人类创造的所有词汇中，生命二字是最令人颤栗、最令人兴奋的字眼。在普遍的意识之中，生命意味着沸腾的热血，健壮的躯体、奇特的创作力和蓬蓬勃勃的活力。它好似山野清新馨香的空气，大川欢流湍奔的江河，草滩上五光十色竞香斗艳的百花，又像峰峦叠嶂的绵亘雪山，郁郁葱葱苍苍茫茫的莽林，天地相接一望无际的草原……。生命是深涧陡崖上涌出的潺潺溪流；是海天水色中脱浴而出的晨霞朝阳；是地下喷涌冲天的泉雾水柱；是峭壁石缝中峥嵘挺拔的翠柏……。

一提起生命，人们联想到的便是雄狮的吼啸、百灵的歌喉、斑虎的威姿、金猴的敏捷、长蛇的灵敏、羚羊的飞蹄、蝴蝶的翩舞……。

人们把最美好的字眼全堆砌在生命之上。莎士比亚把生命比喻为玫瑰，称道："玫瑰是美的，更美的是它包含的香味。"

托尔斯泰赞美"生命是人的光。光在黑暗中照耀；黑暗却不理会它。""生命的力量无处不在；在青草中，在树芽中，在花丛中，在昆虫和鸟雀中，于是我想，我们人类有一种特性，多少受制于这种力量，能够在自己身上认识这种力量。"

死亡却是可怕的、恐惧的，这是世人共同的认识和心理。莎士比亚在《一报还一报》剧中这样写道："死是可怕的。耻辱的生命是尤其可恼的。"

一提起死亡，人们面前马上浮现出的是骷髅、白骨、枯木、败叶、干河、寂寥沙漠、寸草不生的青石山、峭壁上的洞穴，出土的木乃伊，还有阴风、寒鸦、昏暮、鬼魂、地狱等等种种令人心寒胆战的场景。

由死亡，人们联想到黑暗、深渊、毒蛇、荆棘、砾石、陵墓、长夜……一切让人绝望、让人窒息，让人恐惧发冷的可怕事态，人类都与死亡联系在一起。

在人们的潜意识中，人一旦死亡便意味着：一切物质和精神享受的消失；一切美好现实的失遁；理想追求的完结；五彩世界的毁灭，整个宇宙都被灰雾笼罩……

托尔斯泰直接了当地指出："死，是万物不可逃避的终结。"

人们极力探究死亡带给人类的结果，对死亡加注各种解释，尽量想方设法逃避这一终结，减轻死亡给人类带来的心理压力和精神恐惧。把其说成是苦难的解脱，像托尔斯泰所言："在最残酷的事情——死亡临近的瞬间，你似乎已经感到它的呼吸了——可是你的一切痛苦都消失了，就像黑暗在黎明前消失一样。"但这不过是说说而已，人们对死亡的恐惧并没有消失多少。

世界三大宗教都在这方面做出了自己的努力，对生命与死亡的关系做了力所能尽的解释和探讨。

佛教教义认为人生来就是"烦恼"，六大感官器官便是"烦恼"的根由。人生为"无常""无我"、"苦"。而死亡则会帮助你解脱"烦恼"而得到自由。因此，死亡是一种幸运，一种快乐，是命运的转折。对一切善业圆满者来说，死亡使你成佛，断除了一切烦恼之根，进入了极乐世界。

起源于公元一世纪左右的基督教，其教义从创立之日起就宣扬人类从始祖起就犯了罪，并在罪中受苦。只有信仰上帝及其儿子耶苏基督才能获救。

创立于七世纪初的伊斯兰教，在其宗旨中也指出人们在现实生活中为了洗涤罪恶、约束世俗欲望，须顺服唯一的神——安拉的旨意。伊斯兰教以善恶有报，死后复活、未日审判等说明生命归宿的结局，提出了信徒要一日五次礼拜，每年斋戒一月来涤罪反思。

三大宗教对生命的结局，都提出了相似的"天堂说"与"地狱说"。

佛教的天堂是"极乐世界"。永恒的灵魂居住在虹为天盖、光为围墙、金刚石为柱子、彩云铺地的居室中到处是乐园。气候温馨、景色宜人、鸟语花香、物产丰饶、美味佳肴、轻缎软绸，万物和睦相处，人们从物质到精神获得极大的满足，生活在香格里拉(极乐园)中，无忧无虑，无痛苦病灾，幸福安乐。

伊斯兰教把死亡解释为复生的十字口，是通往"天园"的阶梯。《古兰经》中展示的"天园"是这样的美妙幸福："座落在七层天之上有八层，居所无比优美、恬静、舒适、惬意。"有着"漫漫树荫"，是常年覆庇的绿洲、滨临泉源，诸河交汇，“其中有水河、水质不腐；有蜜河，蜜汁纯洁。”“天园”气候宜人，“他们容易采摘”及“他们所嗜好的水果和肉食”。人靠在床上，“叫人拿种种水果和饮料来”。那些俊秀的童男和黑眸的童女“捧着盏和壶，与满杯的醴泉”，“轮流服侍他们”；“身边有白皙的、美目的女子做他们的伴侣”。总之，在穆斯林的“天园”里，人“在珠宝镶成的床榻上”，“穿着绫罗绸缎，相向而座”，“戴的是金镯和珍珠”。听不到“闲谈”，“恶言”和“谎话”，只有悦耳诚挚的相互“祝寿和祝安”声，过着无忧无惧的日子，且“毫不辛苦，毫不疲倦。”

基督教《圣经》中描绘的自己的“天国”景象是这样：

“天国像在海里撒的网，聚集各类的鱼。赶网满了，人就拉上来，坐在岸上，拣那好的，放在器皿里。在天国里，财产公有，共同劳动，共同消费，没有压迫，没有剥削，吃穿不愁，丰衣足食，从精神到物质生活都是美好、和谐的”。

而“地狱说”指的是人的生命之最坏的归宿即也有堕入地狱的可能。地狱意味着什么呢？佛教经典中，人间地狱有十八层，是生命最可怕最恐惧的去处。十八层地狱包括“八热”、“八寒”、独一地狱、近边地狱。另行“八热”地狱是：1.等活地狱（即生在此者终日互相残杀，凉风吹来死而复活，又要受其苦）；2.黑绳地狱。落在此狱中的，则以黑铁绳绞勒罪人；3.众合地狱。以猛禽恶兽，种种刑具揉合纵横使用，使罪人备受折磨；4.号叫地狱。让罪人在痛苦熬煎中，不得不一时不歇地、终日不息地号叫悲嚎，在悲号惨叫中捱日度时；5.大号叫地狱，比前面地狱更是残酷难熬，一刻不停地号凄；6.炎热地狱。以铜镬炭坑煮烧罪人；7.极热地狱。罪人受煮烧比前者更烈；8.阿鼻地狱。坠入者受苦无间，造十不善重罪者坠此地狱。

“八寒”地狱则是：1.入狱者身寒生疱。叫疱狱；2.入狱者身寒疱裂；3.入狱者唇舌冻僵，发出颤声；4.入狱者口发嚯嚯婆声；5.入狱者冻得不能发音，唯有喉根虎虎婆响；6.入狱者身体冻裂、犹如青花；7.入狱者身子大折裂，似红莲花般四散；8.入狱者骨折，整个身子成了大莲花或白莲花。

另外二个地狱“独一地狱”和“近边地狱”，是人们常说的上刀山下火海。总之，佛教经典中所指的十八层地狱，把人类能设想的最恐惧、最痛苦、最残酷、最惨不忍睹，生理上和心理上无法承载的东西血淋淋、赤裸裸地展现在人们面前，让你颤栗、让你惊惧、让你心惊肉跳，不寒而栗。

基督教《新约圣经》中“马可福音”里提到的地狱是这样的：“地狱是灵魂永受罚的地方”。该处“虫是不死的，火是不灭的”。并且“必用火当盐腌各人”。西方的“炼狱”便是由地狱引伸的，它虽没有十八层地狱那样具体、形象，也够叫人心惊胆战了。

伊斯兰教教义中，也指出一部分人死亡后并不一定进入“天园”，而是要进火狱的。火狱是专门惩罚那些今世作恶或叛教的人的场所。《古兰经》描绘火狱有七层，“有七道门，每道门将收容他们中被派定的一部分”。居火狱者生活在毒风和沸水中，在黑暗的阴影下，他们“穿火衣”，“垫火褥”，“盖火被”。“烈火整日烧着他们的肌肤，烧焦一层后，另换上一层再烧。”他们的食物是“荆棘”和长生在火狱底层花蓖像魔头的“赞枯木”的果实，吃下后腹内像开水和油锅一样沸腾。不能睡眠，得不到饮料，下火狱的人还要备受各种刑罚的煎熬，如沸水浇头，致使“内脏和皮肤被沸水溶化”。用火烧红的金银烙前额、肋下和脊背；用铁鞭抽打，颈上套着铁圈和铁链。送进火狱的人永远休想逃出，更无丝毫进入天园的可能。

佛教、基督教、伊斯兰教世界三大宗教，给人类指出的生命死亡前途大致就这两种。两种大相径庭的场所。但佛教更具体、更理想、更形象、更古老、更具目的性。

生命有这样两种皆然不同的结果，但人类是否可以任意选择？根据什么原则、什么情况可进天堂，或者坠入地狱？

不管是什么教派，宗教的目的并不是展示天堂和地狱。设计天堂和地狱是宗教的手段，而不是目的。目的则是拯救灵魂，惩恶扬善，改善如流。其中佛教的答案是“三世因果”。

“果”，我们已经在上面述说得很清楚了。但“因”是什么呢？“因”便是你自己的思想及行为。若你遵守社会公德，愿为众生幸福做出努力和牺牲，追求人类所有的美德，并付诸实现，做了许许多多“好事”

“善业”，赢得同胞们的尊重和信赖，你便是行善积德者。你死后，等待你的“果”必然是天，是极乐世界，最起码也有望转世为人胎。而如果相反，则只有坠入地狱，受尽熬煎，或者变为畜生终日被饥寒折磨而奔走，或者成为饿鬼，昼夜不息地忍饥挨饿。

这就是说，佛教不仅设计了赏罚分明、极端对立的“死亡”之两个归宿，更重要的还为死亡者提供了自行选择“天堂”或是“地狱”的机会，把主动权交给了拥有生命的所有人类。这种权利是“天赋”的，是平等的，是公正的。它不因权势地位而倾斜，也不因财富的众寡多少而偏袒，更不因种族、肤色、姿容、年龄、性别而“区别对待”。他断然否决了奴隶主阶级鼓吹的社会等级永世不可逆转的谬论，倡导生命平等、众生平等、机会均等，为恢复和提高人性、人格、人道跨出了历史性的一大步。从此，人本思想开始在历史长河中，在整个社会生活中萌生成长，占有了自己应该占有的一席位置。人类对自己的未来有了希望，也有了选择权，开始认识到自己的生命价值，也有机会追求幸福美好的生命。

佛教把人类生命的归宿权从世俗统治者手中夺过来了。由王权垄断变成了道德仲裁，变成心目中的公平天秤——“佛”来仲裁掌握。这样就告诉世人：生命与死亡的价值，在于你个人的善恶行为积淀上。“法力无边”的佛在公平、公正、公道地监督着你的行为，并将仲裁你死亡后的归宿。人的归宿不由你自己的意志来决定，也不是世俗统治者能认定，唯一的条件是你生前的所作所为。从你生命（可视形体）存在于世之时，选择权就在你自己手中。死亡并不可怕，可怕的是自己丧失人性，干尽坏事。死亡仅仅意味着你面临的是另一世界，这一世界由两个根本对立，反差鲜明的地域组成。这个世界你无法回避，但要进哪个地域则由你在世上的行为积淀决定，你的善恶之因必然带来天堂或地狱之果。“果”和“因”是统一的，相辅相成的。如果你想有个好“果”，则需要在世上克服感情冲动，提高理智，增强文明进步，成为情操高尚，行为高尚、言行一致，严格自律、普度众生的人。

佛教有意识地引导人类净化灵魂，洗涤罪恶，减少摩擦，消弥仇恨，磨钝人类天性中潜存的嫉妒、猜疑等等弊病，提高了人类的文明程度，提高了人的尊严，开拓了生命的自由空间。

佛教在理论上粉碎了“王权至上”以及世俗统治者制造的种种樊篱，为生活在社会底层的绝大多数人指出了生机，提供了憧憬，带来了希望；

佛教在实践中也以身作则，苦修自身，与民同难，为民禳灾祛邪，超度灵魂，指引前程，赢得了社会的尊重信赖。

这就使佛教顺理成章、自然而然地成为雪域高原藏民族在从奴隶制走向封建制过程中，人们公认的精神导师，成为社会生活中的良师益友。人们从情感上、思想上、日常生活中“一边倒”向了佛教，听从佛教理论的指引。

佛教教义关于生命学说的系统理论，也给人希望，予人鼓励。

灵魂是永存的，但灵魂又是可以转移的。生命的根本意味就是灵魂，死亡后的“天堂”或者“地狱”，是为灵魂准备的。除了灵魂，什么都应该抛弃，什么也必须抛弃，包括血肉之躯。因为可视形体只不过是灵魂的载体罢了，它犹如身上的服饰、皮肤上的汗垢，它是附身于灵魂的。一旦呼吸停止，它也就失去了存在的价值。佛教认定一切物质都是“无常”，此生彼生，此灭彼灭，相互依存，其间没有恒常的存在。物质的任何现象，它的性质是固无常态。人的形体也是如此。

这不能不是人类最早的唯物意识，充满辩证法的宇宙观，是对人的生命的深层认识。理论体系完整而富有说服力的这一见解，在青藏高原逢上了知音，和藏民族最古老的唯物意识一拍即合，引起了强烈共鸣。正如我们在前面的章节中阐述的那样，世界屋脊独特的地理环境，独特的畜牧业生产方式等等因素，使藏人对大自然的变化和感受是直面的、全方位的、深刻的，也是立体的，他们真真切切地看到了世上一切物质现象如佛经所说的，是“无常”的，人作为生物自然也如此。

理论上的全盘接纳，变成了行动上的自觉实践。

既然王权统治下的生命归宿不平等不合理，那为何不毅然抛弃呢？

既然未来是由神来掌管，由佛来仲裁监督，那还有什么理由不听神、佛的指示呢？既然死亡是生命接力棒的一个交接点，是人生历程的中转站，是个人理想的转机，是改变苦命，赢得福运的契机，那为什么不欣然应命，轻松上阵，坦然接受新的安排呢？

况且，天葬较之土葬、火葬更文明、更简便、更轻松，无精神和物质的负担和压力，完全是顺其自然抛弃了殉葬器物，那何乐而不为呢？

雪域藏人就是这样，听从了佛门上师的指导，切合雪域高原的条件，天葬也就这样在藏人的观念意识中扎下了根，逐步代替了墓葬。

天葬也有功利动机

按照文化人类学的观点，人类为自身生活设计的生活准则、行为规范，都带有功利目的，是为短期或者长期利益设计的。宗教也不例外。

任何宗教精神，在表现上是利他主义，要求人们在思想和行为上趋善避恶，压抑、克服私心和贪欲。但这种利他，与人们谋求进入极乐世界的利己是一体的，和谐的，是自然统一的。这就是说，信仰者的利他之中就融有利己。在利他的同时，灵魂深处存在着自我意识的扩张。正是宗教，通过利他和利己的协调结合，使整个社会处于相对和谐、稳定的状态，更使人们的心态处于追求美好、追求健康、行善利人，净化观念的状态。它起着净化道德驱动力的作用，推动社会生活向着文明迈步。

雪域藏区的平民们舍弃墓葬，风尚天葬，也是有着上述功利目的。

在三大宗教中佛教是奉行利他主义最鲜明最突出的一个宗教。佛经故事中最为普遍流传的有《尸毗国王救鸽》的传说。传说鸽子被老鹰追赶，尸毗国王为了救鸽子，割下自己身上的肉来饲鹰，以肤肉作布施。还有兔子舍身待客，大象舍身救人等。特别广为传颂的是《摩诃萨陀舍身饲虎》的故事。故事是这样的：

很久以前，有一个名叫大车的国王。有三个儿子，大王子叫摩诃波罗，二王子叫摩诃提婆，三王子叫摩诃萨陀。

一天，国王出外赏览山川美景，三位王子也陪同一起前往。他们来到一个大竹林中，休息了一会儿，继续向前走时，看见一只母虎生下七只小虎，已经七天了。大王子说："母老虎被七个虎崽围着团团转，没有空暇去寻找食物，过不了几天，一定会为饥渴所迫，大概会把虎崽吃掉。"随后长叹一声走开。二王子看了看老虎母子，说："可怜，真可怜！这些虎崽不久就要死去，我有什么能力挽救它们的性命呢？"也随即长叹一声走开。三王子口中什么也没有说，暗自想道："我这个身体，不过是千百次投胎的一次，也逃不过生老病死，最后还要败坏掉，留着也没什么用处，为什么不可以捐弃呢？"三王子摩诃萨陀有一个坚定不移的想法：一定舍弃自己的身体，去成就大善的事业。但是，又怕两个哥哥阻挡挽留，因此，就请他们先回到王宫去。

摩诃萨陀独自回到竹林，来到饿虎那里脱下衣裳，躺在老虎面前。但是，这只饿虎实在太虚弱了，根本没有气力来吃他。于是，三太子爬上一座高山，从山顶跳下来摔得血肉模糊，以便老虎来吃，可是，老虎仍然没有气力吃。最后，三王子用竹子刺穿自己的喉管，使鲜血哗哗地流到饿虎嘴边。饿虎吸了几口王子的鲜血，逐渐增长了气力，这才站起来把王子的肉一口一口地吃光，只剩下一堆白骨。这时，大地震动，江河波涛翻滚，天上乌云蔽日，空中五彩缤纷，诸天圣神一致称赞这件大喜事。

两位大王子听说弟弟已经舍身饲虎，都万分悲痛，一起赶到老虎所在地。他们看见一堆白骨，立即昏迷晕倒，很久才苏醒过来。与此同时，王后在宫中作了一个恶梦，梦见一些不祥的征兆：她的两个乳房被割掉，牙齿全部脱落。并且梦见三只小鸽被老鹰叼走了一只。王后被恶梦惊醒以后，发现自己的两个乳房真的流出了奶水，又听到外面侍女说："派人去找三位王子，还没有找到呢。"王后心如刀绞，痛哭失声，立即来到国王面前，禀告说："大王呀，咱最疼爱的三位王子丢失了！怎么办？"国王马上派人出城寻找。不久，大臣才把三王子舍身饲虎的事，从头到尾向国王作了报告。

国王和王后怀着悲痛的心情，来到三王子舍身地点，见遗骨狼藉，散乱纵横。国王失去知觉，昏倒在地上。侍人们给他洒了些凉水，才慢慢苏醒过来。王后哭得头发蓬乱，在地上滚来滚去，好像鱼儿离不开水、母牛失去了牛犊一样，不知如何是好。两个王子也在一旁号啕大哭。大臣和众人见此情景，无不为之伤心落泪。后来，他们共同收拾了摩诃萨陀的遗骨，筑起一座宝塔进行供养。

故事用通俗形象的情节向人们灌输了利他救生思想，而最后也揭示了由于三王子的舍身，摩诃萨陀获得了功德，后人为他筑起一座宝塔，不断地进行供养。

舍身饲虎行为在佛教中作为高尚情操来宣扬、来歌颂，成为人们拯救灵魂，完善自己的楷模去学习，去仿效，推动了一种社会风尚，影响了藏人的生命观，宇宙观，并渗透影响，甚至左右了藏民族的葬俗文化。

除了藏区广袤草原有适应天葬的具体条件外，人们从墓葬走向天葬，在心理深处恐怕是佛经宣扬的类似舍身饲虎的精神在起着功利作用。喂秃鹫和饲虎都是一条理儿，一来积功德，二来可使这类凶禽尽量少伤害其他生命，使众生有个和平、稳定、和谐的生存环境。有了上述两方面的功德，就有可能获得解脱，断除烦恼，走进极乐世界。这是功利目的之一。

功利目的之二是与周边环境、周围社会达成一种配合默契，相互关照的氛围，一种舍个人保大家，先人后己的风格和境界。这也与佛教的天人合一、妥协和睦的指导思想影响有直接关系。如佛经中有一《忠义的大雁》之故事，它就是宣扬舍己护众，先人后己的奉献精神。

《忠义的大雁》这样讲述道：

从前，有一个美丽的大湖里，居住着无数的大雁。雁王名叫东持国天王，是菩萨的化身。雁王的大臣名叫性善，是佛弟子阿难的化身。性善精明能干，心地善良，遵守戒律，品德高尚，做事谨慎，吃苦耐劳，勇敢善战，忠心耿耿。他们君臣二人，不但互相友爱，如同师徒一般，而且面貌相同，又如父子一般。由于他们俩对雁群非常关心，尽力保护，因而雁群十分兴旺发达。

雁王和大臣性善的特有的功德，传到波罗尼斯国王梵施的耳中。这位国王非常希望见到这两名有名的大雁，就同大臣们商量。

国王接受了大臣们修一个比雁群栖居的如意湖要美丽的湖之建议，在离城不远的地方修建了一个美丽的大湖。

如意湖有两只大雁飞到梵施王新修的湖中，生活了几天，觉得十分舒适，便飞回老家向雁王作了汇报，劝雁王带领雁群搬到那里去住。

到了秋天，雁王在大臣及众雁簇拥下，飞到梵施王新修的大湖。许多大雁看到这里的生活环境很好，可以尽情地玩乐、尽情地享受，就不想再回到如意湖了。

看守湖的人向梵施王报告："大王，那些大雁来到了我们的湖中。这些大雁有美丽的翅膀，头和脚像金子一样漂亮。"国王十分高兴，立即命令一个捕鸟能手，去捕捉雁王和雁臣。

捕鸟能手首先观察调查了两只大雁的住处和活动情况，然后悄悄地安放了罗网。

一天，雁王被罗网套住了。它心想："不能让其它雁遭不幸。"于是，发出"此湖可怕"的特殊叫声。别的雁看到雁王被逮住，都吓得乱喊乱叫，像打了败仗的士兵一样，各自向四方飞散。只有雁臣性善留在雁王身边，根本不考虑自己的生死，甘心与雁王分担痛苦。

雁王对性善说："走吧！我陷入了罗网，有翅难飞。你留在这里也帮不了什么忙。你不应该留在这里受难，你应该飞到别的地方去。"

性善回答："在这儿也不一定死去，到别处也免不了要老死。在安乐时我们侍奉你，在危难时哪能抛弃你呢？如果为了保住自己的性命，狠心把大王扔到一边不管，我的良心要受到谴责，也肯定要遭受别人的咒骂。不管有什么危险，我永远与你在一起。"

猎人悄悄地走来，看见两只漂亮的大雁在谈话；仔细一看，知道逮住的是雁王，另一只是它的伴侣。猎人很惊讶，对雁臣说："你没有被网逮住，完全可以飞走。我来到这里就是要你们，你为什么不飞上天空去呢？"

雁臣对猎人说："我能飞，但为什么不飞呢？因为我们敬爱的雁王遇难了，我非常痛苦。你的网套住了雁王的两只脚，而我的两个翅膀却被功德之网紧紧地拴住了。"

猎人很受感动，对雁臣说："我不伤害你，你可以平安飞走，去同你的亲友欢聚。"

性善说："假如你不愿意我痛苦的话，就请你答应我的要求。你如果只要一只大雁，我请你放走雁王，抓住我。我们两个完全一样。身体一样大小，年岁完全相同。如果你不相信，可以先抓住我，再放走雁王也行。这样，你得到了大雁，我实现了愿望，也使其它大雁高兴，我们的友谊也保持了，你以为如何？”

猎人虽然心狠，但面对雁臣的耿耿忠心，温和而有胆量的言语，却不能无动于衷。于是，猎人双手合十，对性善说：“善哉！善哉！像你这样为主人献身的行为，人和神中实在少有，我哪能伤害你呢？”说罢，猎人便不顾国王的命令，解开网绳把雁王放了出来。

性善见猎人放了雁王，又对猎人说：“你放了雁王，我是多么高兴啊！愿你和你的亲人永远幸福！为了不使你的愿望落空，你可以把我和雁王放在笼子里，拿到王宫去献给国王，国王一定会赐给你无数财宝。”

猎人心想：“这么美丽可爱的两只大雁，世上很少见到，应该献给国王。”于是，把两只大雁带到了王宫。

国王得到久已想念的两只大雁，忙问猎人：“这两只大雁没有捆，也没有受伤，你是怎样抓住的？”猎人就把前前后后的情况地告诉了国王。

国王很高兴，把雁王放在自己的金座上，把雁臣放在大臣坐的藤椅上。国王说：“大雁，我一切都很好。长期以来，我想见到你们的愿望实现了。你们两位来到我这儿，我非常欢迎。猎人今天完成了一件大事，我应当给予重赏。”说着给了猎人很多珍宝和财物。然后，又对雁王和性善说：“你们两位特意光临王宫，有什么希望和要求，请对我直言。当然，像你们这样圣贤，不能用财物使你们满意，只有诚心信赖才是最好的礼物。”

性善按照规矩向国王叩头顶礼，说：“权势相当的国王和雁王这样亲密交谈，友好协商，谁还不心满意足呢？大王和雁王谈话，百姓们插嘴不应该，那不是君子风度。大王，我不能说什么，请原惊。”

雁王见国王如此友好和慈悲，也很感动，便说：“我感谢大王对我的尊敬。希望大王广行功德之事。如果没有功德，有钱也没有益处；如果有了功德，子孙可以昌盛，名声可以远扬。现在我在这里虽然很快乐，但我的亲友都在悲痛中呼唤我。所以，请大王把我放走吧。”

国王欣然应允，雁王当即飞空返回雁群。

藏族的天葬也正是基于这种奉献精神：不占有土地，也不拖累后人和亲友，更不以肉体成为人们的负担。既使是水葬土葬，也不允许给同胞的生活带来累赘，不允许污染泉水、饮水、不占用耕地，不传染病源，尽最大力量把有限的空间留给其他生灵。

藏人的生态保护意识也是这一功利下产生的。

生命平等，万物都有生存的权利。因此，不能损害生命之根的江河湖水，要珍惜众生的生命，求得共同的发展。在共存共荣的过程中，提高生命的质量，作为自己积累功德的途径。

藏人聚敛、传承财富的观念是较淡薄的。

藏人对财富的聚敛讲求仁义道德，取之有道，不姿意搜刮，也不许奢侈浪费。属于死者个人生前的财产，死后得在送葬前分流。除了固定的不动产得保留给子女亲属外，属于个人专有专用的衣物钱财均要处理得干干净净。或布施于穷困乡邻；或施舍给孤寡老幼；或捐赠寺院佛僧为供养；或全花在亡人的丧事超度上……确实用处不大的，则要烧掉。

在祈祷超度，特别是祈求保佑的祷词中，无论规模大小，形式简繁，首先的开篇词都是祈请佛和神保佑众生，解脱众生，而不是个人。藏人把自己的生命链结和周围众生紧紧联结一起，表现出息息相关、休戚与共的群体意识；表现出个人融于群体，个人为群体利益奉献的牺牲精神和舍己为人的风格。

从墓葬走向天葬的功利思想之三是感恩知恩报恩意识的扩大；是焕发良知，增强理性，创造人类内部和睦相处，共同发展的氛围；以及和大自然众生万物平等相处，自由竞争，共同发展的祥和环境。在丧葬礼仪上，后一点表现得尤为突出。

感恩思想是理性的表现，是文明的标志，也是人类思维创造的结果。

在长期的生产实践中，藏人培育了感恩思想。而佛教意识的传播，又使感恩成为善行而化入行动准则。

大自然哺育了万物，也哺育了人类。正是大自然提供的阳光、河水、草木、空气，使雪域高原的藏人得以生息、繁衍。在严酷的地理环境中，藏人对大自然的恩泽更是感受深刻，溶于血液骨髓之中。在长期的高原生活中，藏人对生态环境变化与人类生活的直接关系深有感受，加之佛教教义中弘扬的众生平等，生命平等思想的深入人心，藏人对大自然的报恩自觉意识很强。在行为上则表现在不乱开垦草原；不乱砍伐森林；不乱开掘地下矿藏；不弄脏水源（在泉水中不准洗头洗脚洗衣物肉菜器具等，不允许任何污垢进入水源）；不玩积雪等等。他们自觉地精心保护上苍赐给的所有生态资源。

在生态保护上，藏族表现了一个文明民族应有的博大胸怀。反映在丧葬上，则是从土葬毅然走向天葬，不占用一星土地一寸空间，也不让活人耗费精力与时间，更不影响世上同胞的生存发展，包括空气的污染，水源的纯净。相反，尽量提供方便使活着的人健康平安，以此来报答大自然，报答同胞。

当然，保护生态资源环境，也是藏人为来世考虑一个良好的生存条件，为未来着想的实践行动。有了"三世因果"观念，人们在生前就想到死后，去为自己灵魂转世着想，世世代代努力保护一个有利发展自己的好环境。

感谢大自然，报恩大自然，保护生态环境的良性循环，也表现在褒贬不一的水葬、土葬上。用自己的肉体喂食江河鱼类是报恩；不让坟墓污染水源水脉，不让坟墓隆出地表占用田地和路道，也不用松柏新木制作棺柩，让尸体腐烂沃土等都是报答大自然，是一种尽力偿还行为。至于火葬、塔葬就更不用说了。

对大自然赐与的物质，藏人也有着报恩的意向，如把牦牛称为财富。虽然饮食结构以肉食为主，但对经营的牲畜却区别对待，不宰杀有羔的母羊；不宰食刚刚吃上青草的母畜；不宰食正哺奶的雌牛；不宰杀作为驮畜的驮牛；夏天牛羊膘肥体壮时吃奶食为主，深秋和初冬才以肉食兼之。而宰杀的冬肉又以专门饲养的肉牛（断犊的牛），羯羊为主。羊只繁衍的越多越作为值得庆贺的事。上千或达到万只，则要给羊角镶银镶金作为标志，以作炫耀。

藏族生死丧葬观的文化意义

世界屋脊迄今保留有以天葬为主体的众多丧葬礼俗，它体现了：

一、多样辐射的幸福观。

不管是塔葬还是水葬，也不管是天葬还是土葬，纷呈多色彩的雪域各种葬俗，在本质上反映的都是追求未来幸福憧憬的幸福观。不管超度形式如何繁杂漫长，也不管丧葬形式如何“简单粗暴”，活着的亲人，还有乡邻亲友都抱有美好的愿望，祈求亡人早早转世，转世个好结果，有个良好的生存发展环境，有个舒适幸福的命运。

正是因为抱有这样的美好愿望，有着这样坚定的信念，所以在死亡临近时，藏人并不过分悲伤绝望，也不让死者过分留恋人世。通过各种象征仪式和忌讳，帮助“亡魂”轻轻松松地离开世间，走进中阴，完成转世过程，而决不搞招魂守魄的虚妄做法。

二、充满辩证法的灵魂观。

灵魂观是人类对自身生命探讨的重要认识。体现在雪域藏人对生命的认识源远流长且观点独特。它提炼的形体、灵魂、气魄三位一体的学说，在世界生命认识史上有着特别的、重要的价值。它的价值在于揭开了意识与物质的互为作用的认识领域，为辩证唯物主义学说打下了初步基础。应该说，是雪域藏人在人类发展史上首先在生命领域最早发现了生命结构中魂与魄的主心、主体、主导作用；认识了以精、气、神为标志的精神对人的体质的巨大能力，精神的独立价值。

雪域藏人的灵魂观把人的魂魄——神识与精气的结合作为独立的无形物质看待，从而辩证地认为人的身体是灵魂的载体，而灵魂是通过载体来表现反映的。两者是相对独立又不可分割的统一体，是互依互存的。血肉形体可以消失，而灵魂却是永恒的。正是这种灵魂观的驱动，使雪域藏人的葬俗摆脱了陈腐的墓葬，还有虚妄保守的“招魂”意识，大步跨进了豁达、开明、理智的葬仪轨迹毫不留恋地抛弃躯体为保持坦然的心态环境，纯净的生态环境，健康的上进精神作出了积极的探索。藏族的众多葬俗深层次地反映了认识论中的灵魂观。

灵魂是运动的，活跃的，具有活力，是可以转换的。这一理论学说，虽有偏颇，但他为高原藏人在严酷的雪域地理中顽强生存发展鼓起了希望的风帆，使他们对生活有了信心，有了持续奋斗的后劲。客观上，它帮助藏人在这块土地上扎根创业，开拓自己宽阔的生活前景。它对物质的作用力是不可低估的。

灵魂的运动性、可塑性、转化性，还规范了生命的价值取向。人们的道德水准决定了灵魂的价值。这种导向培育了利他意识。按照佛家的学说，灵魂可以转向三善趣(天、非天、人)，也可以投进三恶趣(地狱、饿鬼、畜生)。最后的决定权完全是你的行为积淀。对极乐世界的向往和对地狱的恐惧，使人们对自己采取强制性的道德实践，而这又建立在自觉的精神上。为了运动的灵魂有好去处，可塑成纯净的、高尚的灵魂、人们积极地、主动地舍己利他积累"善业"，不要求在现实中得到回报，而是希望灵魂转世时有所回报。灵魂观使俗世间的、有条件的利他主义变成了无条件的利他主义，帮助人们自觉抑制甚至牺牲自己的私欲，乐于奉献，从而加强了人的社会性，使个体与社会和谐而友善地结合在一块，对人类社会的稳定发展起到了粘合剂，凝聚力的作用。同时，通过自身的自觉道德行为，又求得灵魂的解脱和精神的净化。

三、保护环境的生态观。

世界屋脊的葬俗体现了当地主体居民由来已久的一种众生平等、生命链条相互依存的生态观。

藏人的先祖在高原多变的自然生物现象面前，发现了生物之间相互依存的规律。而这种规律又建立在允许其他生物有存在的权利，并帮助提供生存条件，生存环境，相互关照的基础上。规律的发现，孕育了藏族生态保护意识的萌生；佛教众生平等的观念，又催化了保护生态的思想，使良好的生态观渗透进自己的行为中，成为雪域藏人道德价值的组成内容。正是这一思想观念的指导，藏人的各种丧葬礼俗，都从保护生态环境为着眼点来考虑、来设计、来处理，把能否保持良好生态环境作为丧葬形式道德水准的标准来衡量、来要求。

脆弱而年轻的青藏高原，生态环境能一直处于良性循环，起到并保护了“中华水库”的涵养蓄积。调控中亚的气候，使中原大地免去沙化、旱化或洪涝频频，这不能不归功于藏人根深蒂固的生态保护意识；不能不归功于藏人良好、先进、开明的葬俗，它给后人留下了一整块洁净的青藏高原大地。

四、反映等级的、政教合一统治遗风的价值观。

葬俗是生物运动形式，又是社会运动形式，是两者的结合。作为一种文化，它与人类发展史同步走过原始社会走进阶级社会，从最早的生物属性，走进阶级社会中的社会属性，出现了等级型葬俗。阶级的烙印十分明显。

社会民俗是社会历史变迁的影子。丧葬在阶级社会里，不仅仅反映整个民族的价值取向和审美情趣，还反映不同阶层、不同等级社会成员的价值取向。世界屋脊的丧葬也反映了民俗的这种功能。

藏域的五种葬俗：天葬、火葬、塔葬、水葬、土葬，及其他葬俗，都或多或少地有着等级的烙印，反映的是不同阶层的人生价值追求。

塔葬反映了“神权”代替“王权”，成为最高统治形式的历史；反映了政教合一制度中教权至高无上的实质内容。作为政教合一统治者的象征——活佛们把自己的肉体遗留人间，不仅仅是为了让信徒们膜拜、瞻仰、供养、祭祀，而是让教民们感到神权的永恒——永远监管和掌握着你的命运和前途，起着精神“威慑”作用，起着引导的神力作用。

塔葬可以装饰得华贵富丽，可以铺张，可以花费大量的财富，这就从侧面告诉凡夫俗子们，神是社会财富的主宰者、所有者，只有把财富供奉给神，神才会关照你的未来前途。你的命运与供养神的财富成正比例，而你的财富众寡又决定于神的赐与。它让信教群众不得不跪倒在神的膝下，把自己的命运和盘交给神来安排。一种不可逾越的等级意识不能不渗进你的骨髓中、血液中。

不管是肉身塔，还是骨灰塔，它永恒地常驻世间，是说明佛法无边；是说明神权高高在上；是说明政教合一统治形式的可续性、持久性、永恒性、合法性；是说明主宰世界万物神灵的佛陀永久的存在。

塔葬正是这种阶级统治的折射象征。

火葬也有着一定的等级烙印。它在大多情况下是属于社会“上流人”和高僧及宗教团体成员的专门葬俗，表现出他们血统上、职业上、身份上与普通民众的截然不同。虽然它不似印度婆罗门种姓与其他种姓般露骨赤裸，但也有着较鲜明的阶层标志，其价值取向不是在六道轮回之中，而是成为佛或进入极乐世界，成为主宰世间的、血统高贵的、断除了烦恼的最高佛陀的“化身”或者“报身”。

天葬的价值取向表现的是平民的理想。他们企盼以身饲鹰带来的功德，能在六道轮回中进入“三善趣”中。

身份低贱的孤寡流浪者，穷困潦倒的平民，还有被社会抛弃的恶性传染病人，他们或被水葬，或被土葬，不能和普通人实行一样规模、一种形式的葬礼，表现了社会的潜意识的等级偏见。反映了社会有意地不尊重他们的人格和尊严，把他们贬为下等公民，给予歧视和冷待，对他们的灵魂转世漠不关心，在道德情操上出现异化，甚至不尊重他们的价值取向。反证出藏区葬俗中蕴含一定的偏见，这种偏见表现在经济阶级地位、职业分工、对科学的不了解导致愚昧行为等等，进一步说明了雪域葬俗反映的是一种价值观。